これまでも
120th
これからも

神奈川新聞社 創業120周年記念

# かながわの記憶

kanagawa
shimbun
120th
anniversary

## 報道写真でたどる戦後史

神奈川新聞社

## チャッキラコがユネスコ無形文化遺産登録

2009（平成21）年9月30日、三浦市三崎の民俗芸能「チャッキラコ」がユネスコ無形文化遺産に登録された。無形文化遺産は世界各地の伝統的な芸能や儀式、技術などで、登録により世界的に知名度が高まる。「チャッキラコ」は三崎の花暮・仲崎地区に約300年伝わる小正月の行事。竹製の道具「チャッキラコ」を打ち鳴らしながら、晴れ着姿の少女たちが大人の女性の歌に合わせて6種類の踊りを披露する。大漁や海の安全などを祈願し毎年1月に海南神社に奉納する。1976年に国指定重要無形民俗文化財に指定されている。写真は三崎港の竜神様の前で舞う少女たち＝2006（平成18）年1月15日撮影

## 貴船まつり

国指定重要無形民俗文化財で毎年7月末に行われ、約300年前から伝わる真鶴町の「貴船まつり」は日本3大船まつりのひとつ。色とりどりの豪華な装飾を施した「小早船」が海を渡って貴船神社でみこしを迎え、大漁と海の安全を祈願＝2007（平成19）年7月27日撮影

## 大磯の左義長

大磯町に江戸時代から伝わり、国指定重要無形民俗文化財となっている「左義長」。同町の北浜海岸で行われ、町民たちが持ち寄った正月飾りやだるまなどを結び付けた10メートル前後の円錐形の「斎灯」9基に一斉に火が入れられ寒空を温かく照らし出す＝2009（平成21）年1月17日撮影

**お峯入り**

国指定重要無形民俗文化財で山北町共和地区（旧共和村）に伝わる「山北のお峯入り」。南北朝時代に起源を持つといわれ、古代祭祀儀礼、原始宗教、山岳宗教の呪法が芸能化する過程を残しているという貴重な民俗芸能。この行事は不定期で、記録が残る1863（文久3）年から数え2007年が18回目の公演＝2007（平成19）年10月14日撮影

**相模人形芝居**

国指定重要無形民俗文化財に指定されている相模人形芝居。江戸時代から明治にかけて伝えられたといわれる。現在も伝承しているのは厚木市の「林座、長谷座」、小田原市の「下中座」、平塚市の「前鳥座」、南足柄市の「足柄座」。相模人形芝居の特徴は、文楽と同様、1体の人形を主遣い、左遣い、足遣いの3人が協力し、息を合わせて操る＝2007（平成19）年10月14日撮影

## 横浜「開国博」

横浜開港150周年を記念して4月28日から横浜市内で「開国博Ｙ150」（横浜開港150周年協会主催）が153日間にわたって催された。竹を使った建物をメインにした旭区のヒルサイドエリア、横浜港を舞台にしたベイサイドエリアで行われ、9月27日閉幕。有料入場者数は目標の500万人に達しなかった。写真は「開国博Ｙ150」の最終日、9月27日のベイサイドエリア

## クモ型ロボット

フランスからやってきたクモ型ロボット。暴れるようなパフォーマンスで期間中、観客を驚かせた＝8月、ベイサイドエリア

## 開港「花道」

開港当時の横浜の町並みや当時の錦絵を花びらで描いた「日本大通りフラワーアートフェステバル」が中区の日本大通で行われた。長さ約220メートルの色鮮やかな花絵は世界最大級。バラとチューリップ約24万本の花びらを使用

**横浜博・YES89**

横浜開港130周年、横浜市制100周年を記念して「横浜博覧会・ＹＥＳ89」が、造成中のみなとみらい21地区で開催された＝1989（平成元）年8月22日撮影

**横浜博にぎわう会場**

69ヘクタールの会場には多くの企業のパビリオンが立ち並び、見物客でにぎわった＝1989（平成元）年5月撮影

**みなとみらい21地区全館点灯**

クリスマスを演出するみなとみらい21（MM21）地区のオフィスビルが全館点灯。1997（平成9）年から始まった恒例の行事＝2006（平成18）年12月23日撮影

## 全国豊かな海づくり大会かながわ大会

「第25回全国豊かな海づくり大会かながわ大会」が、横浜・みなとみらい21（MM21）地区をメーン会場に天皇、皇后両陛下が出席して行われた。パシフィコ横浜国立大ホールでの式典の後、稚魚の放流会場となった臨港パーク前海上で約30隻の漁船が大漁旗を掲げて歓迎のパレード＝2005（平成17）年11月20日撮影

## 横浜港を彩るQE2

英国の豪華客船「クイーン・エリザベス2」が大さん橋に接岸。世界一周の途中で、横浜寄港は3年ぶり。同船は2008年11月に客船としての41年間の生涯を閉じた＝2007（平成19）年3月6日撮影

**神奈川新聞花火大会**

真夏の風物詩として定着したミナト横浜の夜空を彩る「神奈川新聞花火大会」は県内では最大規模。横浜港の振興と観光都市ヨコハマのＰＲを狙いに1986（昭和61）年に始まり、毎年8月1日に行われている＝2007（平成19）年8月1日撮影

神奈川新聞社　創業１２０周年記念

# かながわの記憶

*kanagawa shimbun 120th anniversary*

## 報道写真でたどる戦後史

# ◉第一部　神奈川のあゆみ

◉第一部

# 神奈川のあゆみ

## 横浜大空襲

●5月29日／“超空の要塞”と呼ばれた米軍のB29爆撃機が午前８時過ぎから1時間にわたって波状攻撃を浴びせ約35万発もの焼夷弾を投下、横浜の市心部は焼き尽くされた。当時の警察・消防の記録では焼失家屋約8万戸、死者、行方不明3959人、負傷者は1万198人となっているが、被災者は30万人を超え、死者数は無縁者を含め、7000から8000の間と推定されている。写真下には大桟橋、山下公園や三菱横浜造船所が見える。写真上は根岸湾の一部。中央上の円形は現在の根岸森林公園

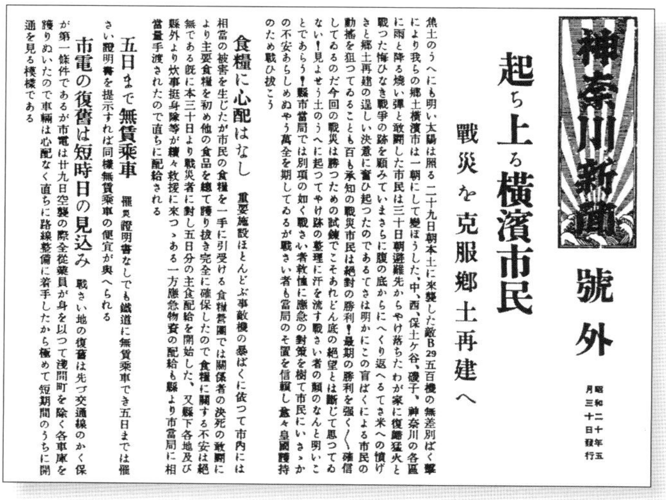

神奈川新聞

號外

昭和二十年五月三十日發行

# 起ち上る横濱市民

## 戰災を克服郷土再建へ

焦土のうへにも明い太陽は照る 二十九日朝本土に來襲した敵B29五百機の無差別ばく撃により我らの郷土横濱市は一朝にして變ぼうした、中、西、保土ケ谷、磯子、神奈川の各區に雨と降る燒い彈と敢闘した市民は三十日朝避難先からやけ落ちたわが家に復歸猛火と戰つた悔ひなき戰爭の跡を顧みていまさらに腹の底からにへくり返へるてき米への憤げきと郷土再建の逞しい決意に奮ひ起つたのであるてきは明かにこの盲ばくによる市民の動搖を狙つてゐることも百も承知の戰災市民は絶對の勝利！最期の勝利を強く／＼確信してゐるのだ今回の戰災は勝つための試錬でこそあれどん底の絶望とは斷じて思つてゐない！見よせう土のうへに起つてやけ跡の整理に汗を流す戰さい者の顏のなんと明いことであらう！縣市當局では別項の如く戰さい者救恤に應急の對策を樹て市民にいさゝかの不安あらしめぬやう萬全を期してゐるが戰さい者も當局のそ置を信頼し愈々皇國護持のため戰ひ拔こう

**食糧に心配はなし** 重要施設ほとんどぶ事敵機の暴ばくに依つて市内には相當の被害を生じたが市民の食糧を一手に引受ける食糧營團では關係者の決死の敢闘により主要食糧を初め他の食品を總て護り拔き完全に確保したので食糧に關する不安は絶無である既に本三十日より戰災者に對し五日分の主食配給を開始した、又縣下各地及び縣外より炊事挺身隊等が續々救援に來つゝある一方應急物資の配給も縣より市當局に相當量手渡されたので直ちに配給される

**五日まで無賃乘車** 罹災證明書なしでも鐵道に無賃乘車でき五日までは罹さい證明書を提示すれば同樣無賃乘車の便宜が與へられる

**市電の復舊は短時日の見込み** 戰さい地の復舊は先づ交通線のかく保が第一條件であるが市電は廿九日空襲の際全從業員が身を以つて淺間町を除く各車庫を護りぬいたので車輛は心配なく直ちに路線整備に着手したから極めて短期間のうちに開通を見る模樣である

## 神奈川新聞号外

●5月30日／横浜大空襲の翌日、神奈川新聞社は横浜市南区蒔田に疎開させてあった印刷機で号外を発行した

# 第一章
# 戦い終わって

1945 昭和20年

## 一面の焼け野原

●撮影日不明／焼夷弾を浴び、焼け野原になった横浜の市心部。桜木町駅上空から根岸湾方向を撮影したものだ。写真下に連なる４本の黒い屋根は貨物専門駅の東横浜駅。現在のJR桜木町駅前のバスターミナルなどがあるところだ。その右、弓なりの形をした駅は京浜東北線の桜木町駅

**昭和20年**

# 1945

◉世　相
青空市場　闇市　メチルアルコールによる死亡・失明者続出
◉流行語　ピカドン　一億総ざんげ
◉流行歌　「りんごの唄」
◉県　内
横浜大空襲（５月29日）、米軍が横浜進駐（９月）、BC級戦犯裁判が横浜で開廷（12月）
◉国内・国際
東京大空襲（３月）、ドイツ無条件降伏（５月）、沖縄本島守備隊全滅（６月）、広島・長崎に原子爆弾、太平洋戦争終結、マッカーサー元帥が厚木到着（８月）

［県人口］186万人

## 京浜工業地帯

●撮影日不明／猛爆を受け、再起不能と言われた京浜工業地帯。鶴見区安善町付近。写真下の穴は爆弾の跡

### 焼失免れる

●撮影日不明／B29は焼夷弾をほぼ目標地点に投下している。山下公園沿いのホテル・ニューグランド、アメリカ領事館やシェル石油などが焼失を免れている。大桟橋、新港ふ頭の４号上屋も残っていることが山手の丘から撮影したこの写真で見て取れる。写真中央を流れるのが中村川で手前が元町商店街

### 唯一の横浜市民の足、市電

●撮影日不明／焼けただれた車両を線路から外し、満員の客を乗せた市電はあえぎながら市民の足として活躍した。中区の曙町付近

# 焦土の中から

### 横浜寶塚劇場

●９月、撮影日不明／焼失をまぬがれた馬車道の横浜寶塚劇場(現在の関内ホール)は、「伊豆の娘たち」と「花むこ太閤記」を早速上映した

### 伊勢佐木町通り

●撮影日不明／瓦礫の街となった伊勢佐木町通り。直撃弾を受けず焼け残った野澤屋(手前右)と松屋(その奥)

**マッカーサー元帥厚木へ**

●8月30日／連合軍最高司令官に任命されたマッカーサーは米軍輸送機で厚木飛行場に到着。コーンパイプを手に周囲を見渡すようにゆっくりと機を降りた

その時、記者は 〉〉〉

## 神奈川新聞前史

私が神奈川新聞に入社したのは１９４４年（昭和19年）の春。太平洋戦争も末期で、国内は「燃えろ一億、火の玉だ」など自棄的な決戦体制に突入していった頃であった。

工場に動員されるよりはと、学生アルバイトのような形の入社だった。当時の社屋は、横浜公園前の現在のスカーフ会館の場所にあった木造のダンスホールの跡。入り口のバーとおぼしき部屋が営業部門。奥のホールが工場でマリノニ式輪転機が2台、活版関係の設備、鉛釜など一式があった。

編集局は2階で、もとダンサーの控え室。電話はたったの1本だけ。ホールを見下ろす丸窓があり、そこからロープを吊り下げて、工場に原稿やゲラの上げ下げをしていた。

物資はすべて統制。神奈川新聞の用紙割り当て量は2万４０００部に抑えられていた。部数拡張の可能性は皆無だった。ところが頭のいい幹部がいた。県首脳部に工作、工場の組織体である産業報国会県支部機関紙の指定を受けることで増紙割り当てを獲得、部数を一挙に3万６０００部に伸ばした。

応召で郵便局が人手不足になり、郵便物の遅配が目立ってきたのに着目、支部から会員工場への通知、通達は郵送を廃して神奈川新聞産報欄に掲載するシステムに変えさせたわけである。貴重な特配物資のお知らせなどが載るので、工場関係者も見逃したら大変だ。日本鋼管関係だけで３０００部ほど増紙になったという。

運命の１９４５年（昭和20年）5月29日、横浜大空襲で社屋を全焼、事実上発刊を中止した旧制時代の本社はこんな状態だったのである。

（田辺　久寿）

## 桟橋を埋め尽くした物資

●９月、撮影日不明。米軍の記録映画「占領下の日本」のひとコマ／米軍の進駐とともに物資を満載した艦船が次々と横浜港大さん橋に接岸。軽飛行機、兵器、食料、燃料からほうきまで、ありとあらゆる物資が陸揚げされた

## 徴用

●9月2日／横浜港大さん橋入り口には米軍の兵員輸送のため、神奈川中央交通のバスなど、県内で“生き残った”バスが徴用された

## 横須賀基地占領

●撮影日不明／横須賀に進駐した米軍は基地内に教会を建てた

## 特殊潜航艇

●撮影日不明／横須賀基地に放置された、建造中の日本軍の人間魚雷が岸壁に並んでいる

## 敗戦の表情

写真上から

●進駐する米軍を迎える子どもたち。記録映画のひとコマだが、星条旗、英国旗を手にしているのは、撮影したカメラマンが準備して持たせたのだろうか？

●もんぺに下駄履き姿で幼い子を２人抱えて緊張した表情の母親（桜木町駅前）

●道案内をしているサーベルを下げた警察官（横浜市中区）

●米軍の進駐とともに市内の中心部に検問所が設けられ、米兵と日本の警察官が通行人を身体検査

●生きていて良かった。バラック住宅の前でカメラにおさまった被災者

### 第二の開国

●9月2日、米通信隊・ACME撮影
東京湾に停泊した米戦艦「ミズーリ」での降伏文書調印式。連合軍最高司令官マッカーサー元帥は「第二の開国」として、幕末にペリー提督が日米通商条約を迫った時の星条旗を掲げた。甲板は連合軍高官や取材陣、乗組員らであふれかえった

第二章

# 占領から復興へ

1946 昭和21年▶31年 1956

### 天皇陛下横浜に行幸

●2月19日／1946（昭和21）年2月20日付の神奈川新聞は「天皇陛下、川崎、横浜両市に行幸」の見出しで「天皇陛下には、国民が終戦後の混乱から立ち直り、平和新日本再建のため、増産と復興に奮闘中の生産各職場を御視察のうえ、御みずから御激励、また戦災地の人々の復興への息吹をも直接ごらんになり、引揚げ邦人にお会いになるため、19日朝宮城を御出発」と記している。全国巡幸は神奈川県から始められた。川崎の昭和電工、神奈川日産重工横浜工場を訪れた後、正午過ぎ神奈川県庁に到着された天皇陛下は県庁屋上から、内山県知事の説明で市内の様子や港湾施設を視察された。陛下の全国巡幸は1954（昭和29）年の北海道まで続けられた

昭和21年

# 1946

◉世相
宝くじなどくじ売り上げ10億円　発疹（はっしん）チフス大流行　プロ野球復活

◉流行語
ア、そう　パンパン　オンリー　赤バット・青バット

◉流行歌
「東京の花売娘」「かえり船」

◉県内
天皇が県内ご視察（２月）、ＧＨＱ指令で横浜正金銀行が解体（７月）

◉国内・国際
ＧＨＱが公職追放令（１月）、新選挙法による衆院選、婦人議員39人に（４月）、メーデー復活、第１次吉田内閣成立（５月）、日本国憲法公布（11月）

［県人口］202万人

# 天皇人間宣言

### 天皇陛下を待つ横浜市民

●2月19日／戦災の傷跡が生々しい横浜を視察される天皇陛下を迎える市民。中区の野毛坂付近から撮影された

**美空ひばり7歳の初舞台**

●11月25日／オール横浜総合芸能コンクール最終日の25日、磯子区に住む国民学校初等科2年生の加藤和枝ちゃんがウクレレを弾いて「小雨の丘」を歌い、来場者から拍手がわいた。後の「美空ひばり」の初舞台だった

**オール横浜総合芸能コンクール**

●11月23日／横浜公園野外音楽堂で「オール横浜総合芸能コンクール」が横浜市、横浜観光協会、横浜市復興会、神奈川新聞社の共催で11月23日から3日間開催された。横浜在住の芸能人が晴れの舞台で日ごろの成果を競い合い、落語から手品、ジャズ、シャンソン、クラシック、歌謡曲、浪曲などあらゆるジャンルの芸能が繰り広げられた。横浜の半井市長は「市民に潤いをもたらしたこの機会が国際都市横浜の姿を取り戻す力になるだろう」と挨拶。観衆は連日千人を超える盛況だった

## その時、記者は 〉〉〉 美空ひばりデビュー

朝日と神奈川の資本提携が正式に決定し、新生神奈川新聞が発足した1946年(昭和21年)は1億飢餓状態で〝タケノコ生活〟という言葉も流行した。そんな社会に、なんとか明るさをと企画されたのが、市と共催で行ったオール横浜芸能コンクールと宝探し大会であった。

第1回の芸能コンクールは1946年10月27日～11月1日にかけて各種予選が行われ、11月23～25日の3日間、横浜公園の音楽堂で本選が催された。美空ひばりがデビューしたのは、このときである。

彼女こと横浜磯子は鮮魚店の娘、国民学校初等科2年の加藤和枝は歌謡曲予選の部4位に入賞、本選へ出場した。出番は25日の開幕トップだった。その時の私の記事は「白いリボンに赤いドレス、ウクレレを弾いて『小雨の丘』を身振り手振りよろしく、小夜福子そこのけの唄いぶりに、開幕早々拍手がわく」。

唄ったのは『長崎物語』と『小雨の丘』の2曲。審査員の井上正夫さん(新派の大御所)が「あれは唄はガラガラ声でまだだめだが、大した度胸だ。興行になりますよ」という。さすがに人を見る目が高い。彼女には興行師がつき、1948年(昭和23年)5月1日、横浜野毛の国際劇場で歌手としてのスタートを切った。

歌謡漫談の「あきれたぼういず」、笠置シズ子らビッグネームも協賛出演して、それは大変なにぎわいだった。やがて昭和の歌謡界の女王として君臨するようになった彼女を見ていると、頭をなでなでインタビューした当時がよみがえり、まさに感無量である。

(李家　正基)

## 昭和22年
# 1947

◉世　相
ベビーブーム　カストリ雑誌流行　紙芝居「黄金バット」人気　国鉄運賃・たばこなど倍々式に値上げ
◉流行語　そのものズバリ
◉流行歌
「啼くな小鳩よ」「港が見える丘」「炭坑節」
◉県　内
県民米よこせ運動（３月）、初の神奈川公選知事に内山岩太郎氏が当選（４月）、相模湖ダム完成（６月）
◉国内・国際
日本国憲法施行（５月）、片山内閣成立（６月）、第１回共同募金運動開始（11月）、100万円宝くじ発売（12月）

［県人口］221万人

### 相模湖ダム完成

●6月14日／10年の歳月と1億円の巨費を投じ、戦前から戦後の混乱の中で相模湖ダムが完成。内山県知事が発電開始を告げると発電機がうなりをあげ、発電量は毎時5万1700キロワット。京浜工業地帯にとって強い助っ人となった。相模湖の水量も豊富となり、水量は世界に自慢できるものだった

# 6･3制教育実施

### 横浜･野毛のヤミ市

●撮影日不明／賑わう野毛のヤミ市。お金さえあれば何でも手に入った。出回った新品といえば、鉄かぶとや軍需品の金属を加工した、ナベ、釜、ヤカンのたぐいだった

### 初の社会党内閣誕生

●5月1日／藤沢市在住で社会党委員長の片山哲（61）内閣が誕生。吉田内閣が総辞職し5月23日に首班指名選挙が行われ、衆院で426票中420票、参院では207票中205票を得て新憲法下初の首相になった。6月1日に組閣を完了したが、終始政権基盤の弱さがつきまとい、わずか9カ月で終わった。写真は外国人記者のインタビューを受ける片山さん

## 市民宝探し大会

●5月10日／横浜市と神奈川新聞社共催の「新憲法施行記念・市民宝探し大会」が西区野毛山で行われ10万人もの市民が参加。紙札を探し、記してある景品と引き換えるもので、品物はラジオやクワ、ザル、七輪などだった

## 貿易復興祭

●8月30日／戦後中止されていた民間貿易が8月15日を期して許可され全国各地で再開を祝う行事が催された。国際貿易港の横浜でも「貿易復興祭」が盛大に繰り広げられ、ミス横浜・ミスター横浜が笑顔を振りまくフロートが市心部をパレード

## 接収された映画館

●撮影日不明／松竹系の映画館「オデヲン座」は接収されて、米兵らの憩いの場となり、映画やショーが上演された。1955(昭和30)年11月21日に接収解除となった

## 戦後2回目のメーデー

●5月1日／戦後2回目の「第18回メーデー」が川崎や横浜など県内各地で行われ、横浜の野毛山での集会には約3万人が参加。「HAPPY　MAYDAY」と書かれたプラカードも登場

昭和23年

# 1948

◉世　相
リーゼントにアロハシャツ　超ロングスカートにいかり肩フレアコート流行　日本脳炎大流行　ナイロン靴下登場　戦後第1次マンガブーム

◉流行語
裏口営業　てんやわんや　ヒロポン

◉流行歌
「東京ブギウギ」「異国の丘」「憧れのハワイ航路」

◉県　内
大磯にエリザベス・サンダースホーム開設(2月)、美空ひばりが横浜国際劇場でデビュー(5月)

◉国内・国際
毒薬による帝銀事件(1月)、ガンジー暗殺(1月)、太宰治、玉川上水で入水心中(6月)、昭和電工疑獄で芦田内閣総辞職(10月)、極東軍事裁判で戦犯25被告に有罪判決、東条英機らに絞首刑(11月)

[県人口]230万人

## 冷戦・鉄のカーテン

幼かった女王・美空ひばり

●撮影日不明／神奈川新聞社が主催した芸能コンクールで入賞、横浜国際劇場で芸能界にデビューした当時の美空ひばり母娘

**もく拾い**

●6月／米兵が捨てたたばこを拾い集め、ほぐして巻き上げ、箱に詰めて売られた「ヤミたばこ」

**かまぼこ兵舎が並ぶ関内地区**

●撮影日不明／米軍の車両とかまぼこ兵舎で埋まった関内地区。現在のJR関内駅から港方向を撮影したもの。「YOKOHAMA MOTOR COMMAND」と大きくかかれた塀の中には米軍車両。写真中央上、白いビル左となりの４階建てのビルが現在の神奈川新聞社の位置にあたる

## その時、記者は 〉〉〉 カストリ横丁

悪夢のような戦争が終わると、待っていたのは虚無感と飢餓だった。それに人の心の倫落が始まった。戦いに敗れた年、野毛の焼け跡に市がたつようになった。ヤミ市のハシリである。

道路に板きれ1枚、その上に売りたい物を並べた。縄張りもなく、誰もが互いに売り手にも買い手にもなれた。翌年には、野毛大通りにヤミ市が確立(?)、伊勢佐木町は進駐軍に接収されていたので、ハマっ子たちは日用の糧を求めて野毛に集まった。中古衣料、古靴、手巻きたばこ、おむすび、玄米パン、缶詰の空き缶利用の台所用品など何でもあった。

石炭ビル横はクジラ横丁といわれ、数軒のクジラ屋をはじめ、食べ物の屋台があった。クジラの皮などをジュウジュウ焼いたり、味噌で煮たり、アンモニアの氷詰めのせいか、その強烈で独特な匂いが、古軍服、モンペ姿の人々の群に流れた。誰もが落ちるところまで落ち、いささか居直っていた。

カストリ横丁も生まれた。いかに食糧の絶対量の不足が家計を追い詰めても、せめてもの1日の酔いを人々は求めた。国電桜木町駅近く、桜川沿いに、初めポツンポツンと現れた「呑み屋」がズラリと約50軒。もちろん屋台だった。カストリ、ドブロクにメチールから軍隠匿物資のアルコールを薄めて飲むものもあった。なかにはメチールで失明したり、PX横流しの闇ウイスキーを仕入れて、米軍の刑に処せられる者も出た。

肴はというと、密殺したブタの内蔵や、名前は判らぬが、とてつもなく大きい貝類が幅をきかせていた。

（白神　義夫）

## 昭和24年

# 1949

◉世　相
アメリカン・スタイル全盛　洋裁学校激増　横浜に末亡人サロン　セロテープ登場　避妊薬　フジヤマのトビウオ古橋が大活躍　映画「青い山脈」人気

◉流行語　つるしあげ　ギョッ

◉流行歌　「銀座カンカン娘」「港ヨコハマ花売娘」「悲しき口笛」

◉県　内
県、各戸に国旗配布を決定（1月）、横浜生糸取り引き再開（2月）、横浜で日本貿易博覧会開幕（3月）、川崎競輪場完成（4月）、国電ストで東神奈川人民電車運転事件（6月）

◉国内・国際
初の成人式（1月）、下山事件（7月）、三鷹事件（7月）、松川事件（8月）、中華人民共和国誕生（10月）、湯川秀樹博士にノーベル賞（11月）

[県人口]239万人

**伊勢佐木町の飛行場**

●撮影日不明／伊勢佐木町通りと平行するように造られた米軍飛行場には小型機が離着陸した。現在の若葉町から福富町にかけての付近だ

# 日本貿易博

**日本貿易博覧会**

●3月15日／貿易復興の期待を込めた「日本貿易博覧会」が神奈川県・横浜市共催で開催された。神奈川区反町（現在の反町公園）と西区の野毛山が会場となり、展示物は両会場合わせ約10万点。入場者360万人。写真はいずれも反町会場

## 人民電車

●6月10日／国鉄労組東神奈川車掌区・電車区両分会がストを決行。「通勤電車を動かせ」という声が利用客から出ているとして、国鉄労組は組合管理の「人民電車」を運行した。11日、GHQの司令で国鉄ストは終わり、人民電車も姿を消した。運転席の窓に「人民電車・東神奈川電車区・車掌区・横浜線」の文字が読み取れる

## 米陸軍記念日

●4月6日／アーミー・デー（米陸軍記念日）に横浜の市心部を米第8軍の隊員6千人、機甲部隊500人が参加し、司令官のウォーカー中将が中区の日本大通りで閲兵。写真は中区尾上町交差点を行進する部隊。写真左上は現在のJR関内駅の位置にあたる

## 昭和25年

# 1950

◉世　相

特需景気でサンドイッチマン急増　平均寿命60歳に　競輪ブーム　石焼きイモ復活

◉流行語

オー・ミステイク　ナイター　38度線　とんでもハップン

◉流行歌

「水色のワルツ」「ボタンとリボン」「夜来香」

◉県　内

崎陽軒のシウマイ娘登場（８月）、小田原動物園開園（９月）

◉国内・国際

聖徳太子の千円札発行（１月）、第１回ミス日本に山本富士子（４月）、金閣寺放火で炎上（７月）、警察予備隊令公布（８月）、池田蔵相「貧乏人は麦を食え」発言（12月）

［県人口］248万人

### 英国領事館と玉楠の木

●撮影日不明／県庁屋上から撮影された英国領事館（写真手前右・現在の横浜開港資料館）。領事館の庭の中央に存在感を示しているのが玉楠の木。ペリー艦隊に同行した画家・ハイネが描いたペリー横浜上陸の図の右端にある大木がその祖先にあたると言われている

### ヌード撮影会

●撮影日不明／国産二眼レフカメラのリコーフレックスが3月に発売され、アマチュア写真ブームが幕開け。ヌード撮影会も盛んに行われた

### 供出米感謝慰問団

●2月11日／県、横浜、川崎、横須賀市と神奈川新聞社は県民にお米を供出してくれた農家に感謝するため「供出完遂感謝慰問団」を結成。県内の小学校などの体育館を会場に歌謡曲や漫談、奇術などで農家の人たちを慰問

### カストリ横丁

●9月6日／昼間は「くじら横丁」、夜は「カストリ横丁」と呼ばれた、バラック建ての飲食店街。桜木町駅（写真右上）の近くにあった。飲食店街の裏を流れる川が「桜川」で現在の「桜川新道」

### YOKOHAMA CLUB

●8月5日／洋菓子店の不二家は接収されて米軍将校たちの憩いの場「YOKOHAMA CLUB」になった。接収解除は昭和33年

### 花月園競輪場

●5月19日／走路や観客席の規模が日本一を誇る花月園競輪場（横浜市鶴見区）がオープンし初のレースが行われた

### 戸塚競馬場

●撮影日不明／現在の横浜市戸塚区汲沢町に1950年まであった「戸塚競馬場」。戦後の地方競馬の中で売り上げも群を抜くほどの人気だった。川崎競馬場の開設で閉鎖された

### ルー・ゲーリックスタジアム

●8月7日／横浜公園球場は接収され米軍専用の野球場「ゲーリック球場」と球場名が変わったが、全国高校野球選手権神奈川大会は行うことができた。写真は神高（現在の希望ヶ丘高校）対厚木高校の準決勝戦

# 朝鮮戦争・レッドパージ

## 昭和26年

# 1951

◉世　相

米兵向けスーベニア盛況　木炭タクシー廃車　結核が初めて死亡原因２位に　「羅生門」がベニス映画祭でグランプリ　第１回紅白歌合戦

◉流行語

逆コース　老兵は死なず　アジャパー

◉流行歌　「上海帰りのリル」

◉県　内

県花ヤマユリ制定（１月）、横浜市長に平沼亮三氏(４月)、野毛山動物園開園（４月）、横浜・桜木町国電火災事故で106人焼死（４月）、第１回平塚七夕まつり（７月）、県立近代美術館開館（11月）、小田原で失火321戸焼失（11月）

◉国内・国際

マッカーサー罷免（４月）、アナタハン島の元日本兵と「女王」帰国（7月）、民放ラジオ放送開始（９月）

[県人口]259万人

# サンフランシスコ講和条約

### 桜木町事故

●4月24日／午後1時40分ごろ京浜東北線の赤羽発桜木町行き5両編成の電車が桜木町駅に到着寸前、先頭車両の屋根から出火、急停車したが、火は先頭車を全焼、2両目は半焼し、死者106人、負傷者92人の大惨事になった。火災の原因は切れた架線がパンタグラフに接触し燃え上がったため。車両は戦時中に製造されたモハ63型で窓は三段仕切りで大きく開かず、車両間の連絡通路も無かったため乗客のほとんどが閉じ込められ脱出できなかった。この事故で国鉄は急遽、63型電車の改良を進めた

### 英領の戦犯帰国

●8月27日／内地への送還を許された英領シンガポールなどで服役していた台湾、韓国・朝鮮人を含む231人の戦犯がイギリス客船「タイエリア」(7000トン)で帰国。横浜港・大さん橋入り口は全国から出迎えに来た家族ら約千人で埋まった。濃緑色の復員服姿の戦犯は、荷物を担ぎ重い足取りでタラップを降り故国の土を踏んだが、家族との会話も無く、米軍のバスで東京巣鴨刑務所に移送された

### アナタハン島から奇跡の帰国

●7月6日／サイパン島の北に位置する「アナタハン島」で終戦を知らず7年間も自給自足の生活をしていた32人(女性1人を含む)が奇跡的に帰国した。1944(昭和19)年6月、海軍に徴用されていた日本のカツオ漁船2隻が米軍機の攻撃を受け沈没。乗組員らは孤島のアナタハン島に上陸。米軍が終戦ビラを撒いたが信じず、その後、マッカーサー元帥と天皇陛下が並ぶ写真を見て投降を決意した。三崎出身者は5人で援護所で休息したあと故里の三崎に戻った。内山県知事と松崎三浦町長が出迎え、町長は「昭和29年に戦死公報があった5人を迎えることが出来た。孤島に生きているとの報で町民あげて救出運動をした」と感無量のあいさつ

## 横浜市長に平沼亮三さん

●4月24日／「市町村選挙」(当時の呼称)が24日行われ、県内で平均82.7%の記録的な投票率となった。横浜市長選では平沼亮三さん(無新)が24万2685票を獲得し当選。次点の石河京市さん(社前)は16万1014票だった。写真は選挙事務所で当選御礼の筆をとる平沼さん

## 小田原の大火

●11月28日／未明に小田原市の万年町から出火、南西の強い風にあおられて321戸を焼き尽くし、被災者は2500人を超えた

## 荒れ果てたままの横浜三溪園

●11月・撮影日不明／戦時中米軍の爆撃にさらされ、名勝の三溪園が荒廃。文化財保護委員会では文部省に陳情し、3000〜4000万円はかかる修理費の調達に躍起になった。翌52(昭和27)年には横浜商工会議所が市費を注いで修復し、市民に開放しようと具体的に乗り出した。写真は同園の隣春閣の無残な姿

## ゾウの「はま子」

●5月5日／4月1日に開園した「横浜市立野毛山動物園」はゾウの名前を子どもたちから募集。こどもの日に命名式が行われた。入園料は大人10円、子ども5円だった

## ニューヨーク定期航路再開

●7月16日／10年ぶりに再開されたニューヨーク航路の第1船、飯野海運の「若島丸」(9562トン)が生糸、雑貨3千余トンの“初荷”を積んで横浜港・高島桟橋から出航。山崎運輸大臣、内山知事、平沼市長、神奈川新聞社佐々木社長らが見送り、横浜市内の児童らが米国の子どもたちへの親善の手紙を船長に託した

## 昭和27年
# 1952

◉世　相
スケスケ・ナイロン・ブラウス　スクーター　空飛ぶ円盤　「君の名は」放送　国会中継始まる　魚肉ソーセージがヒット

◉流行語
ヤンキー・ゴー・ホーム　ワンマン

◉流行歌
「リンゴ追分」「芸者ワルツ」「テネシー・ワルツ」

◉県　内
戦争花嫁が横浜港から渡米（3月）、向ケ丘遊園開園（4月）、横浜平和球場開場（5月）、ホテル・ニューグランド接収解除（7月）、第1回神奈川文化賞・スポーツ賞贈呈式（11月）、戦後第1号のブラジル移民が横浜出航（12月）

◉国内・国際
李承晩ライン宣言（1月）、白井義男、日本人初の世界チャンピオンに（5月）、ヘルシンキ五輪に戦後初参加（7月）

[県人口]268万人

### 近代アパート

●9月20日／横浜市西区藤棚の学校跡地に県営のアパートが不燃住宅の近代アパートのモデルとして造られた。鉄筋4階建て11棟。間取りは6畳2間を中心にした1戸あたり9坪。家賃はひと月1400円。当時の神奈川新聞は「東海道線の車窓からも目立つ、近代建築群」と記している

# 戦争花嫁

### 川崎銀柳街

●撮影日不明／戦災から7年。復興が着実に進む川崎市心部の繁華街のひとつ、銀柳街は賑わいに溢れた

### 国鉄川崎駅前

●4月15日／のんびりとした国鉄川崎駅東口の風景だが、駅前でバスを待つ通勤客の群れが「工都川崎・復興7年」の様子をかい間見せている。1945（昭和20）年4月15日の空襲で川崎は市心部と京浜工業地帯が潰滅したが、復興は着実に進み、人口は終戦時の約18万人から1952（昭和27）年には倍の35万人に増えた

## 神奈川文化賞制定

●11月3日／第1回神奈川文化賞・スポーツ賞の贈呈式が文化の日の3日、神奈川県庁で行われた。受賞者は写真右から平沼亮三（体育界への貢献）、高木八千代（女子陸上競技）、林忠明（卓球、忠明氏はアジア卓球選手権に出場のため写真は実父の隆三氏）、坂田祐（私学教育界への献身）、加藤土師萌（日吉窯の創開）、酒井恒（相模湾の生物研究）、関靖（金沢文庫の研究）の7氏。神奈川文化賞・スポーツ賞は神奈川県、神奈川新聞社の共催

## 横浜市警観閲式

●3月7日／自治体警察4周年記念で横浜市警察の観閲式が横浜商業高校（南区）の校庭で行われ、憲兵司令部フェレル少将、横浜憲兵隊長、小林市警本部長らが観閲。自治体警察は新憲法下で1947（昭和22）年に警察法が成立して誕生。市および人口5000人以上の町村に自治体警察がそれぞれ発足。その他の地域は国家地方警察の管轄となった。1954（昭和29）年の警察法改正で都道府県警察として統合された

## 横浜日米協会発足

●10月10日／日米両国の友好を深めようと、横浜日米協会（野村洋三会長）の発会式が7月に接収解除されたばかりのホテル・ニューグランドで行われた。マーフィー駐日米国大使、内山知事、平沼市長ら両国関係者約200人が出席

## 日の目を見た「日の丸」

●4月17日／対日講和条約が4月に発効して日本は主権を回復。日の目を見た「日の丸」作りに忙しい横浜市内の旗屋さん。4月3日から日本船は、いままでのスカジャップ旗（連合軍司令部旗）を掲げる必要はなくなり、すべての外国航路に就航の日本船は、どの水域、港でも堂々と日の丸を掲げることができるようになった

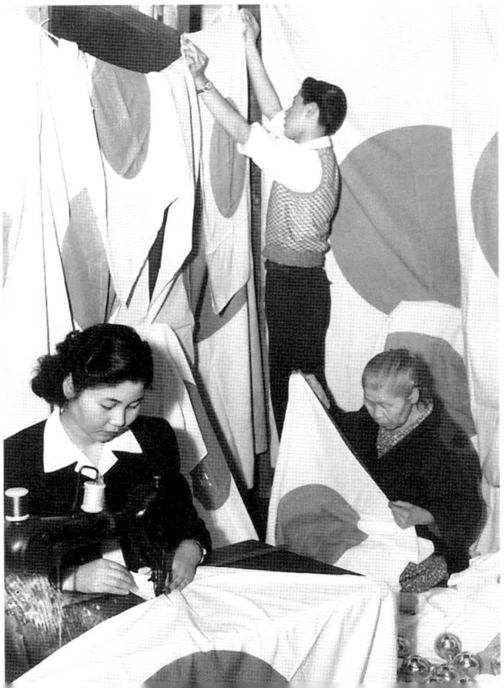

### 秩父宮さま死去

●1月9日／「スポーツの宮様」と親しまれていた秩父宮雍《やす》仁《ひと》親王（50歳）が肋膜炎、肝臓炎を併発して藤沢市鵠沼の別邸で療養していたが4日午前4時30分、高松、三笠の両弟宮に見守られる中、逝去された。写真は横浜市長の平沼亮三さんらスポーツ関係者の手で別邸を後にする柩

## 昭和28年

# 1953

◉世　相
電化元年　落下傘スタイル　マンボ流行　真知子巻き　街頭・店頭テレビ人気　映画「君の名は」
◉流行語
八頭身　さいざんす　家庭の事情
◉流行歌
「街のサンドイッチマン」「五木の子守歌」「雪の降る街を」
◉県　内
秩父宮殿下が鵠沼の別邸で死去（1月）、横浜市が横浜駅西口接収解除区画整理計画を決定（3月）、箱根・早雲地獄で地滑り、死傷者10余人（7月）、モンテルンパ戦犯52人が横浜に帰る（7月）、横浜市が全国初の騒音防止条例（8月）
◉国内・国際
衆院バカヤロー解散（3月）、スターリン死去（3月）、中国から引き揚げ開始（3月）、日産自動車大争議（5月）

[県人口]277万人

# テレビ本放送

### 戦犯モンテンルパから帰国

●7月22日／フィリピンのマニラ法廷で戦犯として死刑や終身刑などの判決を受けモンテンルパ収容所で服役していた111人が、キリノ・フィリピン大統領の特赦で日本船「白山丸」で帰国した。「モンテンルパの歌」で戦犯たちを勇気づけ、釈放に尽力した歌手の渡辺はま子さんも出迎えた。写真は「お帰りなさい」と声を掛ける家族と涙の再会をする戦犯

### 大和町で大火

●12月19日／午前5時50分、電器店から出火、隣接のマーケット街に延焼し92戸71世帯が全半焼。米軍や隣接する町村の消防隊も消火にあたったが、消火栓が少ない上にバラック建てが多かったため大火になった

### 箱根・早雲山地滑り

●7月26日／午前10時20分、箱根・早雲山の地獄沢で、ごう音とともに長さ2キロ、幅200メートル、深さ20メートルもの土砂が地滑りを起こし、道了尊最乗寺の別院が呑み込まれ全壊。9人死亡、重軽傷者10人を出す惨事となった

## 総選挙速報板

●4月20日／川崎駅前に神奈川新聞社が総選挙速報板を設置。刻々と変わる票の動きを伝える速報板には人だかりができた。県内は3選挙区。1区は飛鳥田一雄、三浦寅之助、門司亮、中助松、2区は山本正一、小泉純也、志村茂治、土井直作、3区は片山哲、安藤覚、河野一郎、岡崎勝男、小金義照が当選した

## 皇太子殿下外遊へ

●3月30日／天皇陛下のご名代として皇太子殿下は英国女王エリザベス2世の戴冠式に参列するため横浜港大さん橋から「プレジデント・ウィルソン」で出発された。外遊は約6カ月間で、英国をはじめ、フランス、スペイン、イタリア、アメリカ、カナダなど13カ国。ＮＨＫのテレビ放送が始まった年でもあり、大さん橋にはテレビ中継用のやぐらが組まれた。写真は平沼亮三横浜市長の先導でウィルソンに向かう皇太子殿下

## ニセたばこ

●4月7日／人気たばこの「光」「ピース」のにせ物が横浜市内のパチンコ店に流れた。専売公社横浜支局監視課と横浜市警が協力して東京都内の製造所を摘発。関西、京浜地区のブローカーが「光」1個21円、「ピース」31円で仕入れ、パチンコ店に景品として卸していた

## 小港米軍住宅

●撮影日不明／本牧にある「小港米軍住宅」。エリア1、エリア2と呼ばれた米軍専用の住宅が建ち並び、フェンスの内側はまさに「アメリカ」だった。写真右上は日本人の町並み。現在の中区本牧和田上空から大鳥中学方向を撮影したものだ

## 見送る小型船の群れ

●3月30日／プレジデント・ウィルソンを見送る百隻を超える満艦飾の小型船

## 山の分校

●1月8日／愛甲郡煤ケ谷村の小、中学校の丹沢分校。児童、生徒合わせ30人の同校は煤ケ谷村から12㌔、宮ケ瀬村から20㌔も離れた東丹沢の山ふところの集落、札掛の丘にある。2人の教員の努力が村民の関心を呼び、児童生徒もがんばって、森永製菓と新潮社の「全国綴り方コンクール」に同校から2人入選した

## 街頭録音

●6月22日／横浜の繁華街伊勢佐木町通りでＮＨＫの街頭録音「内山知事に聴く」。集まった県民から質問が出て「他都市に比べ復興の進み具合は」「観光神奈川というが観光ホテルはいくつあるか」「山下公園などの公衆便所はきれいなのか」など、知事が答えに途惑うほどだった。第1回の街頭録音は東京・銀座で行われ「あなたはどうして食べていますか」だった。この番組は1959（昭和34）年まで続いた

**昭和29年**

# 1954

◉世　相
ヘップバーン刈り　ソフトクリーム流行　電気洗濯機急速に普及　プロレス人気　映画「七人の侍」「ゴジラ」誕生

◉流行語
ロマンスグレー　死の灰

◉流行歌
「お富さん」「高原列車は行く」

◉県　内
三崎港魚市場に放射能マグロ対策本部設置（３月）、江の島水族館開館（７月）、相模湖で遊覧船沈没、修学旅行生22人死亡（10月）

◉国内・国際
マリリン・モンロー来日（２月）、ビキニ環礁で第五福竜丸被災（３月）、造船疑獄で犬飼法相が指揮権発動（４月）、全国的に放射能雨騒ぎ（５月）、洞爺丸遭難事故、行方不明1155人（９月）

［県人口］284万人

## 尾崎行雄（咢堂）翁死去

●10月6日／逗子市披露山風雲閣の自邸で余生を送っていた尾崎行雄（咢堂）翁は6日夜、眠るように亡くなった。95歳。憲政の神様と言われた尾崎翁はいずれの政党にも属さず、60余年も衆議院議員だった。写真は「長寿会」で野村洋三さんと握手する尾崎翁

## 川崎球場初ナイター

●6月13日／川崎球場のナイター設備が完成、13日の西鉄ライオンズ対高橋ユニオンズのダブル・ヘッダーでナイター開き。2万人の観衆が詰めかける中、日が落ちた時間に合わせ高須川崎市会議長がスイッチを入れて点灯。ナイター設備の鉄骨は「日本鋼管」照明設備は「東芝」が行った。後楽園、大阪、西宮、中日の各球場より格段の明るさを誇った

## 運河にドボン

●5月28日／横浜の市心部には大岡川、派大岡川、中村川など川が多いが、戦時中の金属供出のため、川沿いの手すりが外され、車が転落する事故が多発。大岡川では日中、自転車を避けたタクシーが転落。運転手と乗客の米兵は通行人に助けられた。「夜、雨でぬれた車道と周囲の光を反射する川と見分けがつかないことがある。だからゆっくりと走る」と運転手さん

## 輸出マグロの放射能検査

●3月25日／ビキニ環礁水爆実験でマグロ漁船「第五福竜丸」が被爆。マグロへの不安が広がる中、横浜港大桟橋で輸出マグロの放射能検査を厚生省が行い、米原子力委員会、米原爆調査委員会の学者らが立ち会った。「検査結果は答えられない」と原子力委員会のアイゼンバット博士

# 自衛隊発足

### 逗子市誕生

●4月15日／県内9番目の市として「逗子市」が誕生。人口は約3万8000人。逗子小学校で式典が行われ、市内では小中高校生の旗行列が繰り広げられた

### 相模原市誕生

●11月20日／県内で10番目の市「相模原市」が誕生。1941（昭和16）年に4万人だった人口が市誕生時には8万人を超えた。市制施行祝賀式典は市役所で行われ、小雨模様の中、小中学生が旗行列

### ジョセフィン・ベーカーさん

●4月16日／世界的に歌と踊りの女王として知られているジョセフィン・ベーカーさんが大磯の児童養護施設「エリザベス・サンダースホーム」を訪れ養子となる乳幼児と対面

### 山下公園一部返還

●6月2日／山下公園の一部接収解除の調印が行われ、公園中央部の約1万5500平方㍍が返還されたが、撤去されない鉄柵に訪れた人には「オリの中の公園だ」と悪評

### ブタを売って運動具を購入

●2月18日／横浜市立浦島小学校（神奈川区）では6年生の児童たちが育てていたブタ2頭を売って、卒業記念に後輩たちへ運動具をプレゼントした。給食の食べ残しや近隣の人たちの協力で餌を集め、大きくなったブタ2頭は4万3000円で売れた

### 校庭整備のお手伝い

●5月31日／津久井郡牧野村の牧野中学校では校庭整備に122人の生徒たちが背かごを負い砂を運ぶ手伝いを行っている

## ヘレン・ケラーさん

●6月5日／特急「つばめ」で京都から東京に向かう途中、横浜駅に停車の際、横浜市立の盲、ろう学校や訓盲院の生徒30人が、つばめの展望車に姿を見せたヘレン・ケラーさんに花束とともに、「ヘレン・ケラー先生の言葉を忘れず、あなたの青い鳥の光を多くの人たちに灯すよう努力して立派な大人になります」と英文点字の歓迎状を贈った

## 昭和30年
# 1955

◉世　相
マンボスタイル　ポロシャツ・ポニーテイル流行　漫画・剣豪小説ブーム　映画「エデンの東」　ベストセラー「太陽の季節」

◉流行語
最低ネ　ノイローゼ　書きますわよ

◉流行歌
「月がとっても青いから」「この世の花」

◉県　内
横浜市戸塚区の聖母の園養老院全焼、死者98人（2月）、県内で第10回国体秋季大会（10月）

◉国内・国際
砂川闘争始まる（5月）、初のアルミ貨1円発行（6月）、原水禁世界大会広島で開催（8月）、森永ヒ素ミルクで患者続発（8月）、ジェームス・ディーン事故死（9月）、社会党統一（10月）、自民党誕生（11月）

［県人口］291万人

## 人気の貸し電気洗濯機

●8月15日／テレビ、ミキサー、電気洗濯機と、家電が普及し始めたが庶民には高嶺の花。そこで登場したのが「貸し電気洗濯機屋（中区山下町）」。石けんはサービスで使用料は30分50円。主婦の人気を集め繁盛した。さしずめ、現在のコインランドリーだろう

## 第10回秋の国体・神奈川大会

●10月30日／第10回国体・神奈川大会の開会式が三ツ沢競技場で行われ、選手・役員1万4300人が参加。炬火の最終ランナーはスポーツ市長と呼ばれている76歳の平沼亮三横浜市長。炬火が灯ると喚声と拍手に包まれた

## 紙芝居コンクール

●11月6日／西区の野毛山公園の「港の見える丘」で紙芝居コンクールが行われた。“参加選手”は県内で活躍する中から選ばれた15人。「おむすびころりん」「母を訪ねて」「弥三郎とお地蔵さん」などを演目に自慢の声を一段とはりあげて熱演した

## マンボ・ブーム

●6月1日／マンボ・ブームで、横浜が発祥の地と言われている「マンボスタイル（写真右）」の若者たちが街をかっ歩。当時の新聞には「世はまさにマンボ・ブーム」の見出しで、「日本の鼓のような、もっと乾燥した音色の打楽器がまじるリズムがはんらん。服のスタイルの特徴は、丈の長い上衣。細長い襟。ズボンは西洋ももひきのごとく細く、すその幅は8センチ」と記されている

# 保守合同で55年体制

### 町村合併で急増の市議会議員

●2月11日／厚木、南毛利、睦合、小鮎、玉川の1町4カ村が合併して誕生した厚木市では市議会議員が旧厚木町時の3倍に膨れ上がり、106人。小学校の講堂を借りての「初市議会」

### 赤線地帯

●7月・撮影日不明／売春反対運動が盛り上がり、“赤線地帯”では店内に白線を引き、「ラインの外では客引きをしない」などの自粛をした

### 望みを込めた北京飯店

●8月24日／中国からの引揚者が就職難で生活に困り、引揚者仲間たちと協力して金融公庫の厚生資金を元に、西区の平沼マーケット内に中華料理店「北京飯店」を開業した。無事帰国したが「昭和26年以前の中国からの引揚者は採用するが、以後は不採用、という会社が多く自立の道を選んだ」と開業した仲間の1人

### 防潜網の撤去始まる

●3月5日／潜水艦などの侵入を阻止するため、米軍が横須賀・観音崎と千葉・富津岬を結ぶ東京湾口に設置した防潜網が3月に一部撤去された。防潜網は船舶の出入りを制約し、漁船の航行もできず漁獲量が激減。米軍は撤去の要請に応じ4月18日までに全面撤去した

### 火薬工場爆発

●8月2日／横浜市保土ヶ谷区仏向町の火薬工場で鉱山カーリット火薬が爆発、8棟の作業小屋が瞬時に吹き飛び、死者1人、30人が重軽傷の惨事になった。手押し車で黒色火薬を運搬中、落としたショックで爆発、次々と作業小屋の火薬に誘爆した

# 日本が国連加盟

### ブロマイド

●1月1日／女学生たちのブロマイド集めが人気。中区野毛の書店「有隣堂（接収で戦後は一時期野毛で営業）」のブロマイド売り場の担当者は「侍姿の中村錦之助が売れ行きのトップ。横浜出身の美空ひばりも売れ行きがよい。子役のトップは松島トモ子。外国勢ではエリザベス・テイラー、グレース・ケリー、モンゴメリー・クリフト、ジェームス・ディーンなど。力道山が人気あるのでブロマイドを置くつもり」とブロマイド人気を語った

## 昭和31年
# 1956

◉世　相
神武景気　水俣病問題化　ロックンロール　映画「太陽の季節」「理由なき反抗」

◉流行語
一億総白痴化　三種の神器　もはや戦後ではない

◉流行歌
「ケ・セラ・セラ」「ここに幸あり」「ダイアナ」

◉県　内
ワンマン道路（戸塚有料道路）開通（3月）、日本住宅公団が団地の入居者初募集（3月）、新港ふ頭接収解除を発表（4月）

◉国内・国際
石原慎太郎氏の「太陽の季節」に芥川賞（1月）、日ソ国交回復（10月）、日本の国連加盟承認（12月）

［県人口］299万人

### 10年ぶりに渡れる橋に

●10月15日／橋がありながら対岸が米軍の接収地のため通行止めになっていた中区宮川町と伊勢佐木町方面を結ぶ「宮川橋」が戦後10年ぶりに通行禁止を解除された。宮川町、長者町の一部と福富町の接収解除地は約4万6200平方メートル。戦前は商店と住宅地からなる繁華街だっただけに地元民は大喜び

### ア・テスト

●2月17日／中学卒業者予定者には入試ともいわれている「アチーブメント・テスト」が県内一斉に行われた。横浜市では中学3年生1万7659人が試験に取り組んだ。写真は中区の港中学

### 黄金戦術

●5月18日／横浜市立戸塚区（現・瀬谷区）の住民たちが「耕地取り上げはご免だ」と上瀬谷基地の米軍住宅建設に反対。建設予定地の麦畑には「立ち入り禁止。上瀬谷接収反対同盟」の立て札がたち、測量隊阻止のため“黄金戦術”の肥え桶を並べた

### 女子野球

●8月3日／横浜平和球場（現・横浜スタジアム）で行われた女子野球大会で選手が密造酒撲滅のＰＲ。1950（昭和25）年に三共製薬、京浜急行、わかもと製薬などが中心となってノンプロの「日本女子野球連盟」が設立され「日本社会人野球連盟」にも加盟し女子野球は隆盛を極めた

## 狭き門

●1月15日／4月の開店を前に川崎のデパート「さいか屋」では従業員を募集。川崎市内の中学校で行われた入社試験には300人の採用に1800人の応募者が詰めかけた

## 整備された横浜駅西口の緑地帯

●3月28日／かつては、雨が降れば一面どろんこになった横浜駅西口が、相模鉄道のターミナルビル建設で活気が出て広場を整備した

## 成人式

●1月15日／県内で約5万1000人が成人式を迎えた。各地で式典が行われ、横浜市金沢区では市立金沢小で区内の新成人1284人が晴れ着姿で臨んだ

## 西口名品街

●4月2日／相模鉄道が横浜駅西口に4億円を投じて建設した「横浜センター」の名品街がオープン。初日は昼過ぎからの営業だったが5万人もの客が押し寄せた

## 脱脂粉乳

●10月22日／日本の小中学生700万人分の給食用に脱脂粉乳が米国から贈られ、横浜港で陸揚げされた。岸壁では贈呈式が行われ、全国の児童、生徒を代表して横浜市立元町小の児童も参加、感謝の花束を貨物船の船長と駐日米公使に贈った

## おんぼろ校舎

●4月10日／元倉庫を仕切った暗い教室が並ぶ横浜市立戸塚中学校。教育環境が悪いため、新しい校舎を造ろうと父母や地元の人たちが約350万円もの寄付金を集めて協力。確保した敷地で10日に着工。6月末には新校舎が完成することになった。同校は市内49校の中学校の中で最悪のボロ校舎だった

## 教育2法反対集会

●5月18日／教育公務員特例法改正（公立学校教員の政治活動禁止）と教育の政治的中立に関する法（政治的教育の禁止）に反対して県内18カ所で約2万人の教職員が集会を行った。写真は西区の掃部山公園での集会

## 鉱石ラジオ

●9月25日／輸出が好調でドル獲得に一役買っている高性能の鉱石ラジオ。開発したのは神奈川区内の無線メーカー。室内ではアンテナ無しで放送を明瞭に聴くことができるのが特徴。屋外ではアンテナを伸ばすが、性能の良さに、米国のデパートからクリスマスプレゼント用にと大量注文がきた

## 東横線複線化

●9月10日／東急東横線の利用者から長い間要望があった高島町～桜木町駅間の複線化が実現。桜木町駅ホームで開通の安全を祈願する神事が行われた

## 有線放送

●4月23日／横浜市港北区の中里地区に有線放送が完成。同地区の農家ごとにスピーカーと電話機が設置された。農協から野菜の市況や連絡事項が放送されるだけでなく、電話機もついているため、農協の交換台を通して自由に通話でき、地元では「文化革命だ」と喜んだ。写真は農協に設置された放送設備と電話の交換台

## 県警の無線中継所完成

●4月11日／横浜市南区永田町の高台に関東管区警察局山王台無線中継所が完成。高さは20メートル。この無線中継所の完成で川崎北部、平塚、高座郡など中継エリアが広がりパトロールカーの行動範囲もぐんと広がった

第三章

# 高度成長時代

1957 昭和32年▶48年 1973

## 昭和32年

# 1957

◉世　相
カリプソ　ドライブクラブ　ゴルフ・ブーム　パートタイムに女性進出　コンタクトレンズ普及

◉流行語
よろめき　グラマー　なんと申しましょうか

◉流行歌
「俺は待ってるぜ」「喜びも悲しみも幾歳月」「港町13番地」

◉県　内
横浜興信銀行が横浜銀行へ改称（1月）

◉国内・国際
南極に昭和基地（1月）、ジラード事件（1月）、岸内閣成立（2月）、ソ連が人類初の人工衛星スプートニク打ち上げに成功（10月）、初の百円硬貨発行（12月）

［県人口］309万人

# コカ・コーラ日本上陸

### 旧根岸飛行場と埋め立てられる根岸湾

●1月1日／米軍に接収されている旧根岸飛行場の左手に広がる根岸湾。「根岸湾を埋め立て工場地帯を造成、通勤客と貨物輸送の動脈となる国鉄桜木線の開通（桜木町と大船駅を結ぶ路線で現在の根岸線）」との計画が進められていたが、地元磯子区の屏風ヶ浦漁業組合が猛反対して埋め立て計画は難航。3月20日、漁業者と横浜市は「市は漁業者の同意が得られなければ埋め立てはしない。地元民の漁業権と生活権を侵害しない」などを骨子に妥結した

### ロングヘアコンテスト

●7月6日／「デーオー」の「バナナ・ボートソング」で一世を風びしたカリプソ娘の浜村美智子ショーが開かれている川崎松竹でロングヘアのコンテストが行われ、浜村人気にあやかろうと小学生から美容師まで28人が参加。審査員は浜村美智子と俳優の川崎敬三さんら。1位は髪の長さ75センチの女子高生。賞品はバナナ、水着と賞金3000円

### 高島屋進出反対

●6月18日／高島屋の横浜西口進出に反対する小売店を中心とした「高島屋進出反対期成同盟」の総決起大会が中区の商工奨励館で行われた。大会には市内の卸・小売関係の業者約500人が集まり、はちまき姿で進出反対の気勢をあげた

### 街頭ファッションショー

●3月31日／横浜駅西口広場（現在の横浜高島屋前）で早くも初夏のファッションショーが行われた。横浜洋裁学院が三河木綿と化繊の布で初夏のモードに仕立てた。街頭でのファッションショーとあって約1000人もの見物客で埋まった

### ホッピング

●1月29日／大流行した遊び道具のホッピングは、スプリングがついたT字鉄棒。両足をペダルにかけ、体のバランスを取りながらピョンピョン飛び上がる単純な遊び。アメリカの美容体操具“ボゴスティック”をおもちゃ化したものだが、飛び上がる回数を競うあまり、胃下垂や足の骨膜炎を訴える児童が続出。社会問題化して夏にはブームが終わった

## 相鉄文化会館が開館

●9月21日／横浜駅西口に相鉄文化会館がオープン。地上4階地下2階で、披露式典は同会館の相鉄松竹劇場で行われた。横浜市の田中助役は「西口が発展すれば、市に入る税金も増える。それで学校や道路の整備ができる。今度こそ本当の復興のレールに乗りました」と挨拶。地下の食堂街や食品街は初日から大賑わいだった

## ポートトレイン

●8月28日／戦前、横浜港から客船が出航する際に運行されていた臨時列車の「ポートトレイン」が氷川丸の出港に合わせて17年ぶりに東京～横浜港駅を結んだ（現在、赤レンガ倉庫脇の公園内に保存）。ＳＬが引く列車は8両で700人を乗せて東京駅から横浜港駅に着いた

## 横須賀市制50周年

●2月15日／明治40年に市制を施行してから50年目を迎えた横須賀市は記念式典を米軍が接収中のＥＭクラブで行った。ＥＭクラブは「旧日本海軍下士官集会所」だった

## 防衛大・1期生卒業

●3月26日／防衛大学校第1期生の卒業式が横須賀市小原台の同校体育館で行われた。槙智雄校長が一人一人に卒業証書を手渡し、小滝防衛庁長官は「国民から敬愛される自衛隊になれ」と訓辞。陸上207人、海上80人、航空50人が巣立っていった

## 横浜市内に大油田？

●9月21日／横浜市保土ヶ谷区の農地で大量の石油と天然ガスの採掘を計画した帝国石油の開坑式が同区市沢町で行われた。帝国石油がイモ畑を調査したところ1500㍍の地下にガス層が見つかったため

## ノリ採取

●1月27日／間門海岸（現・中区本牧間門）でノリを採取する漁業者。根岸湾はノリヒビが海岸線に沿うように並び、ノリ採取は季節の風物詩だった

## 開港百年祭

●5月10日／「横浜開港百年祭記念式典」が皇太子さまをお迎えして横浜平和球場（現・横浜スタジアム）で行われた。同球場の観客席、フィールドは約3万5000人の参列者で埋まった。1000人の女学生が横浜開港百年のテーマソング「歓喜の港」を歌い上げた

## 国際仮装行列

●5月11日／横浜開港百年祭は「国際仮装行列」で最高潮に達し、パレードの見物客は約70万人と空前の人出となった。行列の規模も大きく、フロートが113台、スクーターが92台、徒歩行列の参加者は3440人だった

## 住宅地に米軍ジェット機墜落

●8月31日／横浜市神奈川区神大寺の住宅地に米海軍厚木基地所属のジェット戦闘機が墜落。機体は爆発し、住民8人が重軽傷、パイロットは死亡した

## 台風22号

●9月27日／江の島に上陸した大型の台風22号は雨台風となって関東、東北地方に大きな被害を与えた。豪雨により、県内各地でガケ崩れ、河川のはんらんが起きた。写真は鶴見川のはんらんで軒先まで冠水した横浜市鶴見区市場町

**昭和33年**

# 1958

◉世　相
なべ底景気　フラフープ人気　ロカビリー　長嶋茂雄が新人王・川上哲治現役引退　「月光仮面」放送

◉流行語
団地族　イカす　シビれる　いやーな感じ

◉流行歌
「有楽町で逢いましょう」
「星はなんでも知っている」

◉県　内
横浜開港100周年祭（５月）、横浜・神奈川区の住宅地に米軍ジェット機墜落（８月）、ラジオ関東開局（12月）

◉国内・国際
関門トンネル開通（３月）、売春防止法施行（４月）、台風22号大暴れ、県内で死者93人（９月）、皇太子妃に正田美智子さん決定（11月）、１万円札発行（12月）、東京タワー完工（12月）

［県人口］319万人

## 消える赤線地帯

●2月27日／この年4月1日、売春防止法が施行された。売春の勧誘、周旋、場所提供などの行為に対し最高で懲役10年、罰金30万円が科されることになり、「赤線地帯（売春が公認されている地域を警察などが地図に赤線を引いて示した）」が全国から消えた。県内では17地区814軒2954人の女性が解散式を行った

### 月光仮面

●11月17日／人気テレビ番組「月光仮面」ブーム。デパートでは「月光仮面特設売り場」を設け、プラスチックの仮面、ビニールのマント、水鉄砲が1組になった月光仮面セットが飛ぶように売れ、七五三の衣裳にも登場した。風呂敷を肩からひるがえし、屋根から飛び降りる子も出て社会問題化した

### フラフープ

●11月9日／デパートでは1分間に5つも売れた。腰をひねってグルグル回す単純な遊びで、美容上プロポーションを整えるに良いといわれていたが、子どもの体に障害を及ぼす恐れがあるといわれてすぐに下火になった

# インスタントラーメン登場

### 金環蝕

●4月19日／20世紀最後で最大の日蝕が日本各地で観測された。好天に恵まれ、南西諸島や伊豆諸島、奄美大島で金環蝕を観測。横浜では88%欠ける日蝕で、港北区の港北小学校ではセルロイドの下敷きや墨を塗ったガラスをかざして観測

### 水上生活

●8月19日／沖合で貨物船から降ろされた積み荷を岸壁に運ぶ艀（はしけ）は水上生活者の仕事と生活の場だった。海の上のため通学できない児童たちは日本水上学校（横浜市中区山手町）に寄宿した。貨物船岸壁が増えるに従い、はしけでの水上生活者が激減、1967年に日本水上学校は役割を終えた

### 横浜開港百年の歌

●4月9日／横浜開港百年実行委員会が公募した「開港百年の歌」の当選歌に、ハマっ子の高木東六さんが作曲、渡辺はま子さんが歌った。曲名は「歓喜の港」。「明るいマーチ風に作曲した」と高木さん。歌詞の１番は「白いカモメの羽ばたきに／波が踊れば潮風歌う／ビルの窓から波止場から／古い歴史のページから／ミナト横浜朝がくる。／百年、百年、開いて百年／ミナト横浜朝が来る。」。写真は打ち合わせをする高木さんと渡辺さん

### 横浜とサンディエゴが姉妹市に

●5月9日／横浜市と米国のサンディエゴ市の姉妹市提携式がホテル・ニューグランドで行われた。姉妹市誕生のしるしとして、平沼横浜市長とサンディエゴ市の代表が市の「鍵」を交換した

昭和34年

# 1959

◉世　相
岩戸景気　カミナリ族横行　テニスウエア・ヘアバンド流行　少年マガジン・サンデー創刊　日本レコード大賞創設

◉流行語
ながら族　ファニーフェース
タフガイ　マダムキラー

◉流行歌
「南国土佐を後にして」「黄色いさくらんぼ」「黒い花びら」

◉県　内
平沼横浜市長死去（２月）、山下公園の接収全面解除（３月）、横浜高島屋開店（10月）、横浜市金沢区の東洋火工横浜工場爆発（11月）、子安台の第２京浜国道で火薬トラック衝突・爆発、99人死傷、民家92棟全半壊（12月）

◉国内・国際
南極でタロ、ジロの生存確認(１月)、初の天覧試合巨人-阪神戦（６月）、伊勢湾台風（９月）、ソ連が月探査ロケット打ち上げ（10月）、第１回日本レコード大賞（12月）

[県人口]330万人

## 火薬を積んだトラックが爆発

●12月11日／横浜市神奈川区子安台の国道1号線（京浜第2国道）で、TNT火薬を満載したトラックが爆発。砂利トラックとの衝突が引き金だったが、この爆発で死者3人、重傷者3人を出し、周囲の建物を吹き飛ばした

## 集団就職

●3月24日／青森、宮城県から県内へ就職する中学の新卒者たち106人が横浜駅に到着、県職安課の担当者が出迎えた。この年、約900人が県内の工場、商店、事業所に就職した。月給は住み込みで3000〜4000円だった。集団就職の子どもたちを乗せた「集団就職列車」は1954（昭和29）年に運行を始め、昭和49年に役目を終えたが、集団就職の少年少女は日本の高度経済成長を支えた

## 宝塚歌劇団米国へ

●7月26日／宝塚歌劇団が20年ぶりに公演する米国へ氷川丸で出発。天津乙女さんら42人の歌劇団は92日間の日程でニューヨーク、ロサンゼルス、シアトルなど全米31都市で公演。新港ふ頭では約3000人ものファンが見送った

# 皇太子ご成婚

## 早朝のご散歩

●5月6日／葉山御用邸裏の一色海岸で、ご成婚行事のお疲れを癒される皇太子ご夫妻。散歩をされた後、お二人は皇太子さまが操るモーターボートで葉山の森戸海岸沖まで行かれた

## 火薬工場大爆発

●11月20日／横浜市金沢区釜利谷町の「東洋化工横浜工場」で火薬が爆発。死者3人、重軽傷者386人を出す大惨事となった。この爆発で周囲の東急車輌工場、東洋合成、横浜市大、金沢高校、金沢中学や一般家屋約3000戸が全半壊や部分破損した。12月に東洋化工は火薬工場を再開しないことを決めた

## 北朝鮮帰国第1陣

●12月10日／北朝鮮と日本で交わされた「北朝鮮帰還協定」に基づいて、12月14日に新潟港から帰国する第1陣の神奈川県在住者9世帯35人が「バンザイ」「お元気で」の声に送られて横浜駅を出発。帰国する在日朝鮮人の高校生は「自分の力を正しく認めてくれる祖国へ帰ることができる」と笑顔に溢れていた

## マイカー時代到来

●10月12日／スクーターやオート三輪車から4輪自動車に乗り換える人が増え、自動車教習所は大はやり。有料道路が次々と建設され、自動車メーカーも競うように乗用車、商用車の新車を発表。4輪車でのボール蹴りや、動くトラックの荷台から地上への輪投げなどを行う「動車の運動会」、ジムカーナが中区の横浜公園や南区の蒔田公園で行われたほどだった

## 県営住宅の申し込みに長蛇の列

●11月19日／県営住宅の申し込み受付が横浜市中区の横浜公園体育館で行われたが、住宅難もあって早朝から約200人が並んだ。横浜市内や海老名、高座渋谷などの1戸建てや2階建ての耐火住宅などで、16倍から40倍の競争率だった

## 城ヶ島大橋完成

●4月16日／三浦市三崎と城ヶ島を結ぶ全長575メートルの城ヶ島大橋は3年の歳月をかけてようやく完成、渡り初めが行われた

## 昭和35年
# 1960

◉世　相
三池争議　電気冷蔵庫　だっこちゃん　カラーテレビ本放送　アイビールック流行

◉流行語
家付きカー付きババー抜き　声なき声　交通戦争

◉流行歌
「潮来笠」「誰よりも君を愛す」「アカシアの雨が止む時」

◉県　内
県議会、厚木基地周辺の爆音対策意見書可決（9月）、大洋ホエールズ（本拠・川崎球場）初の日本一（10月）

◉国内・国際
日米安保条約改定に反対する学生が国会突入、女性東大生が死亡（6月）、初の国産カラーテレビ発売（7月）、所得倍増計画発表（9月）

［県人口］344万人

## 安保阻止闘争

●6月4日／「世論を無視する岸内閣の総辞職を要求、日本の民主主義と議会政治を守る」と、総評、中立53単産の約400万人が「安保阻止」の“ゼネスト的実力行使”に入り、全学連の学生たちは国会に突入。県内でも「県商工団体連合会」の傘下5支部の組合員が閉店ストを実施。「御得意様にはご迷惑ですが、新安保阻止統一行動に参加のため休業します」のポスターを張った

## 衆院選・新人の田川誠一さん当選

●11月21日／衆院選挙で神奈川2区（横須賀、川崎、鎌倉、三浦市、葉山町）から出馬した自民党新人の田川誠一さん（42）が当選、支持者らと喜びの握手を交わした。1区（横浜市）で当選した社会党の飛鳥田一雄さんは14万1354票を獲得して全国最高の得票数となった

## 勤評「新神奈川方式」調印

●10月1日／勤評「新神奈川方式」の調印で、握手する鈴木教育長（右）と三好神教組委員長（左）。教職員の勤務評定は1957（昭和32）年、文部省（現・文部科学省）が実施の方針を決めたため、政府と日教組が対立、全国で勤評反対闘争が繰り広げられた。神奈川県では県教委と組合との激しい団体交渉の結果、教職員自身が記録、提出することで勤評規則制定に代える、神奈川方式の「勤務評価の記録」で調印された

# 安保闘争

## 氷川丸、最後の航海終え

●10月1日／1930年に就航後、30年間にわたり北太平洋航路を舞台に活躍してきた日本郵船の「氷川丸(1万1622トン)」が最終の航海を終え横浜に帰港。約2000人が“老客船”の無事帰還を祝った。太平洋の貴婦人と呼ばれた同船は戦時中は病院船、戦後は引揚者の輸送を担い、1953年7月に定期航路に復帰した

## だっこちゃん

●8月9日／本名が「木登りウインキー」で、通称“だっこちゃん”と呼ばれた、黒いビニール製の人形が爆発的な人気。腕に抱きつかせて歩く若者が増え、デパートでは売り場の混雑を避けるため整理券を発行するほどの売れ行きだった。1つ180円。この年、全国で約550万個も売れた

## カラーテレビ

●9月11日／カラーテレビの本放送が始まり、街頭やデパート、電気器具店のカラーテレビ売り場には人だかりができた。価格が17インチで1台30万円とあって、買い求めたのは喫茶店やレストランだった

## おわい船

●6月14日／水洗便所が普及する前、家庭などから集められた糞尿を、「おわい船」と呼ばれた船に積み込み、東京湾の外海で投棄した。写真は中区内の派大岡川で積み込み作業中のおわい船。現在の横浜市庁舎前で、首都高速道路になっている

## バス住宅

●12月29日／横浜市内では約1万8000人が住環境が悪い中で生活、南区内では不用になったバスを仮の住宅にしている人たちが多く、同市ではスラム街化対策として鉄筋4階建てのアパートを建設し、バス住宅の人たちを移転させることを決めた

昭和36年

# 1961

◉世　相
ケネディ大統領登場　レジャー・ブーム　シームレスストッキング　ムームー流行　うたごえ喫茶大盛況　大相撲の柏鵬時代　若大将・クレージーキャッツ人気

◉流行語
巨人･大鵬･卵焼き　地球は青かった　わかっちゃいるけどやめられない

◉流行歌
「スーダラ節」「上を向いて歩こう」「銀座の恋の物語」

◉県　内
マリンタワー完工式（1月）、法政二高、選抜大会制し夏春連覇（4月）、湘南海岸に電気クラゲ大量発生、2000人以上被害（7月）城山ダム建設工事開始（11月）

◉国内・国際
ガガーリンの人間衛星ボストーク1号打ち上げ（4月）、キューバ・カストロ議長が社会主義革命宣言（5月）、日赤の愛の献血運動開始（8月）

[県人口]360万人

## 現代っ子

**ブリジストン工場火災**

●1月20日／横浜市戸塚区のブリジストン横浜工場火災で、製造している「エバーソフト」が炎上、火の回りが早く、5階建ての工場の5階部分を焼き尽くした。寝具など家庭用品にも使われている「エバーソフト」は空気の入る穴が無数に空いているので燃えやすく、火がいったんつくとガソリンのように燃えるため、同工場に設置してあったスプリンクラーも役に立たなかった

**消防車も燃えた南足柄の大火**

●4月6日／午前11時ごろ、南足柄町（現・南足柄市）の農家から出火。瞬間最大風速20メートルもの強風にあおられて燃え広がり、同町の岩原地区、塚原地区の農家30戸が全焼。出動した消防車も火をかぶり“全焼”した

**豪雨被害**

●6月29日／28日から29日にかけて県内は梅雨前線の集中豪雨に見舞われた。鎌倉、逗子、藤沢、横浜の4市に「災害救助法」が発令された。横浜市中区北方町では作業小屋を土砂が襲い、8人が死亡するなど県内での死者は57人となった。写真は北方町の生き埋め現場での懸命の救助作業

## 路上ローラースケート流行

●1月30日／コンクリート舗装が多い市心部で子どもたちがローラースケートを楽しんでいるが、自動車との接触事故も多く、パトカーが来ると一斉に逃げるため、路上のイタチごっこが続いた

## 川崎の市営寮が全焼

●4月26日／川崎市末長の市営住宅「光友寮」から出火、強い風にあおられて木造平屋建て500平方㍍があっという間に全焼。近隣の住民たちが手助けしたものの家財道具はほとんど持ち出すことができなかった。この時代、戦前からの老朽化した建物が多く、火災が頻発した

## 魅惑のサックス

●11月21日／アメリカのテナー・サックス奏者サム・テーラーが中区山下町のブルースカイで日本サヨナラ公演を開いた。ドラムのソロモン・ホール・ジュニアとピアノのチャールス・リチャーズを同行して、ボリューム感あふれる曲を演奏

## フランス式デモ

●5月1日／県内の統一メーデー会場から出発したデモ行進は、伊勢佐木町通りで、参加者が手をつないで行進する「フランス式デモ」を見せた。フランス式デモは安保闘争時に登場し、道路いっぱいに広がって静かに意思表示する。この年、緊迫感がない政治情勢を反映してか、沿道の商店街も飲み物をサービスするなどお祭りの雰囲気だった

## カミナリ族

●7月30日／流行のファンキーハットをかぶり、開通したばかりの横浜新道から湘南方面へ猛スピードでオートバイを飛ばす若者たちが増えた。ファンキーハットは、麦わらでできた三つ折れ帽子

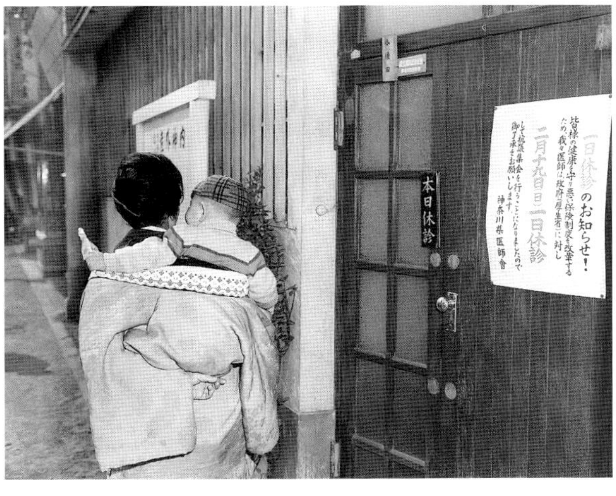


## 一斉休診

●1961（昭和36）年2月19日／日本医師会と日本歯科医師会が診療報酬引き上げを要求して、全国一斉休診を行った。県内でも200の医療機関が参加した。ストは日曜日に行われたため、大きな混乱はなかった

## タンカー同士が衝突

●11月18日／京浜運河で日本のタンカー「第一宗像丸(1972トン)」とノルウェーのタンカー「タラルド・ブロビーグ(2万1634トン)」が衝突。両船は炎上爆発し、第一宗像丸の船長以下36人、タラルド・ブロビーグ号1人、周囲で航行中の2隻の小型船の4人が死亡、横浜開港以来といわれる船の大惨事になった

# 昭和37年
# 1962

◉世　相
マイカー時代　無責任時代　ツイスト　ポリバケツ登場

◉流行語
スモッグ　ハイそれまでよ　あたり前田のクラッカー　教育ママ

◉流行歌
「いつでも夢を」「王将」「可愛いベイビー」

◉映　画
「キューポラのある街」「座頭市物語」

◉県　内
横浜市神奈川区七島町で大火、焼失78棟166世帯(2月)、日刊新聞発祥の地記念碑が建立除幕(10月)、横浜駅ビル開業(11月)

◉国内・国際
東京都が世界初の1000万都市に(2月)、常磐線三河島事故で死者160人(5月)、堀江謙一がヨットで太平洋単独横断に成功(8月)、米がキューバ海上封鎖、米ソ対立(10月)

[県人口]380万人

## コレラ騒ぎでバナナを処分

●8月3日／台湾でコレラが発生、輸入したバナナもコレラに汚染された疑いがあると、神奈川区の山之内ふ頭の市営バナナ上屋では廃棄処分するバナナを消毒。1かご約360本が入った「バナナかご」約1400かごを丹念にクレゾールで消毒。この騒動で、コレラ予防ワクチンの接種が横浜市食品衛生健保組合で行われた

## 密集地の大火

●2月12日／横浜市神奈川区七島町で住宅から出火、しかも密集地で風上のため、瞬く間に78棟が全半焼。幸い死傷者は出なかったが、166世帯、555人が焼け出された。横浜市内では戦後最大の火災となり、県は火災では初めての「災害救助法」を発動した

# キューバ危機

## 磯子ニュータウン

●4月6日／県住宅公社「磯子ニュータウン」（現・汐見台団地）の整地が終了。1966年には約4000戸の集合住宅が並ぶ人口1万6000人の町が誕生する

## 横浜文化体育館完成

●5月11日／横浜市中区翁町（現・不老町）に建設していた「横浜文化体育館」が完成。スポーツ市長で知られた故平沼亮三市長の発案で造られた

## 力道山対ブラッシー

●5月23日／1万人のプロレスファンを集めて「プロレスリング・ワールドリーグ横浜大会」が開館したばかりの横浜文化体育館で行われ、力道山の「空手チョップ」、ブラッシーの「かみつき」で観衆は沸いた

## 横浜ステーションビルオープン

●11月23日／横浜駅西口に「横浜ステーションビル」がオープン。地下の名品街から同ビル7階屋上の展望台まで人波で埋まった

## 生ワクチン投与

●3月5日／ポリオ（小児まひ）のワクチン投与が始まった。生後3カ月から13歳未満が対象。横浜市内だけでも約30万人が投与を受けた

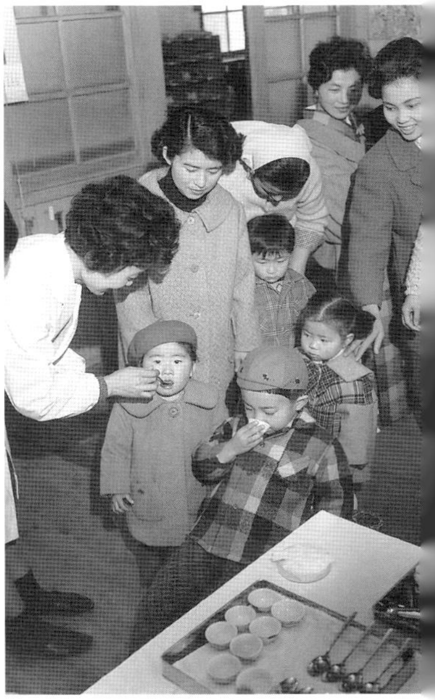

## 電子レンジ

●4月6日／横浜・伊勢佐木町のデパートで開催された「明日を創る東芝展」に、電子レンジが展示され、瞬時に温めたコーヒーなどがふるまわれた。電子レンジは調理に革命をもたらす「あすの電化製品」といわれた

## 河野一郎建設大臣の私邸に放火

●7月15日／早朝、ピストルを持った2人組が平塚市の河野一郎氏の私邸に押し入り、家人に脅迫状を手渡した後、ガソリンを撒いて放火し逃走。右翼の計画的犯行と見られている

## 昭和38年

# 1963

◉世　相

プレタポルテ　カギっ子　バカンスルック流行　ボウリング・ブーム　「鉄腕アトム」放送始まる　映画「天国と地獄」

◉流行語

ハッスル　私はカモメ　ガチョーン

◉流行歌

「こんにちは赤ちゃん」「高校三年生」「見上げてごらん夜の星を」

◉県　内

内山知事５選（４月）、横浜市長に飛鳥田一雄氏（４月）、ピストルを持った２人組が河野建設相宅に押し入り、放火逃走（７月）、本牧埋め立て工事着工（10月）、国電鶴見事故。死者162人、負傷者72人（11月）

◉国内・国際

吉展ちゃん誘拐事件（３月）、伊藤博文の千円札発行（11月）、ケネディ大統領暗殺（11月）、プロレスラー力道山刺され死亡（12月）

[県人口]399万人

## ガス管爆発炎上

●11月6日／横浜市神奈川区桐畑の国鉄線に平行する京浜第２国道で道路工事中にガス管が爆発。この事故で横浜市電、京急、東海道、横須賀、京浜東北の各線は鎮火するまでの約2時間近く全面不通になった

## 東京オリンピック前売り券発売

●10月24日／東京オリンピックの一般競技入場予約券が25日に売り出されるが、横浜の割り当てはサッカー3606、ボート148、ヨット28、武道2枚。予約券を売り出す横浜文化体育館には求める人たちが前日から並んだ。１等席1000円、2等席500円、3等席300円。決勝戦は倍額だった

## なっ染工場の火災

●7月28日／横浜市南区最戸町のなっ染工場から出火、隣接するなっ染工場、住宅など約3049平方㍍を焼失。京浜急行の沿線火災で、京急のダイヤが乱れた。横浜特産のスカーフなどを染め上げる「なっ染工場」は可燃性染料や揮発油、木製の乾燥器具など、発火しやすい物が多いだけに、火の回りが早かった

## 鶴見事故

●11月9日／横浜市鶴見区の東海道線の鶴見、新子安間で脱線した貨物列車に衝突し脱線した横須賀線上り電車が平行する下りの横須賀線に衝突。死者162人、重軽傷者72人を出し、1947年の八高線に次ぐ戦後2番目の大惨事になった

## 横浜市長に飛鳥田一雄さん

●4月18日／国会議員から転身、横浜市長選に挑んだ飛鳥田さん(48)は、現職の半井清さんを1万2776票差で破り、石河市長に次ぐ戦後2人目の革新市長の誕生となった

## 城山ダム

●1月6日／定礎式を待つ「城山ダム」の工事現場。「相模川河水統制事業」で相模ダム(1947年完成)が誕生したが、横浜市をはじめとする県内の人口増に伴う水需要に応えようと城山ダムが建設された。1月13日の定礎式で内山県知事は「東京オリンピックを目標に建設を…」と激励したが完成は1965(昭和40)年だった。城山ダムで形成されたのが津久井湖だ

# テレビアニメブーム

## プレハブ住宅団地

●10月1日／県が初の試みとして横浜市保土ヶ谷区川島町に建設中の分譲プレハブ住宅30戸が完成。広さは44～73.45平方㍍。分譲価格は土地付きで236万円から314万円

**五輪聖火リレー**

●10月6日／日本縦断の聖火が静岡県から国道1号線を走って箱根町に着き、神奈川県に入った

## 昭和39年
# 1964

◉世　相
海外旅行自由化　「東洋の魔女」に脚光　みゆきスタイル　ノースリーブ　ニットウエア流行　放送「三匹の侍」など時代劇ブーム　映画「007危機一髪」

◉流行語
ウルトラC　オレについてこい　コンパニオン

◉流行歌
「東京五輪音頭」「幸せなら手をたたこう」「お座敷小唄」

◉県　内
県の公害防止条例公布（3月）、鶴見線開通（3月）、昭和電工川崎工場で爆発、死者10人、負傷者101人（6月）、米軍艦載機が大和市の鉄工所に墜落、死者3人（9月）、横須賀原潜寄港反対集会に7万人（9月）、ダイヤモンド地下街開業（12月）

◉国内・国際
町田市にジェット機墜落、死者4人（4月）、新潟地震（6月）、東京オリンピック開幕（10月）、東海道新幹線開業（10月）、佐藤栄作内閣成立（11月）

［県人口］420万人

# 東京オリンピック

**歓迎塔**

●10月8日／歓迎塔では高さが日本一といわれた「横浜・伊勢佐木町」の“ウエルカム・ゲート”が完成して点灯。高さ27㍍で、円を半分に切って背中合わせにしたようなユニークな形。世界の流行が円形なので、半円を重ねて流行の一歩先を行くという狙いだそうだ

**バレーボール予選**

●10月12日／横浜文化体育館では女子リーグ戦3試合が行われ優勝候補の日本、ソ連がともに順当に勝ち進んだ。写真は対ルーマニア戦で猛スパイクを決める河西選手。バスケットも同体育館で行われたが、インドネシアが対戦相手の台湾をボイコット、台湾が不戦勝になった

## 新幹線開業

●10月1日／東海道新幹線が開業。県内の停車駅「新横浜駅」と「小田原駅」は祝賀一色。観光地を抱える小田原駅では鈴木小田原市長が運転士に花束を贈った

## がら空きの映画館

●10月16日／オリンピックのテレビ中継にくぎ付けになる人が多く、映画館はがら空き。夜の繁華街を歩くのは“イヌ”だけ。映画館の観客は普段の半分以下、日本選手が活躍する日は浴場もガラガラ、修学旅行生は皆無と“五輪不景気”に頭を抱える業種も

## マンモス小学校

●5月・撮影日不明／開発ラッシュで横浜市戸塚区（当時）の瀬谷小学校では転入学児が急増。児童数は2000人を超え、1年生は2部授業、毎日の朝礼は1日置きに半分ずつと、住宅建築が激しい郊外の教育的悩みを一手に抱えた形だ。写真は朝礼の場面だが、1コマに入りきれずカメラマンは2コマに収めた

## 横浜ドリームランド

●8月1日／横浜唯一の大規模遊園地「横浜ドリームランド」がオープン。探険の国、世界一大きいといわれた大観覧車などがある横浜の観光スポットになった。2002年2月17日、経営難などで閉園。現在は野球場もある俣野公園になっている。写真は大観覧車から撮影

## ダイヤモンド地下街オープン

●11月30日／横浜駅西口に都市計画事業の一環として進められていた地下街と駐車場の完成披露が行われた。翌12月1日から開業した

## 横浜国大学芸学部全焼

●1月13日／鎌倉の横浜国立大学学芸学部本館から出火、木造校舎のため、瞬く間に2棟が全焼。学籍簿、卒業論文など、何ひとつ持ち出せないほど火の回りが早かった

## 昭和40年

# 1965

◉世　相
銀座にアイビー族　エレキギター　モンキーダンス　ひざ上10㌢のミニスカート登場　大学生の間にマンガブーム　映画「赤ひげ」「サウンド・オブ・ミュージック」

◉流行語
シェー　まじめ人間　やったるで

◉流行歌
「柔」「まつの木小唄」「女心の唄」

◉県　内
城山ダム完成（３月）、川崎で石灰灰なだれで新興住宅地埋没、死者24人（６月）

◉国内・国際
戦後初の有事研究「三矢研究」国会で暴露（２月）、ベ平連が初のデモ（４月）、座間などで18人殺傷の少年ライフル魔事件（７月）、朝永振一郎氏ノーベル賞受賞（10月）、中国文化大革命始まる（11月）

［県人口］443万人

## 学費の値上げで学生スト

●1月27日／慶応義塾大学の学生が学費値上げに反対。日吉校舎（港北区）の学生自治会は「値上げ反対闘争」の全学生ストを決行。日吉校舎で授業を完全にボイコットしたのは同校舎始まって以来のことだった。大学当局は学生への刺激を避けるため静観したので紛争は無かった

## ずさんな宅地造成で死者

●6月27日／川崎市久末で埋め立て業者が谷間に処分した3万㌧を超える大量のガスガラ（石炭の燃えかす）が水を含んで崩落。ガスガラ山の下にある住宅14戸を一瞬にして呑み込み、死者24人、重軽傷者16人を出す大惨事となった

## ブランデー密輸

●4月24日／横浜港外に停泊中の英国貨物船の乗組員から、密輸グループがヘネシーのブランデー「スリースター」104本を1本1800円で購入。小舟に積み込み、子安運河岸壁で陸揚げし、バー専門のブローカーに売りに行く途中発覚した

**スイム・ダンス**

●7月18日／逗子海岸の海水浴場は「スイム・ダンス」を踊る若者たちでごった返した。プレスリー主演の映画「フロリダ万歳！」が夏に上映され、主題歌の「スイムで行こう」のリズムで踊る「スイム・ダンス」は大人気だった

**南極観測船「ふじ」進水**

●3月18日／南極観測船「ふじ」の進水式が日本鋼管鶴見造船所で行われ、皇太子妃の美智子さまが銀オノで支え綱を切って進水。「宗谷」の後継船で、ひとまわり大きい5250排水トン。1983年まで南極観測に活躍した

**ミニチュアカーのサーキット**

●2月6日／サーキットを走るミニチュアカーの動力はモーターで、走路から電源を取る。速度を調節できる器具を手に速さを競い合う。当時はブームで、中区内のボウリング場の一角にも登場し、若者やサラリーマンらが楽しんだ



# 米軍北爆開始

## 歴史が動いた時　寺内タケシ

### ドカンとエレキブームに

45年前ぐらいかな、エレキバンドはまったく人気がなかった。だからブームを巻き起こそうと東京でコンサートを開いたんだ。前座はベンチャーズなど海外のトップバンド。主役は自分がリーダーのブルージーンズ。ジャーンとエレキギターを響かせたら、若者にドカンと人気が出たわけ。

一大ブームになったが、教育現場から「エレキは不良の温床」といわれ、使用禁止に。悔しかったね。それでエレキの楽しさを伝えようと「ハイスクールコンサート」を始め、まもなく1500校を達成するんだよ。長年の努力で誤解は解け、青少年の情操教育が認められて2006年に神奈川文化賞、08年には緑綬褒章をいただいた。今後も自分を育ててくれた横浜でエレキを弾き続けたいね。

（ギタリスト）

**国勢調査**

●10月1日／横浜港で荷役に従事するはしけの水上生活者に対する国勢調査が一斉に行われた。港内には1500隻を超えるはしけがあるため、市港湾局海務課員40人が8隻のランチに分乗。鶴見から根岸湾まで調査区域を12に区分して調べた

ビル火災で12人死亡

●1月9日／午前1時ごろ、川崎駅前の繁華街で7階建てのビル3階のキャバレーの更衣室から出火。ビル所有者の家族、同ビル内のパチンコ店従業員ら12人が逃げ遅れて亡くなった。この火災を機に高層ビルに対応できる消防車の必要性が高まった

昭和41年

# 1966

◉世　相
カー・クーラー・カラーテレビの3Cブーム　「ウルトラマン」誕生　カセット・テレコ登場

◉流行語
びっくりしたなーもう　ボクァしあわせだなァー

◉流行歌
「バラが咲いた」「君といつまでも」

◉県　内
川崎雑居ビルで火災、12人焼死（1月）、日銀横浜事務所落成（2月）、米原潜「スヌーク」横須賀寄港に抗議、連日数万人の集会（5月）、県の木イチョウに決まる（10月）

◉国内・国際
全日空ボーイング727が東京湾に墜落、133人死亡（2月）、カナダ航空DC８羽田空港の防潮堤に衝突、死者64人（3月）、英海外航空機が富士山付近で墜落124人死亡（3月）、日産サニー発売（4月）、成田市三里塚に新空港を閣議決定（7月）

［県人口］457万人

## ザ・ビートルズ来日

台風4号

●6月28日／大型台風4号は県内各地に大雨を降らせ、道路寸断やガケ崩れ、水害が相次いだ。横浜・伊勢佐木町通りも水浸し

台風26号

●9月25日／強風を伴って県内を襲った台風26号は、船舶や住宅などに大きな被害をもたらした。横浜市南区の蒔田公園では公演中の「木下サーカス」のテントがつぶれた。ライオン、クマ、ゾウは檻に入っていて無事だったが、台風のショックで逃げる恐れがあると、武装した警官が警備を敷いた

## 丹沢に人工雪スキー場

●1月27日／現在では信じられないが、丹沢にスキー場があった。気温が零度以下になるとスノーマシンで丹沢の北側斜面に雪を吹き付けた。雪質もよく、東京･横浜から日帰りできるのが魅力だったが、暖冬の年が続いて、春先の雪のように消えた

## 旅客機羽田沖に墜落

●2月4日／札幌雪まつり帰りの人など乗客126人、乗員7人を乗せた全日空のボーイング727が羽田沖に墜落し、133人全員が死亡。この年の国内は飛行機事故が相次いだ。3月4日カナダ航空のDC8型機が羽田空港着陸に失敗し64人が死亡。翌5日、BOACのボーイング707型機が富士山上空の乱気流に巻き込まれて墜落、124人全員が山腹に散った

## 戦争もの“大当たり”

●5月24日／ベトナム戦争や米中の対立、米原潜の横須賀寄港などの影響か、県内でも出版物、テレビ、映画、子どものおもちゃまで“戦争物”が売れ続けていた。写真は「コンバット」の名前で男の子の間に人気絶頂の「着せ替え兵隊人形」。関節が動き、自由なポーズがとれた

## 学校給食値上げ

●6月16日／物価値上げの影響を受けて県内でも学校給食費を値上げする市町が出始めたが、一方、横浜市内では給食が無い小学校が20もあった。「役所が粉食普及を叫びながら、主食がパンだけなのはおかしい」と製めん業界。文部省（当時）は1963年にめん類使用を認めているが、県教委は遅まきながらめん使用の準備を始めた

# ミニスカート旋風

## 昭和42年
# 1967

**◉世　相**
グループサウンズ・ブーム　フーテン族　サユリスト　シンナー遊び流行　ベストセラー「頭の体操」

**◉流行語**
大きいことはいいことだ　ボインケロヨーン

**◉流行歌**
「ブルー・シャトー」「世界は二人のために」「夜霧よ今夜も有難う」「真っ赤な太陽」

**◉県　内**
県知事に津田文吾氏（４月）、横須賀でベトナム侵略反対・エンタープライズ寄港の反対集会（12月）

**◉国内・国際**
初の建国記念日（２月）、美濃部革新都政誕生（４月）、資本自由化を閣議決定（６月）、四日市ぜんそく患者９万人が初の大気汚染訴訟（９月）、ミニスカートの女王ツイッギー来日（10月）、吉田茂元首相死去（10月）、ベ平連が米水兵４人の脱走を発表（12月）、佐藤栄作首相が非核三原則表明（12月）

［県人口］476万人

### 内山岩太郎知事が引退

●4月22日／戦後21年間、神奈川県の知事を務めた内山さんが引退。惜しまれながら「健康が許さないから…」と、職責を当選したばかりの津田文吾さんに託した。戦後の焼け野原で、県民の衣食住を心配し、進駐軍の圧力には元外交官のキャリアを活かし、大物政治家の横車にも見事なほどに反骨精神を貫いた

### 疑問票に選管の目

●8月5日／2票差で勝敗が決まった清川村長選で立候補した2人が県選管に「審理」を申し立て、「行政不服審査」が公開で行われた。疑問票を点検する県選管（右）と立会人。この選挙は村を2分した。県選管は3票差で山本務本さんの当選を決める逆転裁決をした

### 津田新県政スタート

●4月24日／内山前知事からバトンを引き継いだ津田新知事が県職員が拍手で迎える中、初登庁

### 異常渇水で人工降雨実験

●6月24日／相模湖の貯水量は満水時の6分の1。この異常渇水でプール、キャンプ場は水がなくて悲鳴をあげ、街の飲食店は水冷式冷房機が使用禁止、ガソリンスタンドでの洗車も自粛する事態が続いた。県異常渇水対策本部の人工降雨実験が24日から4日間にわたり、富士山5合目と河口湖畔で行われたが、残念ながら降雨には到らなかった

### スモッグ警報

●1月7日／神奈川県公害課は7日午後、川崎・鶴見の臨海工業地帯に第２種スモッグ警報を発令。大手の46工場に良質の燃料への切り替え、操業の一部停止をうながした。第２種警報は、ばい煙規制法で県が1963年に緊急措置要綱を設けて以来初めて

### 予防接種に長蛇の列

●7月17日／日本脳炎が流行。鹿児島県から九州全土、四国の高知県、三重県に広がって関東へ。神奈川県内でも幼児が疑似脳炎で死亡。県衛生部や各市町村では感染源のコガタアカイエカが発生しやすい水たまりを消毒したり、幼児、学童に予防接種を行った。横浜・南保健所の予防接種会場になった小学校の校庭には長い列が切れ目なく続いた

### コラーサ2世

●7月13日／太平洋、大西洋をヨット「コラーサ2世」で単独横断した鹿島郁夫さん（37）が横浜港にゴールイン。大さん橋は歓迎する人たちや報道陣で溢れかえった

### 分譲地受付に泊まり込み

●6月30日／東急が横浜市港北区（当時）長津田町、下谷本町にある分譲地175区画を売り出し。「先着順受付」としたため、1週間近くも前からテントを張って泊まり込みで受付順番を待つ人たちもでるほどの住宅地不足だった

## 昭和43年

# 1968

◉世　相

いざなぎ景気　サイケデリック・ファッション　ヒッピー・ファッション

◉流行語

昭和元禄　全共闘　ノンポリ　ハレンチ

◉流行歌

「伊勢佐木町ブルース」「長い髪の少女」「帰ってきたヨッパライ」

◉県　内

日本鋼管京浜製鉄所発足（4月）、京急油壺マリンパーク開園（4月）、横浜市の人口200万人突破、名古屋を抜き全国3位に（4月）、大船で横須賀線電車が爆発、死傷者28人（6月）、横須賀の少年工科学校で池を渡渉訓練中の少年13人が溺死（7月）、横浜市営地下鉄着工（10月）

◉国内・国際

寸又峡籠城事件（2月）、霞ヶ関ビル完成（4月）、小笠原諸島返還（6月）、日本初の心臓移植（8月）、川端康成氏にノーベル文学賞（10月）、3億円事件発生（12月）

［県人口］496万人

**ゴーゴー・ガール**

●3月18日／レストランのカウンターで踊るゴーゴー・ガール。彼女たちは米軍の基地で踊った後、横浜のレストランで早朝まで踊る。月収は6万円以上だそうだ。「戦争＝大きらい。大人＝きたない、狡い、意地悪、だます。ゴーゴー＝踊るとしびれるが、まじめな生徒たちは踊りに来るな」がゴーゴー・ガールたちの声だった

**バニーガール**

●3月1日／喫茶店はアイデア合戦。読書喫茶、花の喫茶、和風喫茶、コレクション喫茶、御座敷喫茶など、多種多様の喫茶店が乱立。横浜市内の繁華街ではバニーガール姿で一杯150円のコーヒーをサービスする喫茶店も

**川端文学にノーベル賞**

●10月17日／ノーベル文学賞の受賞を、川端さんはＡＰ通信社からの電話で知ったという。その夜、報道陣は川端邸の周辺で待機し、受賞を知らせる通信社からの連絡を待っていた。日ごろは笑顔を見せない川端さんもにこやかに報道陣のインタビューに応えていた

**駈けこみ受験者の列**

●8月16日／9月1日から道交法上の「軽自動車」が姿を消し、普通自動車に“格上げ”されることになった。法の施行で、自動的に軽免許は普通免許（限定付き）に切り替えられ、満18歳以上でなければ4輪車に乗れなくなるということもあり、県警運転免許試験場には免許切り替え前の8月中、駈けこみで軽免許を取得する人が殺到

# 3億円事件

### 川崎競輪場でファンらが騒動

●4月11日／川崎競輪場で、最終レース中に人気選手がレースをあきらめたためファンが騒ぎ出し、車券の投票所に放火するなど大混乱となった。投票所の女性従業員らは屋根に避難。投石、暴行、放火などで約100人が検挙され、従業員ら25人が重軽傷

### 少年隊員13人が水死

●7月2日／横須賀市の陸上自衛隊少年工科学校で渡河訓練中の生徒13人が溺死。いずれも17歳から19歳の少年で、重装備で身動きがとれなかった

### 紅衛兵

●10月2日／横浜の華僑聯誼会主催の「第19回国慶節祝賀パレード」が中華街で行われ、獅子舞、龍舞とともに、赤旗が林立するパレードには山手中華学校の生徒や青年隊が毛沢東語録を手に練り歩いた

### ベ平連

●2月11日／横浜ベ平連(ベトナムに平和を！市民連合)主催の第2回反戦デモが行われた。「アメリカはベトナムから手を引け」などと日本語と英語で書いたプラカードを持ったり、ゼッケンをつけたサラリーマン、主婦、学生、商店主らが伊勢佐木町通りをデモ行進

## 昭和44年

# 1969

◉世　相

若者向け深夜ラジオ放送全盛　シンナー遊び再燃　ミディ　マキシ　シースルー登場　放送「８時だよ！全員集合」「ゲバゲバ90分」　映画「男はつらいよ」第1作封切り

◉流行語

オー・モーレツ　あっと驚くタメゴロウ　ニャロメ　はっぱふみふみ　エコノミック・アニマル

◉流行歌

「ブルー・ライト・ヨコハマ」「港町ブルース」「長崎は今日も雨だった」

◉県　内

そごうが横浜駅東口進出を発表（６月）、箱根・彫刻の森美術館が開館（８月）

◉国内・国際

東大安田講堂に機動隊導入、封鎖を解除（１月）、東名高速道路開通（５月）、アメリカの「アポロ11号」が月に着陸（７月）、プロ野球の八百長事件発覚（10月）、人工甘味料チクロ全面禁止（10月）、佐藤・ニクソン会談で沖縄返還決定（11月）、全国スモンの会結成（11月）

［県人口］520万人

### 入学式に全共闘乱入

●4月30日／神奈川大学の入学式に“入学式粉砕”を叫ぶヘルメット姿の学生が乱入。マイクを奪い“粉砕”のアジ演説をして壇上に座りこんだが、新入生や父母たちが「帰れ、帰れ」。厳粛な入学式は騒然となった

### 続く学園紛争

●11月18日／横浜国立大学では、清水ケ丘校舎の封鎖を解除し授業を再開する予定だったが、全共闘系学生と自治会学生が対立。さらに長洲経済学部長（後に県知事）の追及集会、機動隊導入などで学内は混乱、授業再開はできなかった

### アスパック闘争

●6月8日／静岡県の伊東で開かれる、アジア太平洋協議会（アスパック）閣僚会議粉砕を目指し伊東に向かう過激派の学生ら。東海道線の横浜駅・平塚駅ではゲバ棒を持ち込み、横浜駅では列車の出発を大幅に遅らせるなど、大混乱となった

### 高校生街頭デモ

●6月23日／卒業式の答・送辞の生徒会管理、服装、交際の自主性などの要求は、生徒会活動から逸脱するとした、文部省（当時）指導手引き書の弾劾などを叫んで、社会主義高校生同盟県委員会の生徒約50人が横浜市内をデモ行進。高校生のデモ行進は初めてのことだった

### 自治会学生が全共闘を排除

●6月12日／横浜市立大学では自治会の学生が実力で封鎖を解除、バリゲート内に立てこもっていた全共闘を学外に排除した。両派は投石合戦となり、双方で約30人が負傷。めちゃくちゃになった事務棟の柱には「おっかさん、これが市大だよ」のなぐり書きが残された

# アポロ11号、月面着陸

### 新貨物線反対運動

●9月4日／国鉄の新貨物線建設で国鉄は測量に入ったが、沿線住民の反対運動は拡大。神奈川区の錦台中学の前で「測量するな」とプラカードやのぼりを立てて叫ぶ「反対同盟」の人たち

### 関東学院大封鎖解除

●9月13日／半年以上も過激派学生の拠点になっていた関東学院大学を県警機動隊が捜索し封鎖解除。出動した機動隊員は約1000人。同大学の全共闘は11月の佐藤首相訪米阻止に“武装闘争”を唱える過激派集団・社学同赤軍派の影響を強く受けていたためこの日の捜索となった

## 昭和45年

# 1970

◉世　相
ウーマン・リブ　歩行者天国　光化学スモッグ被害続出
ベストセラー「冠婚葬祭入門」

◉流行語
しらける　グンバツ　ヘドロ　鼻血ブー　男は黙って…

◉流行歌
「走れコータロー」「今日でお別れ」「戦争を知らない子どもたち」

◉県　内
横浜に全国初の「こども医療センター」開業（５月）、県内に集中豪雨、14人死亡（７月）、鎌倉に初の革新市長、正木千冬氏（８月）

◉国内・国際
日本万国博覧会大阪で開幕（３月）、プロ野球の黒い霧国会で問題化（３月）、日航機よど号のハイジャック事件（３月）、大阪の地下鉄工事でガス爆発、死者79人（４月）、安保条約自動延長（６月）、三島由紀夫が割腹自殺（11月）

［県人口］543万人

### 公害反対の海上デモ

●9月14日／「海を奪われた。きれいな海を返せ」と、京浜工業地帯の工場廃液やヘドロなどによる深刻な東京湾の汚染に抗議して、県漁連など5つの漁業団体が初の公害追放漁民大会と海上デモを行った

# 日本万国博覧会

### 高校文化祭でも公害告発

●9月28日／クラブ活動の成果や学級有志による研究発表の展示や音楽、演劇などが多彩に繰り広げられる「高校文化祭」。前年は「学園紛争」ものが中心だったが、この年は「公害告発」が中心。県立平沼高校では、県公害センターの騒音計も展示して、公害の現状を報告

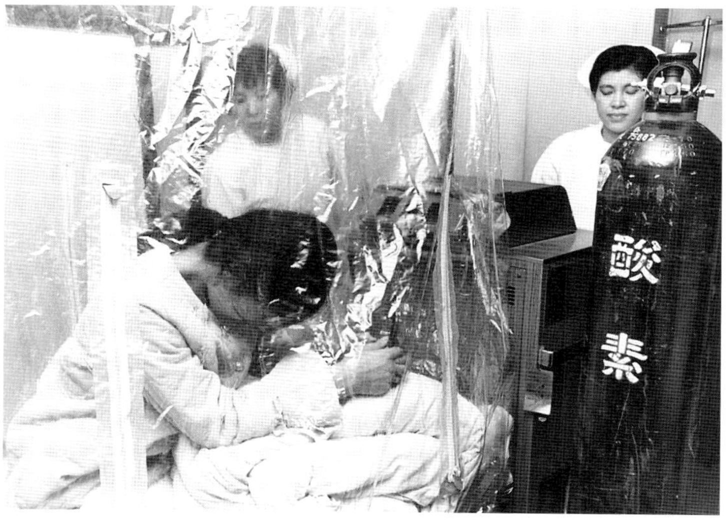


### 公害病患者

●11月23日／川崎市内の四谷上町一帯住民に、ぜんそく患者が続出。川崎市内の公害病認定患者は291人を数え、企業の労組も内部からの積極的な公害追放運動に立ち上がった。入院中の公害病患者は激しい発作に襲われながら酸素吸入を続けていた

### 月の石

●12月10日／県立博物館（横浜市中区）でアポロ11号が持ち帰った月の石を展示。展示はわずか1日だけだったが、見学者は6000人を超える人気だった

## 南区の密集地で火災

●1月14日／「火災危険区域」に指定されている、横浜市南区中村町の住宅密集地で昼火事。15棟約600平方メートルを全焼

## 走る電車に土砂崩れ

●5月20日／集中豪雨で県内各地で土砂崩れ、浸水が続発。国鉄(現・JR)根岸線の新杉田～洋光台間のトンネル付近で午後9時ごろ、大宮発洋光台行きの下り電車が走行中、トンネル付近の線路際の擁壁が崩れ、電車に土砂が押し寄せ脱線、乗客ら3人が重軽傷

## タンカー衝突

●10月30日／三浦半島観音崎沖の浦賀水道で、日本のタンカー「第一新風丸」(388トン)とリベリアのタンカー「コリントス号」(3万705トン)が衝突、第一新風丸は船尾から沈没し船長ら7人が死亡

## もめた県職員昇任試験

●5月17日／県職員の吏員昇任試験が行われた。「不当な身分差別を生み出す昇任試験粉砕」と反対する若手職員が試験会場前で受験者にボイコットを訴えたが、「なんと言われようと試験だけは…」と受験者。雨の中、守られながら受験会場へ。写真は試験会場となった旭区の県運転免許試験場

## 葉山御用邸焼失

●1月27日／午後10時半ごろ、葉山御用邸の1階和室付近から出火、本邸1棟1140平方メートルを全焼した

## 昭和46年
# 1971

◉世　相
第２次ベビーブーム　マクドナルド日本上陸　カップヌードル発売　電卓出回る

◉流行語
がんばらなくちゃ　ディスカバー・ジャパン　脱サラ　アンノン族

◉流行歌
「よこはま・たそがれ」「知床旅情」「また逢う日まで」

◉県　内
葉山御用邸、放火で焼失（１月）、川崎市長に伊藤三郎氏（４月）、川崎、横浜で光化学スモッグ被害9000人（９月）、川崎の崖崩れ実験で生き埋め事故15人死亡（11月）

◉国内・国際
30万人の人工都市、多摩ニュータウンの入居始まる（３月）、岩手県雫石上空で全日空機と自衛隊機が衝突、全日空機の162人が全員死亡（７月）、米がドル防衛策発表（８月）、初の円切り上げ実施、１ドル308円に（12月）

［県人口］569万人

# ドル・ショック

## 横浜セントラル劇場全焼

●1月10日／横浜市南区の住宅密集地にある横浜セントラル劇場から出火。同劇場と隣接する住宅やアパートなど13棟を全半焼。同劇場はストリップ劇場で、1947（昭和22）年に建てられ、木造1部2階建て。それだけに火の回りが早く、あっという間に燃え広がった。戦後横浜の風俗史の1コマが消えた

## 米軍PX廃止決まる

●1月31日／終戦後、通称“本牧PX”で知られていた米軍本牧住宅地区内のPXが5月31日に閉鎖されることが決まった。日本人契約業者で組織する「米海軍横浜基地内契約者協同組合」は米軍から託された商品を売ったり、自動車修理などのサービス業に従事。閉鎖で約600人の日本人従業員が解雇された

## 海老名、座間が市制施行

●11月1日／県央の都市、海老名、座間が市制の第1歩を踏み出した。武藤海老名市長は「都市基盤作り、文教施策、産業振興、公害対策などに取り組み、産業と住宅の調和のとれた市を作りあげたい」（写真）。鹿野座間市長は「市といっても都市施設など不備な面が多いが、これから問題点をひとつひとつ解決して“よい都市づくり”をして行く」と抱負を述べた

## 公害対策教室

●5月25日／横浜市は公害に悩まされている鶴見区・市場中学の1年生302人を対象に山中湖畔で3泊4日の「移動教室」を開催。参加した生徒は「空気がこんなにおいしいものとは知らなかった」

## 体位向上

●10月5日／戦後、日本人の体位が向上、とりわけ小・中・高校生の成長ぶりはめざましく、学校の机やいすも体格には追いつけず“つぎたし作戦”の一時しのぎ（写真は横浜市立潮田小学校で）。県住宅供給公社（当時）も、新たに建設する高層団地の玄関入り口を従来より高く設計した

## 結婚式ラッシュ

●2月1日／戦後のベビーブーム世代が結婚適齢期を迎え、挙式が少ない1、2月も、横浜市内の公立結婚式場の「挙式予定表」は予約でびっしりと埋まった（写真は勤労会館）。西区の市立老松会館は市職員研修用の講堂を式場に改修するほどだった

## ポスターがずらり

●4月11日／知事、県議、横浜市長、同市議の投票が重なった統一地方選第1ラウンドの投票所の周囲には、候補者のポスターが競い合うようにびっしりと貼られた（写真は旭区左近山団地で）

## パンティーストッキング販売合戦

●1月31日／1970年の初めから爆発的な人気を見せたパンティーストッキングは1足350円前後で飛ぶように売れた。相次ぐ品不足で、新規メーカーが参入、やがて値下げ競争になった。パンストは1959（昭和34）年に横浜のメーカーが開発したが、ロングスカートの時代で脚光を浴びず、ミニスカートの流行で一躍スター商品になった

## 昭和47年

# 1972

◉世　相
日中国交回復　パンダ・ブーム　札幌冬季五輪　ジーパン・Tシャツファッション全盛　「恍惚の人」ベストセラーに

◉流行語
恥ずかしながら　どうにもとまらない　総括

◉流行歌
「瀬戸の花嫁」「ひとりじゃないの」「女のみち」

◉県　内
横浜市電・トロリーバス廃止（3月）、川崎市が政令指定都市に（4月）、テレビ神奈川開局（4月）、川端康成自殺（4月）、丹沢で集中豪雨（7月）、米軍戦車輸送阻止闘争（8月）、横浜市営地下鉄開通（12月）

◉国内・国際
元日本兵横井庄一グアム島で発見（1月）、連合赤軍による浅間山荘事件（2月）、高松塚古墳で極彩色の壁画発見（3月）、沖縄が日本に復帰（5月）、田中角栄首相が「日本列島改造論」発表（6月）、ウオーターゲート事件発覚（6月）、上野動物園でパンダの初公開（11月）

［県人口］589万人

### 丹沢山塊に集中豪雨

●7月12日／西日本から関東地方にかけて暴れ回っていた“ゲリラ前線”が県内に集中豪雨をもたらした。山北町の三保地区では短時間に300ミリもの豪雨が襲い、84戸が全壊、生命線の道路や鉄道が各地で寸断された。国鉄・御殿場線の山北～谷峨間の酒匂川に架かる「第3酒匂鉄橋」の橋脚が大音響とともに倒壊、流失した

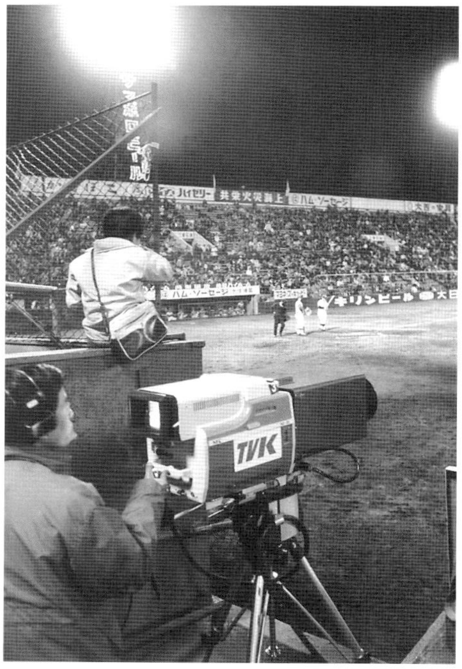


### tvkがプロ野球公式戦初中継

●4月22日／ｔｖｋがプロ野球公式戦を川崎球場から初中継した。ダブルヘッダーの大洋・中日戦。第1試合は2―1で中日勝利。第2試合は12―8で大洋ホエールズが勝った

# 沖縄返還

### 繁華街でガス爆発

●10月17日／横浜駅西口の飲食店でガス爆発。4人が死亡、12人が重軽傷を負った。「地震のようだった。ドカーンという音とともに4階建てのビルが大きく揺れ、飛び出してみたら飲食店がぺしゃんこになっていた」と会社員

### 再開発で埋められた運河

●6月8日／首都高速道路公団（当時）が首都高速道路横羽線建設のため、吉田橋が架かる派大岡川を埋め立て

## 米軍戦車輸送反対闘争

●8月6日／米軍相模補給廠(相模原市)から横浜港ノースピアを経てベトナム戦線に投入される米軍戦車の積み出し反対の阻止闘争が続く中、飛鳥田・横浜市長は「車両の重量制限超過」という道交法を楯に「戦車輸送阻止」に介入。このため5台の戦車はノースピア入り口の国道15号でストップ。立ち往生していた戦車は横浜市の強行方針で補給廠へUターンした

## 労組員が駅ホームを占拠

●4月27日／交通ゼネストが行われた27日の国鉄大船駅は、労組員が駅ホームを占拠するなど終日混乱した。同駅に停車する東海道線、横須賀線の乗務員に労組員らは「スト破り！」などと声を荒げたり、扉を叩くなどした。スト対策本部は乗客や乗務員の安全を確保するため同日午後から、全列車に大船駅通過を指令。写真は旗で目隠しされた上り急行列車「銀河」

## 川崎も政令指定都市に

●4月1日／川崎市が札幌、福岡とともに政令指定都市に昇格。県庁で政令指定都市に伴う事務引き継ぎが行われた後、川崎市立産業文化会館で記念式典を催した。伊藤市長は「市民の生活に根ざした自治権の拡大と、市民の手づくりによる新しい人間都市づくり」を目標にした行政を推進することを訴えた

## 広がった革新メガロポリス

●2月21日／保守、革新の新人候補同士の一騎打ちとして注目されていた藤沢市長選で「市民連合」を母体とする革新の葉山峻さん(38)が当選。藤沢市初の革新市長誕生となった。革新メガロポリスは東京、川崎、横浜、鎌倉、横須賀から藤沢まで延びた。飛鳥田・横浜(右)と正木・鎌倉市長にはさまれて笑顔の葉山さん

## 共産党全員当選

●12月11日／師走の総選挙は自民低迷、社共躍進、公民激減となり、県内では共産党が1、2、3区の全選挙区で当選した。勝利の握手をする、右から増本、中路、石母田さん

## 昭和48年

# 1973

◉世　相
トイレットペーパー買いだめに主婦殺到　繁華街のネオン消える　「日本沈没」ベストセラーに　ブルース・リー旋風　ハイセイコー・ブーム

◉流行語
じっと我慢の子　ユックリズム　ちょっとだけよ　せまい日本そんなに急いでどこへいく

◉流行歌
「神田川」「喝采」「女のみち」

◉県　内
根岸線全線で開通(４月)、作家大仏次郎没(４月)、横浜でリベリア貨物船火災、死者６人(９月)、米空母ミッドウェーが横須賀母港化(10月)、三吉演芸場改築落成(11月)

◉国内・国際
米大統領がベトナム終結宣言(３月)、春闘史上最大の交通ゼネスト(４月)、金大中誘拐事件(８月)、第４次中東戦争ぼっ発(10月)、巨人が日本シリーズ制しＶ９達成(10月)、江崎玲於奈氏にノーベル物理学賞(10月)、政府が石油緊急事態宣言(12月)

[県人口]607万人

**ミッドウェー入港**

●10月5日／横須賀基地を母港と決めた米第7艦隊の攻撃型空母「ミッドウェー」(5万1000排水トン)が、入港反対のデモ船に囲まれながら横須賀基地の６号ドックに接岸した

# オイル・ショック

**貨物船の積み荷爆発**

●9月19日／横浜港新港ふ頭で荷役作業中のリベリア船籍の貨物船「マロノ・エバレット号」(5854トン)のハッチ内で爆発炎上、船倉の作業員ら6人が死亡、1人が負傷した。積み荷のさらし粉が何らかの原因で爆発した。熱風が吹き上げ、遺体の収容に困難をきたした

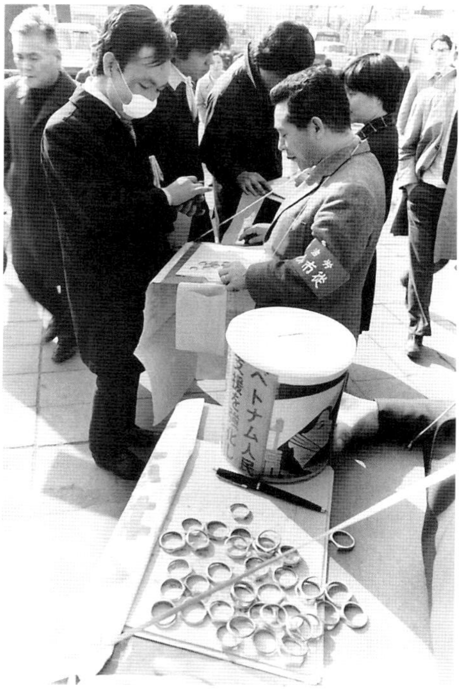

**ベトナム和平を願う指輪**

●1月20日／ニクソン米大統領第2期就任式へ向けて世界各地の平和団体が一斉にアピール行動を起こした。県内でも北ベトナムを支援するために横浜駅西口で募金活動。北ベトナムから送られてきた指輪を一定額以上寄付した人に贈った。指輪は撃墜されたＢ52米軍機のジュラルミンで作られたもの

**過激派学生内ゲバ**

●12月15日／深夜の国鉄東神奈川駅構内で過激派学生同士の乱闘が起きた。捲きこまれた通行中の市民を含め6人が重軽傷を負い、乱闘の学生21人が逮捕された。東神奈川駅周辺には、鉄パイプや「Ｚ」「反戦」などと書かれたヘルメットが散乱

## 小田原の大火

●10月7日／午後7時過ぎ、小田原市中町の材木店から出火、瞬く間に燃え広がり24棟が全半焼。同地区は材木店と住宅が混在し、「いったん火が出たら大事になる、というのが現実になった」と被災者。同日、横須賀でミッドウェー入港反対デモを取材していた神奈川新聞のカメラマンは、「小田原で火災発生の一報で取材応援のため小田原に向かったが、現場に着いてもまだ炎上しているすごさだった」と語った

## 県公害観測車が爆発

●6月15日／茅ケ崎市内で大気汚染を自動測定中の県公害センター移動観測車が大音響とともに爆発。観測車は形が無くなるほどに壊れ、周囲の住宅など13棟の窓などが割れ、車9台が破損、4人が負傷した。観測車には多数の機器と水素ガス、プロパンガスのボンベが積んであり、漏れたガスに何らかのショックで引火爆発したと見られる

## 川が燃えた

●4月13日／横浜市神奈川区二ツ谷町（当時）を流れる「滝野川」が突如炎上。火の帯は50メートルも延び、両岸の住民たちを恐怖に陥れた。近くの工場から川に流れ込んだ廃油に、川沿いで燃やしていたゴミが風に舞って川面に落ち引火、公害の恐ろしさを見せつけた

## 季節外れの集中豪雨

●11月10日／雷を伴う“初冬の豪雨”。9日午後から10日午後1時までの雨量は横浜で178.5ミリ。11月の雨量としては横浜地方気象台開設（明治32年）以来の記録的豪雨となった。この集中豪雨で県内の国鉄、私鉄は運休し、土砂崩れや河川のはんらんが続出。戸塚区では柏尾川がはんらんし同区の旭町商店街が冠水した

## オイルショック余波

●11月9日／トイレットペーパーと洗剤が店頭から消えた…。第4次中東戦争に端を発したオイル・ショック。「石油の不足で生産が停滞し物資不足が起きる」という噂が関西から流れ、トイレットペーパーと洗剤の買い占め騒動が始まった。横浜市内のスーパーではトイレットペーパー売り場の棚が空に

## 魚の水銀汚染

●7月10日／東京湾でとれる、スズキ、セイゴ、フッコなどが水銀汚染され「基準値」を上回っていると厚生省（当時）が発表。追い打ちをかけるように横浜市衛生局も横浜・衛生研究所から、金沢沖のフッコが「暫定基準値」を上回ったと発表。釣り上げた魚を前に茫然とする漁師（横須賀東部漁協組で）

## ドル急落

●2月15日／欧州を発火点にしたドル売りが殺到。日本ではドル安などの通貨不安で株価が暴落。ドル安で在日米軍人や軍属たちは、給料日の買い物にも渋い顔（中区内で）

## 金のタマゴ

●1月10日／県労働部の調べでは、この春卒業する中学生のうち、就職希望者は1900人。一方、求人側の採用希望は2万4000人。東京、神奈川の各事業所では“金のタマゴ”といわれる中卒予定者に対して、一斉に採用試験を行ったが、横浜市交通局で男子車掌の採用試験を受けたのはたった1人だけだった

第四章

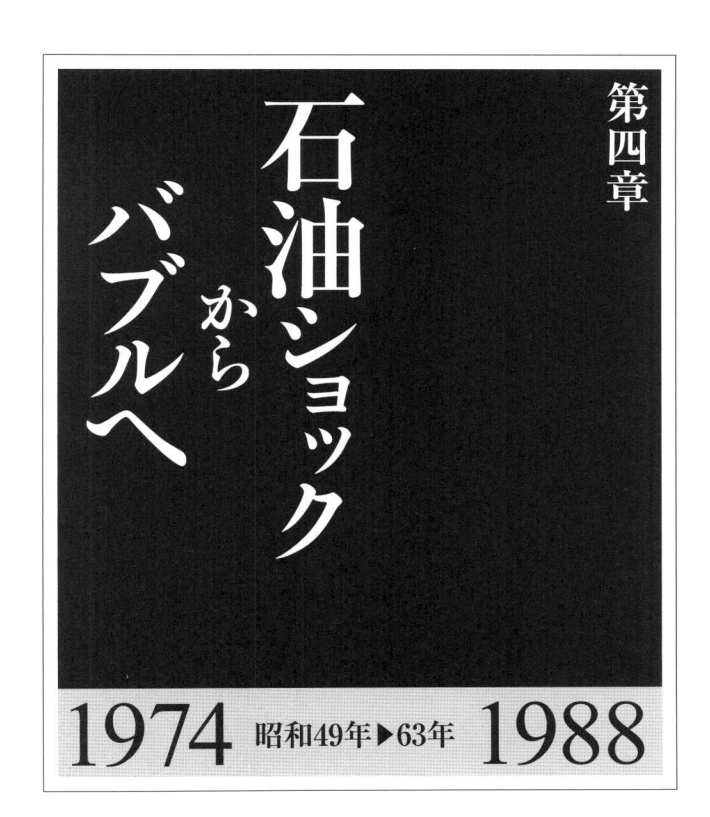

# 石油ショックからバブルへ

1974 昭和49年▶63年 1988

昭和49年

# 1974

# 狂乱物価・便乗値上げ

◉世　相
ユリ・ゲラー来日で超能力ブーム　「ノストラダムスの大予言」ベストセラーに　食品添加物ショック

◉流行語
金脈　中ピ連　ストリーキング　「巨人軍は永遠に不滅です」(長島茂雄引退)

◉流行歌
「襟裳岬」「ひと夏の経験」「あなた」「海を見ていた午後」

◉県　内
野沢屋がノザワ松坂屋に(3月)、平塚の団地でピアノ騒音殺人事件(8月)、本牧ふ頭沖でパシフィック・アリスと第10雄洋丸が衝突炎上、死者33人(11月)

◉国内・国際
フィリピン・ルバング島で小野田元少尉30年ぶり救出(3月)、国民春闘で史上最大のゼネスト(4月)、名画「モナリザ」日本初公開に150万人(4～6月)、ニクソン米大統領が辞任(8月)、東京・三菱重工ビルで爆破事件(8月)、公共料金一斉値上げ(10月)、田中首相退陣表明(11月)

[県人口]622万人

### タンカー爆発

●11月9日／東京湾中ノ瀬航路でナフサ、プロパンなどを積んだLPG船「第10雄洋丸」(4万3723トン)とリベリアの貨物船「パシフィック・アリス」(1万874トン)が正面衝突。双方で6人が死亡、28人が行方不明となった。取材にあたった神奈川新聞記者は「10数隻の化学消防艇が消火にあたるが火勢は全く衰えない。雄洋丸から流れ出したナフサで周囲は火の海。石油時代の大惨事」と記した

### 独身寮全焼

●1月27日／横浜市磯子区杉田町(当時)で工場の独身寮が全焼。寮に住む人の発見が遅かった上、道路が狭いため消火に手間取った

## 中国産キャベツに行列

●3月3日／冬野菜の高値続きで横浜市は友好都市の中国・上海からキャベツ25トンを輸入。市内の商店街で安売りを行った。市価の半値の1キロ100円とあって買い求める人の行列ができた（神奈川区の六角橋商店街）

## 石油危機で電力節約

●7月8日／日本列島を襲った石油ショックは繁華街のネオンも消した。前年11月に政府は石油緊急対策要綱を閣議決定し、節約を行政指導。そのため石油13%、電力15%の節減が続き、横浜の市心部でも商店街のネオンが消えた

## 庶民の知恵

●2月1日／オイルショックによる“狂乱物価”の中での庶民の知恵、「不用品交換会」が各地で開かれた。しまい込んでいる不用品をお互いに交換すれば、市価よりぐんと安上がりと大人気。「不用品コーナー」を設けた横浜駅西口のデパート、横浜おかだやでも「人気は上々」と担当者

## 空前の交通ゼネスト

●4月10日／生活向上や賃上げなどを求めて、全国の公務員や民間の労働組合員が共闘し大規模なストライキを展開。スト初日、東海道線、横須賀線がストップした横浜駅では、動く私鉄と京浜東北線に通勤客が殺到し大混乱となった

## タクシー料金値上げ

●10月26日／横浜、川崎、横須賀地区のタクシー料金が11月1日から値上げされるのに伴い、新料金のメーター器作りに計器工場はフル操業。タクシー料金は1970（昭和45）年1月に100円から130円に、72年は260円、74年1月の暫定料金が210円。新料金は中型車で最初の2キロまで280円で455メートル増すごとに50円ずつ加算された（神奈川区金港町で）

## スト権スト

●11月27日／公労協の「スト権奪還スト」は対政府折衝が遅々として進まず、3日目に入った。国鉄がストップ、かろうじて動く私鉄に通勤客が殺到。横浜駅西口は未曾有の大行列ができた

## 昭和50年
# 1975

◉世　相
フィールド・アスレチック　「紅茶キノコ」ブーム　ゆかた復活　ビデオカセット発売　キャンディーズ人気　のらくろリバイバル

◉流行語
ちかれたびー　オヨヨ　あんたあの娘のなんなのさ

◉流行歌
「シクラメンのかほり」「港のヨーコ・ヨコハマ・ヨコスカ」

◉県　内
県民ホール開館（1月）、長洲一二革新県政誕生（4月）、鎌倉市内で暴走族600人が乱闘（6月）

◉国内・国際
新幹線博多まで開通（3月）、ベトナム戦争終結（4月）、エリザベス女王夫妻来日（5月）、経企庁、GNPが戦後初めてマイナス成長と発表（6月）、沖縄国際海洋博覧会が開幕（7月）、天皇・皇后初の訪米（9月）、3億円事件時効（12月）

［県人口］639万人

## 再開発進む横浜駅東口

●3月29日／1978（昭和53）年春を目標に「横浜駅東口再開発公社」が工事を進めている、横浜駅東口。総工事費は280億円。バスターミナル、タクシー乗り場を整備。高速道路を通し、デパートをはじめ公共施設を包括するビルを建設し、地下道で横浜駅構内に連絡通路を通すという計画

## 横浜・伊勢佐木町百年

●9月27日／「伊勢佐木町誕生百年祭」が行われ、オープニングセレモニーの“関所開き”には新婚5組と長洲知事。世界のまつり大パレード、阿波踊り、みこしパレードが10月まで繰り広げられた

## ベトナム難民

●6月27日／ベトナム難民50人を乗せたデンマークの貨物船「ニールス・マースク」(2985トン)が大さん橋に着いた。サイゴン陥落後の6月12日、小型船のジャンクで脱出、東シナ海を漂流中に救助された。乳児を含む9家族、独身者3人の計50人。全員が米国かフランス行きを希望。日本政府は15日間の「上陸特別許可証」を発行した

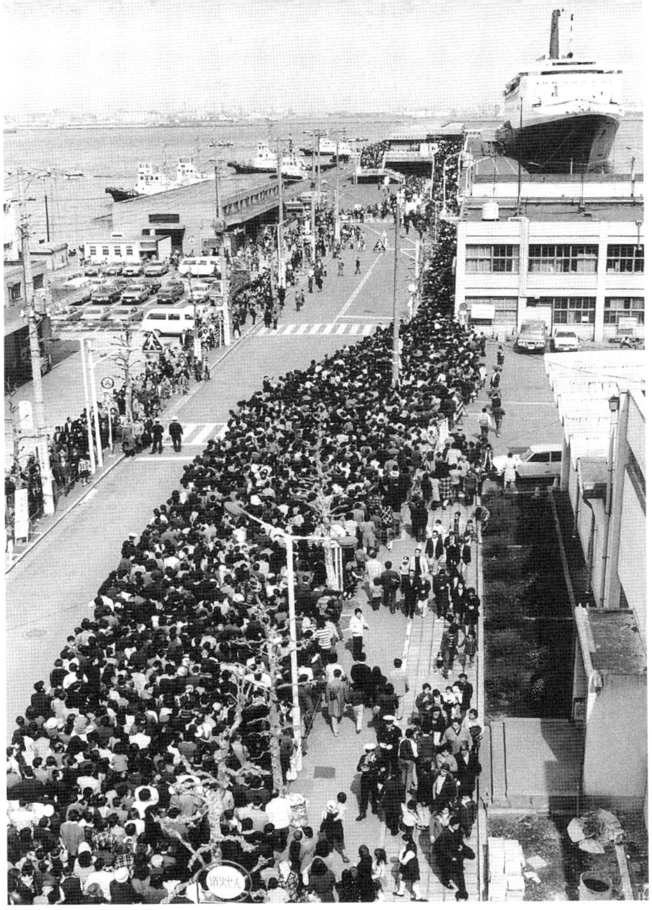

## QE2に見物客40万人

●3月9日／「クイーン・エリザベス2世」(6万5863トン)が横浜港大さん橋に停泊。「ひと目、女王様を…」と、3日間で約40万人の見物客が押し寄せた。山下公園、港の見える丘公園は人で埋まり、大さん橋に通じる道は12万人もの列ができた

## 猛威振るう「A香港型」

●2月10日／1月末ごろからA香港型インフルエンザが猛威を振るい、小学校では学級閉鎖が相次いだ。横浜市立釜利谷小では3日間の学級閉鎖

# 沖縄海洋博

## 革新知事誕生

●4月14日／統一地方選前半戦の知事、横浜・川崎市長、県議、横浜・川崎両市議の6つの選挙が行われ、保革攻防をかけた知事選は、全野党の支援を受けた長洲一二氏が当選。1947(昭和22)年の首長公選以来28年ぶりの初の革新知事誕生となった。長洲新知事誕生を祝う県内の革新市長たち。写真右から葉山藤沢市長、飛鳥田横浜市長、長洲新知事、伊藤川崎市長、正木鎌倉市長

## 三保ダム建設

●10月13日／県内3番目の"水ガメ"として、県企業庁が西丹沢のふもと、酒匂川上流で進めている三保ダム建設。湖底に沈む先祖伝来の土地を離れる人たちは、さまざまな思いで家を取り壊していた

## 昭和51年

# 1976

◉世　相
物価急上昇　若い母親による捨て子続発　五つ子ブーム　ローティーン自殺急増　乱塾時代　ピンクレディー・ブーム

◉流行語
記憶にございません　ピーナッツ　団塊の世代

◉流行歌
「横須賀ストーリー」「およげ！たいやきくん」「北の宿から」「ペッパー警部」

◉県　内
横浜市で日照汚職（6月）、横浜市営地下鉄全通（6月）、厚木基地騒音公害を提訴（9月）、横浜市がペット条例（12月）

◉国内・国際
河野洋平氏ら新自由クラブ結成（6月）、ロッキード事件で田中角栄前首相逮捕（7月）、ソ連のミグ25函館に強制着陸、ベレンコ中尉が米に亡命（9月）、福田赳夫内閣成立（12月）

[県人口]650万人

### 三保ダム定礎式

●6月4日／県企業庁が足柄上郡山北町で建設を進めている三保ダムの工事現場で定礎式が行われた。黒ミカゲ石の定礎が掘り下げられた岩盤の中に埋め込まれた

### 家が流された

●9月9日／台風17号の影響で県内を断続的に豪雨が襲い、増水した鶴見川の支流。川崎市多摩区下麻生（当時）では、住宅が濁流に押し流された

### 環境保全林作り

●7月12日／ふるさとの木で工場全体を包んでしまおう…という、従来にない工場緑化計画が横浜市磯子区の電源開発磯子火力発電所で始まった。根岸湾の埋立地に建設された発電所だけに、緑に縁のない場所。そこで、敷地内に造成されたマウンドに所員らがタブ、シイ、クス、カシなどの苗2000本を植えた。環境保全林が完成する3年後には約1万5000本のふるさとの木が同発電所を包み込む

### 花盛り・市民菜園

●9月11日／土と親しむ機会が少なくなり、貸し農園や家庭菜園が大はやり。公営の横浜市民菜園は希望者が多く2.2倍の狭き門だった

### ロッキード汚職

●4月4日／民間航空機売り込みに伴う国際規模の汚職事件。発覚は2月。アメリカ上院の小委員会で「ピーナッツ100個」など米ロッキード社による不法献金の証拠資料から始まった。前内閣総理大臣の田中角栄が受託収賄に問われ、日本中を政治不信に。領収書に書かれていた「ピーナッツ」なる"暗号"が流行語になった。ロッキード汚職に怒る人たちがピーナッツなどの面をつけて、中区の伊勢佐木町通りで徹底追及を呼びかけるデモ行進

### 郵便料金値上げで駆けこみ発送

●1月24日／各郵便局には値上げ直前の駆けこみ発送郵便物が殺到し窓口はごった返した。横浜中央郵便局では朝8時からの受け付けと同時に企業や個人の郵便物がどさっと持ち込まれた。今回の値上げは1972（昭和47）年以来で、25日からハガキが10円から20円に、封書が20円から50円になった

### 新自由クラブ大躍進

●12月6日／12月の総選挙で新自由クラブが大ブーム。神奈川県内5選挙区で全員がトップ当選。喜びのスクラムを組む、左から川合、田川、河野、工藤、甘利さん

# ロッキード事件

### ノーポイ運動

●2月15日／横浜駅からゴミを追放しようというクリーン作戦がスタート。同駅は国鉄と私鉄3社合わせて1日の利用客が約211万人のマンモス駅だけに、構内から回収されるゴミも日量約2万㌧。そこで国、私鉄各社総ぐるみで「クリーン横浜駅」キャンペーンを実施。その第1弾として「ノーポイデー」を設け、毎月15日を実施日と決めた。初日はポケット吸い殻入れが配られた

## 歴史が動いた時　鈴木恒夫

### 時代の必然、新自ク結成

当時、新聞記者として河野（洋平）さんの動きを追うチームで取材していて事実上、（離党・新党結成を）完全なスクープができました。

自民党の硬直、沈滞、腐敗した状況を感じていましたから、日本の将来を考えた上でも新党には共感するものがありました。保守政治の大きな転換点だったと思うんですね。時代の必然性というのと、およそ天下を獲るといった野心がなく、純粋だったと思うんですね。だから、爆発的なブームになったと思います。

河野さんがアイスクリームが好きだといえば、どかっとアイスが届いたりと、大変な人気だったですね。10年間の運動は政治に新しい血を入れるためのバイパスになりました。（ブームの中心の）神奈川は政治的に開かれ、政治改革の上陸しやすい土地柄だと思います。

（元衆院議員、元文部科学相）

## 昭和52年

# 1977

◉世　相
王選手がホームラン世界新　ディスカウントショップ盛況　裏口入学・不正入試問題化　ジョギング・カラオケブーム　「人間の証明」「エーゲ海に捧ぐ」ベストセラー

◉流行語
よっしゃよっしゃ　ルーツ　とんでる

◉流行歌
「勝手にしやがれ」「津軽海峡冬景色」「雨やどり」

◉県　内
国立久里浜病院にアルコール中毒専門の病棟開設（５月）、川崎市が環境アセス条例（７月）、大洋の横浜移転本決まり、川崎球場にはロッテ（12月）

◉国内・国際
東京で青酸化合物入りコーラ事件（１月）、魚値上がりで魚ころがし問題化（５月）、エルビス・プレスリー死去（８月）、米軍機が横浜市緑区に墜落、９人死傷（９月）、米軍立川基地全面返還（11月）、飛鳥田横浜市長が社会党委員長に（12月）

［県人口］660万人

### 米軍機、住宅に墜落

●9月27日／米海軍厚木基地から飛び立ったジェット機が火災を起こし、横浜市緑区の住宅地に墜落。パイロット2人はパラシュートで脱出したが、住宅3棟が炎上、死傷者9人を出す大惨事になった。事故で幼児2人を失い全身に火傷を負った主婦は4年にわたる闘病後に亡くなった

### 飛鳥田さん途中下車！

●12月4日／社会党委員長に担ぎ出された横浜市長の飛鳥田さんは、横浜開港記念会館で開かれた「委員長擁立に反対する市民集会」で、「残りの任期をどうする」などの厳しい声に苦しい弁明

### 貨物列車転覆

●5月27日／東海道線真鶴駅構内で、通過中の上り貨物列車16両が脱線、12両が転覆した。この事故で熱海～小田原間が上下線不通。東京～小田原間は間引き運転となったため、通勤通学客、観光客の足が大幅に奪われた。後続の沼津発東京行き上り列車は同駅の300㍍手前で緊急停車し惨事を免れた

### 人気のゲートボール

●9月12日／お年寄りたちが手軽に楽しめるゲートボールが大人気。横浜市では「一時的なブームに終わらせては…」と中区麦田町の市電の車庫跡地をお年寄りのスポーツ広場に開放した

# 円高倒産相次ぐ

**拳銃男、浜辺の大捕り物**

●4月27日／暴力団員が平塚市内で拳銃を発射。警察官の包囲網の中、平塚海岸まで逃げたが逮捕された。男は覚醒剤中毒だった

**さよなら野外音楽堂**

●9月18日／横浜公園の一角にあり、コンサートや集会などで市民に親しまれてきた「野外音楽堂」が横浜スタジアム建設に伴って年内の取り壊しが決まり、最後のコンサートが開かれた。野外音楽堂は関東大震災後に建てられ、完成当時、クラシック音楽の演奏会場としても人気を集めた

**熱烈歓迎ロッテ・オリオンズ**

●12月24日／大洋ホエールズの横浜移転で空白になった川崎球場のフランチャイズ球団にロッテ・オリオンズがきまった。金田正一監督を先頭に市内パレードの後、市民会館で熱烈歓迎を受けた

## 昭和53年
# 1978

◉世　相
サラ金地獄　ディスコブーム　ニセブランド商品横行　「不確実性の時代」がベストセラー　「未知との遭遇」「スター・ウオーズ」人気

◉流行語
ナーンチャッテ　窓際族

◉流行歌
「UFO」「勝手にシンドバッド」「青葉城恋歌」「かもめが翔んだ日」

◉県　内
横浜市長に細郷道一氏（4月）、横浜スタジアムオープン（4月）、横浜市が人口で大阪を抜く（5月）、三保ダム完成（7月）

◉国内・国際
ホワイトデー登場（3月）、新東京国際空港開港（5月）宮城県沖地震（6月）、外務省公電漏洩事件で毎日新聞元記者に有罪判決（6月）、巨人が江川投手とドラフト外契約し問題に（11月）

［県人口］671万人

**横浜スタジアム球場開き**

●4月4日／日本で一番古いといわれている球場が最新の設備を誇る日本一の球場、横浜スタジアムに生まれ変わった。球場開きは新生の横浜大洋が巨人を迎えて、3万人の観衆を前にナイトゲーム。4—1で横浜大洋が勝った

**サラリーマン・ユニオン**

●4月21日／サラリーマンは気楽な稼業と、歌の文句になったのは遠い昔。長引く不況で給料は上がらないのに税金はしっかり取られる。退職後の生活も不安で厚生年金も“スズメの涙”。これではたまらないと、日本サラリーマン・ユニオン県支部のメンバーらが中区の桜木町駅前で、年金制度改善や減税を訴えるチラシを配り、サラリーマンに団結を呼びかけた

**横浜駅の大時計**

●12月9日／1928（昭和3）年駅舎完成とともに、時を刻んで半世紀。出征兵士、集団疎開、戦禍、進駐軍の占領など横浜を見つめてきた横浜駅の大時計。再開発で駅舎取り壊しの計画が出ると、「大時計だけは保存してほしい」という声が市民から相次ぎ、駅の唯一の形見として保存されることに

**横浜・大通り公園オープン**

●9月9日／横浜市民の新しい憩いの場「大通り公園」がオープン。国電（当時）関内駅から南区・阪東橋にかけて、かつての吉田川を埋め立てた長さ1.2キロ、幅30〜40メートルの帯状の公園で、石の広場、せせらぎや噴水を備えた水の広場がある。石の広場ではロダンの彫刻「瞑想」の除幕が行われた

### 先割れスプーン

●5月27日／先割れスプーン。児童たちはこれ1本で食べ物をすくったり、突き刺したりする。その悪戦苦闘ぶりは“犬食いスタイル”などと呼ばれ、学校給食から追放の動きが出た。「伝統あるハシ文化をゆがめ、子どもたちに誤った食習慣を植え付ける」というのが理由。民俗研究家、父母らで結成した「学校給食から先割れスプーンを追放する会（事務局は東京）」が使用停止を求め、文部大臣などを相手に行政訴訟を起こすことになった。写真は横浜市内の小学校

# 成田空港開港

### “曲がり角”の定時制

●5月1日／神奈川県の高校進学率は93％で高校教育は“義務教育化”している一方、定時制の入学希望者は年々減少。県立高校23校（分校含む）の定時制課程の入学再募集が行われたが、1校を除いていずれも定員を下回った。県立商工高校（当時）は現代版“寺子屋”。肌と肌が触れ合うような授業が行われていた

### 暴走族

●1月21日／バイクや乗用車を連ねて町中を走り、信号無視など無法走行に市民から苦情が絶えず、警察も規制に手を焼いている暴走族が新横浜駅前に集結し気勢を上げていた

## 昭和54年

# 1979

◉世　相
インベーダーゲーム大流行　子どもの自殺問題化　ドラえもんブーム　ベストセラー「ジャパン・アズ・ナンバーワン」　ハマトラ大流行

◉流行語
省エネ　ウサギ小屋　関白宣言　口裂け女

◉流行歌
「魅せられて」「北国の春」「いとしのエリー」

◉県　内
横浜地裁横須賀支部が眺望権を初めて認める（2月）、横浜商業が46年ぶり夏の県大会優勝（7月）、三菱横浜造船所で最後の進水式（11月）、YCAT開業（12月）

◉国内・国際
国立大学初の共通一次試験（1月）、大阪三菱銀行北畠支店に猟銃強盗（1月）、英首相にサッチャー女史（5月）、東京サミット（7月）、東名高速日本坂トンネルで自動車事故7人死亡（7月）、イランで米大使館人質事件（11月）

［県人口］680万人

# 第2次石油危機

### 最後の進水式

●11月30日／90年間も船を造り続けてきた造船所の名門、三菱重工横浜造船所が最後の進水式を行った。イラン向けタンカー「タブリーズ」（4万1400トン）で同造船所の造ったまな娘といえる船の738隻目。船台の留め金が外されると船体はゆっくりとすべるように動き出した。造船マンは式典後、多くの人の汗と油が染みこんだ船台に上がり感慨にふけっていた

### 4億円分のタバコの煙

●3月30日／横浜・山下町の保税倉庫で火災。同倉庫にはトルコ、インド、中国産の乾燥葉タバコ合わせて約1000トンが保管されていた。「タバコだけでも損害額は4億円近い」と輸入業者。消防車16台が消火に当たったが「タバコの煙」は12時間以上も立ち上った

### 東名高速で追突炎上

●8月22日／東名高速道路大井松田インターチェンジ付近の下り線で、渋滞で停車中の乗用車にトレーラーが追突。さらに前方に止まっていたタンクローリーにも追突し一瞬のうちに6台が炎上、医師の一家3人が死亡、7人が重軽傷。高速道路での事故の怖さを見せつけた

### ヨコハマカーニバル

●9月15日／春の「みなと祭り」に匹敵する行事を目指して「第1回ヨコハマカーニバル」が開催された。横浜駅西口を中心にメーンイベントの「ファミリー・パレード」と「ハーバーライト・パレード」が繰り広げられた

## “韋駄天”台風

●10月19日／イダテン（韋駄天）台風20号が県内を通り抜け、箱根・小涌谷で瞬間最大風速65㍍を記録。幹線道路は寸断され、鉄道も地下鉄を除き完全にマヒ。東京湾では船舶の沈没や衝突が相次いだ。横浜駅西口の帷子川は高潮ではんらん、冠水した道路に、強風であおられたハシケが乗り上げた

## ハマトラ

●10月・撮影日不明／横浜の女子大生をイメージしたファッションが女子大生の定番スタイルに。ハマトラは「横浜（元町）ニュー・トラディショナル」の略。写真は中区の元町で

## Y校46年ぶりの優勝

●7月29日／夏の高校野球県大会で、古豪横浜商（Y校）が横浜高校を破り、1933（昭和8）年以来46年ぶりに優勝。横浜スタジアムから伊勢佐木町を経て学校まで、古屋監督や選手を先頭にパレード。甲子園ではベスト4入りを果たした

## 歴史が動いた時　森本珠水

### 「製販一体」の伝統を発信

ハマトラの最盛期は、亡父が社長をしていた時でした。わたしは学校帰りに父の店に毎日寄っていたので、当時の異様とも思える雰囲気を覚えています。朝の開店時にお客様が殺到し、店のドアが壊れたというエピソードも残っています。

カジュアルだが、きちんとしている。インターナショナルなテイストがある。丈夫で着やすい。こういった特色が、当時のファッション・ジャーナリストの目に新鮮に映ったようです。元町では当たり前のことだったのですが…。

ブームのおかげで「製販一体」の伝統が、全国的に知られるようになりました。親子孫の三世代にわたるお客様も、たくさんおられます。これからも「横浜」と「トラッド」にこだわり、時流に流されない商売を続けてゆきたいと思います。

（フクゾー洋品店代表取締役）

## 中学校統合で中学生がデモ行進

●3月13日／中学校統合に反対する津久井郡藤野町（当時）の藤野中学牧野校舎（生徒83人）の生徒たちが牧野校舎の存続を強く求めて同盟休校し、約5㌔離れた町役場まで全員でデモ行進。町長らに「校舎を残して」と訴えた。町長は「学校を休んで面会に来る悲痛な気持ちはわからないでもないが、同盟休校がよいことか悪いことか、よく考えて欲しい。校舎の存続は法の上でできない」と答え、双方の言い分は平行線をたどった

# 川崎金属バット事件

### 首相選挙戦に死す

●5月30日／激しい政争の果て、史上初の衆参ダブル選挙に突入。過労を押して陣頭に立った大平首相は県内遊説中に苦しい表情を見せていたが、直後に入院し6月12日に死去した。写真は参院選公示日、戸塚駅前で

**昭和55年**

## 1980

◉世　相
マンザイ・ブーム　ルービックキューブ人気　ビニール本出回る　竹の子族　王選手・山口百恵引退

◉流行語
とらばーゆ　カラスの勝手

◉流行歌
「恋人よ」「ダンシング・オールナイト」

◉県　内
神奈川スモン訴訟で初の和解(４月)、横浜ルミネ・ポルタ開業(11月)、川崎で金属バット殺人事件(11月)

◉国内・国際
早大入試漏洩事件(３月)、銀座で１億円拾得(４月)、JOCがモスクワ五輪不参加決定(５月)、史上初の衆参同日選のさなか、大平正芳首相急死、自民が圧勝(６月)、東京・新宿でバス放火事件(８月)、ジョン・レノン銃撃され死亡(12月)

[県人口]692万人

### 社会党全員当選

●6月23日／衆参ダブル選挙で社会党は県内で衆院5人、参院1人の“全員当選”を果たした。社会党県本部に当選者が集まり、同県連の片岡会長(左)とともに晴れがましくカメラに収まった

### 新生横浜駅

●11月7日／横浜駅が再生。東口には個性派ファッションを中心としたターミナルビル「横浜ルミネ」と地下街「横浜ポルタ」が誕生した。西口地下街と東口地下街も東西自由通路でつながる

### 横浜商工会議所百周年

●4月12日／神奈川経済の発展に深くかかわってきた横浜商工会議所(上野豊会頭)の創立百周年記念式典が県民ホールで盛大に行われ、次の百年への飛躍を誓った

## シケで荷崩れ

●4月2日／横浜を出港した貨物船「桑海丸」（1万369㌧）が航海中シケに遭い、積み荷の輸出車が次々と崩れ、横浜港にUターン。破損した車約400台の荷下ろしを余儀なくされた。同船は南米・コロンビア向けの乗用車約600台や鋼材を積んでいた

## 火事で消えた"戦後"

●11月20日／横浜市中区伊勢佐木町で閉鎖中の根岸家から出火、10棟が全半焼した。火元の根岸家は戦後、外国人の客も多く、大衆酒場として栄えた。大宅壮一さんは「国際酒場」と呼び、黒沢明監督の代表作のひとつ「天国と地獄」の舞台にもなった。その後、終夜営業のスナックなどに押されて客が遠のき、経営不振で閉店した

## 上海工芸展

●9月15日／横浜市と友好市である中国の上海市が、伝統工芸の逸品を網羅した工芸展を横浜・中区の産業貿易センターで開催。入場制限するほどの人気を集めた

## 川崎球場でロッテ前期優勝

●6月27日／川崎の市民球団、ロッテ・オリオンズが前期優勝。大洋ホエールズが横浜に去った後、「川崎からプロ野球の灯を消すな」との市民の熱い願いに応えて同球場を本拠地として戦い続けてきたロッテは3年目にして掌中に「V」を収めた。優勝の瞬間、スタンドはファンの歓声で沸いた

## 久しぶりの自衛隊観艦式

●11月3日／石油ショックで1974（昭和49）年以後中断、8年ぶりに復活した海上自衛隊の観艦式が江の島沖の相模湾で行われた

## 昭和56年

# 1981

◉世　相
校内暴力激増　クリスタル族　なめネコ　ジャズダンスブーム　リクルート・ルック　ノーパン喫茶出現　「窓ぎわのトットちゃん」ベストセラー

◉流行語
よろしいんじゃないですか　ウンチャ　ハチのひと刺し

◉流行歌
「ルビーの指環」「奥飛騨慕情」「横浜ホンキー・トンク・ブルース」

◉県　内
県人口700万人を突破（６月）、横浜開港資料館開館（６月）

◉国内・国際
レーガン大統領就任（１月）、肉親捜しのため中国残留孤児47人が来日（３月）、ライシャワー元駐日大使が核持ち込み発言（５月）、福井謙一氏にノーベル化学賞（10月）、沖縄でヤンバルクイナ発見（11月）

［県人口］702万人

## 宮ケ瀬ダム補償調印

●8月28日／構想から12年、建設省（当時）が相模川の支流·中津川上流に計画している、首都圏最大のダム「宮ケ瀬ダム」。建設の損失補償基準の調印式が、水没する清川村·宮ケ瀬小校庭で水没住民ら400人が出席して行われた

## 三菱横造移転

●11月20日／明治時代から横浜の発展とともに歩んできた三菱重工横浜造船所（従業員約2300人）の本格移転が始まった。横浜再生の一大プロジェクト「横浜都心臨海部総合整備計画」に伴い、本牧工場、金沢工場へ全面移転。第１陣として、造船に欠かせない大型ジブ・クレーンが3隻のひき船に引かれたクレーン船で本牧工場へ。「大型クレーンを分解せずに移すのは初の試み」と同造船所

## 東西自由通路完成

●11月20日／横浜駅の東西口を結ぶ地下の自由通路が開通。ビル部分を除いた延長90メートル、幅36メートルで全国一の規模

### 本牧ジャズ祭

●9月13日／横浜・本牧市民公園で「音楽波止場本牧ジャズ祭」が行われ、地元横浜や関東近県だけでなく北海道、九州からも観客が訪れた。ハマにゆかりの深いジャズを起爆剤に新しい横浜の文化を創造しようという市民手作りのコンサート

# 中国残留孤児第1陣

### 横浜開港資料館

●5月25日／近代日本の夜明けに重要な役割を果たした「横浜」の貴重な歴史資料を一堂に集めた「横浜開港資料館」は6月2日のオープンを前に最後の仕上げ。旧英国領事館の敷地内に造られ、中庭には、ペリー上陸ゆかりの地にあった玉楠の血を引いた木が茂っている

### 省資源運動会

●10月11日／「空き缶公害撲滅作戦」など一風変わったゲームを盛り込んだ「県資源回収商業協同組合」の運動会が横浜市戸塚区内で行われた。同組合はちり紙交換、くず鉄回収屋さんの集まりで、運動会は「市民に資源のリサイクルを啓発」するのが狙い

### 福祉都市の点検

●7月7日／車いす利用者やお年寄りなどが自由に動けるように、横浜市内では都市環境の整備が進められているが、「横浜市車いすの会」のメンバーらが横浜駅周辺で道路、銀行、デパートなどを点検

### 日航機羽田沖墜落事故

●2月9日／福岡発羽田行きの日本航空350便が突如失速し羽田沖に墜落。機体は頭部がちぎれ乗客24人が死亡、141人が重軽傷を負う大惨事に。失速の原因は着陸体勢に入ってから機長が誤操作した「逆噴射」だった

### 台風10号直撃

●8月2日／本州を直撃した台風10号は県内にも断続的に豪雨を降らせ、大きな被害をもたらした。津久井郡藤野町（当時）では1日夜半から2日未明にかけてガケ崩れが発生、住宅6棟が倒壊、5人が土砂に埋まって死亡、1人が重傷を負った

### 万景峰号炎上

●2月5日／横浜港大桟橋に接岸中の北朝鮮の貨物船「万景峰号」（3573㌧）が出航当日の朝に炎上し船員、船客ら9人が重軽傷。原因は船内の電気回線のショート。肖像画や貴重品を真っ先に下ろし、船客らは着の身着のままで脱出。金日成主席70歳祝賀式典に準備した記念品も積載されていた。毎月1回ほど横浜港に寄港する準定期船。船は徹夜で修理され11日に出航

## 昭和57年

# 1982

◉世　相

映画「E・T」ヒットで関連グッズ人気　新書判ブーム「気くばりのすすめ」

◉流行語

逆噴射　なぜだ！　ルンルン気分　ネクラ・ネアカ

◉流行歌

「恋人も濡れる街角」「北酒場」「セーラー服と機関銃」

◉県　内

川崎の公害患者が国相手取り訴訟（３月）、本牧米軍住宅返還（３月）、藤沢・辻堂の母娘３人殺人事件（５月）

◉国内・国際

東京・赤坂ホテルーニュージャパン火災33人死亡（２月）、日航機が「逆噴射」で羽田沖に墜落、24人死亡（２月）、フォークランド紛争（４～７月）、中曽根康弘内閣誕生（７月）、教科書検定が中韓と外交問題に（７月）、三越不正事件で前社長逮捕（10月）、ソ連ブレジネフ書記長死去（11月）、上越新幹線開通（11月）

［県人口］704万人

### 列島縦断した台風18号

●9月12日／静岡県に上陸後本州縦断コースをとった台風18号は県内に暴風雨をもたらし、死者・行方不明4人を出すなど被害が広がった。鎌倉市浄明寺ではガケが40㍍にわたって崩れ住宅を呑み込んだ

# 日航機の羽田沖墜落事故

## 川崎公害訴訟提訴

●3月18日／「今、第一歩を踏み出したばかりだが、子孫のためにも最後まで闘い抜く」…。川崎公害裁判原告団、同弁護団が「きれいな空気」と「生きる権利」を求めて、大手企業や国を相手取り横浜地裁川崎支部に提訴。「長い間、公害に苦しんできた。今回の裁判ではその苦痛を訴えたい」と原告団の一人は咳き込みながら報道陣に語った

## 中国残留孤児の肉親捜し

●2月26日／肉親捜しのために中国から来日した日本人残留孤児の面接調査が東京・代々木の国立オリンピック記念青少年総合センターで行われた。黒竜江省の楚宝山さんは身元が判明し、横浜市鶴見区に住む叔父と対面を果たした。「中国での生活に不自由はないが、祖国に戻りたい」と楚さん

## 六角橋商店街で大火

●3月24日／横浜市神奈川区の六角橋商店街の料理店から出火。商店など13棟、約330平方㍍を焼失。密集地のため消火に手間取ったが、死傷者は出なかった

## 台所に“受難”の夏

●8月4日／長雨と台風で野菜が軒並み値上がり。ホウレンソウ1束250円、小さいレタスが1個200円。長梅雨に台風が追い打ちをかけ、野菜の入荷量が大幅にダウンしたためだ。写真は横浜橋商店街

## 米軍住宅返還

●3月31日／終戦後、米軍によって接収された横浜市中区の「横浜海浜住宅地区」「新山下地区」「根岸住宅地区（一部）」の3施設の返還文書が日米の代表によって調印。返還合意から13年の年月がかかった。本牧海浜住宅地で行われた返還式では星条旗が降ろされた後、日章旗が掲げられた

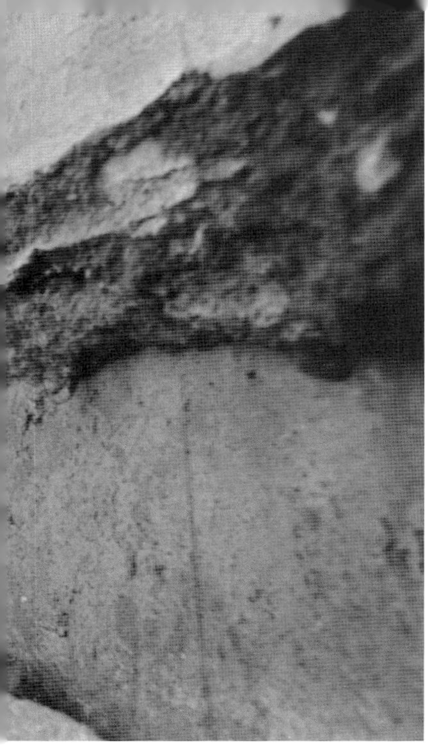

**襲われる路上生活者**

●2月11日／横浜市中区の地下街や公園で路上生活者が次々と襲われ、3人が死亡、13人が重軽傷を負った。県警は中学生ら、少年10人を逮捕。取り調べに「逃げ惑う様子がおもしろかった。汚らしい路上生活者がいなくなれば、街がきれいになる」と供述。弱者いじめをするすさんだ若者たちの心理、社会の病巣を浮き彫りにした事件は衝撃的だった。写真は関内駅マリナード地下街通路の路上生活者たち

## 昭和58年

# 1983

◉世　相
東京ディズニーランド開園　荒れる中学　夕ぐれ族の愛人バンク　ファミリーコンピュータ(ファミコン)発売　ミネラルウォーター登場

◉流行語
軽薄短小　勝手連　義理チョコ

◉流行歌
「矢切の渡し」「さざんかの宿」「氷雨」

◉県　内
横浜で浮浪者襲撃事件、中学生ら逮捕(2月)、小林秀雄さん、尾崎一雄さんら相次ぎ文豪死去(3月)、県情報公開制度スタート(4月)、MM21計画スタート(11月)

◉国内・国際
中曽根首相が「不沈空母」発言(1月)、戸塚ヨットスクール校長逮捕(6月)、免田事件で無罪確定(7月)、大韓航空機がサハリン上空で撃墜(9月)、田中首相に実刑判決(10月)、日本初の体外受精(10月)、ラングーンで韓国要人爆殺テロ(10月)、三宅島21年ぶり噴火(10月)

[県人口]714万人

# ロン・ヤス外交

**鎌倉・御成小全焼**

●3月2日／鎌倉市立御成小の3号校舎から出火。木造平屋建て同校舎1棟を全焼。同校舎は1933(昭和8)年に建てられたもので瞬く間に燃え広がったが、児童たちが下校後に出火したため無事だった

**みなとみらい21事業起工**

●11月8日／横浜の再生と活性化をかけて、国内最大規模の再開発を行う21世紀の街づくり「みなとみらい21」(MM21)事業の起工式が計画地域の中央地区となる西区緑町の三菱重工横浜造船所跡地で行われた。構想から18年ぶりの起工だった

**県情報公開スタート**

●4月1日／神奈川県の公文書公開条例が施行された。県が持つ膨大な公文書を県民の求めに応じて公開しようとする同条例は全国に先がけて制定したもので、「開かれた県政」の確立を目指した。県政情報センターを訪れた最初の請求者は、消費者運動グループ代表で訪問販売に関する公文書だった

## 参院選公示

●6月3日／初めて比例代表選挙が導入された第13回参院通常選挙が公示され、白熱した選挙戦に入った。神奈川選挙区では定数2に対して13人が立候補、全国有数の激戦区に。写真は横浜駅西口で

## 地盤沈下日本一

●1月24日／環境庁（当時）が発表した「地盤沈下白書」で不名誉な日本一となった新横浜駅周辺。1年間で10センチ以上も沈む異常事態。新横浜駅一帯はかつて水田地帯で、同駅開設に伴い区画整理された新興地。軟弱地盤に盛り土したため、その重みで沈下。基礎工事がしっかりしているビル本体は被害はないが、ビルの地下水くみ上げが沈下に追い打ちをかけた

## キャベツ人形

●12月23日／アメリカでクリスマスプレゼントにひっぱりだこで話題になっている「キャベツ畑の子供たち（キャベッジ・ハッチ・キッズ）」を横浜高島屋がショーウインドーに展示。顔や髪型、ドレスが一体一体違うバリエーションで、出生証明や養子縁組のアイデアが受けて米国各地で売り切れ続出。日本では在庫が充分そろうまで展示のみ

## 入場料「半額」魅力

●9月1日／映画ファン感謝デーは入場料が半額とあって、映画館には観客が殺到。横浜市中区馬車道の東宝会館では、封切り公開中のフランシス・コッポラ監督作品「アウトサイダー」を見ようと若者たちの長蛇の列ができた。1981（昭和56）年12月1日の「映画の日」から始まった感謝デーは83年から年4回に増え、半額はファンに定着した

## カード電話

●10月6日／テレホンカードを使う「カード電話」が横浜に初登場。あらかじめ磁気カードを購入しておけば小銭がなくてもカードで通話ができるとあって、「ビジネスマンや遠距離通話に便利」と電電公社横浜都市管理部。設置されたのは、横浜駅西口ステーションビル交番横と馬車道の市民ホール前の2カ所

## 昭和59年

# 1984

◉世　相

エリマキトカゲなど珍獣ブーム
禁煙グッズ発売　ロス疑惑騒動
イッキ飲み流行で死者も

◉流行語

おしんドローム　マル金・マルビ
キャピキャピギャル

◉流行歌

「ワインレッドの心」「涙のリクエスト」

◉県　内

横浜・鶴見で男が高校生４人殺傷（３月）、MM21の第三セクター発足（７月）、難産の末に非核兵器県宣言可決（７月）、柔道の山下泰裕選手に国民栄誉賞（９月）、厚木基地の周辺住民が第２次訴訟(10月)、逗子市長に米軍住宅建設反対派の富野暉一郎氏(11月)、原子力空母カールビンソン横須賀初寄港(12月)

◉国内・国際

植村直己、マッキンリーで消息を絶つ（２月）、グリコ森永事件（３月）、財田川再審に無罪（３月）、中曽根首相再選(10月)、３動物園へオーストラリアからコアラ(10月)、元警官による連続発射強盗事件(12月)

[県人口]724万人

# ロサンゼルス五輪

### 米原子力空母カールビンソン初入港

●12月10日／米海軍の最新鋭原子力空母カールビンソン(8万1600トン)が米海軍横須賀基地に初寄港。米ソ冷戦の中、核搭載可能な艦載機を積んだ同空母は核疑惑に包まれているが、外務省首脳は「核持ち込みの事前協議がない限り、政府としては寄港を認める」との意向を明らかにした

### 新・日本丸進水

●2月15日／新「日本丸」が横須賀市浦賀町の住友重機械工業浦賀工場で進水。美智子妃殿下が支綱を切断した。新「日本丸」(2800トン)は全長110メートル、幅13.8メートル、メーンマスト44.4メートル、航海速力12ノットで旧「日本丸」より一回り大きい

### 2階建てバス・ブルーライン

●3月30日／ミナト横浜の観光スポットを巡る2階建てバス「ブルーライン」の4月１日からの運行を前に、中区の横浜公園で記念式典が行われた。ブルーラインの運行コースは関内駅と港の見える丘公園が起終点。大人200円、子供100円

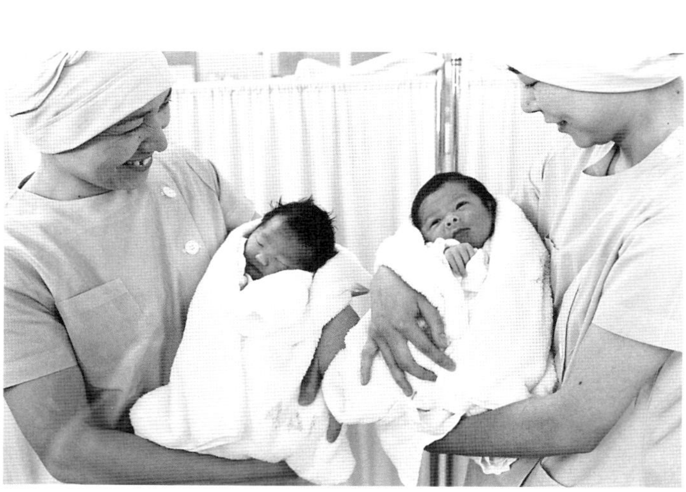

### 体外受精児

●5月29日／伊勢原市の東海大医学部付属病院で体外受精児が相次ぎ同日に誕生。県内では初めてで、全国では東北大の３人、東京歯科大の１人、徳島大の２人に次ぐもの。母子ともに健康で、２人とも初めての妊娠・出産。写真は看護師に抱かれた体外受精児

## 15年ぶりの大雪

●1月19日／関東地方が記録的な大雪に見舞われ、横浜では21㌢の積雪を記録。幹線道路はマヒ状態に。首都高速道路は全面通行止めになり、下を走る国道1号線は大渋滞。写真は横浜駅東口

## 逗子市長に富野さん当選

●11月12日／池子弾薬庫地内への米軍住宅建設を条件付きで受け入れるか、阻止するかで争われた逗子市長選挙で、建設阻止を訴えた市民グループ「緑と子供を守る市民の会」推薦の新人、富野暉一郎さん(40)＝無所属＝が自民、民社、新自ク推薦で前市長の三島虎好さん(71)＝保守系無所属＝を約1000票差で破り、初当選。基地問題を巡って住民運動のリーダーが当選したのは全国初

## 非核兵器県宣言可決

●7月5日／長洲知事から追加提案された「非核兵器県宣言」を社会、公明、民社、新自ク、県政会、共産などの賛成多数(自民、自由県民の会が反対)で可決された。宣言は「非核三原則を県是とする」との趣旨で都道府県レベルの宣言としては、徳島、長野県議会に次いで3番目

## 歴史が動いた時　具志堅幸司

### 夢のような金メダル

ロス五輪は、西側諸国がボイコットしたモスクワの4年後の五輪ということもあり、選手、観客が一体となった高揚感がありました。

モスクワ五輪で代表に選出されていた私は、何度もやめようかと思いましたが、体操会場のUCLAポーリー・パビリオンを見たときには「やっとこの場所までたどり着いた」という達成感で思わず涙がこみ上げてきました。

また五輪がテレビ放映権などで商業主義にかじを切った大会でもありました。連日マスコミなどに追いかけられる中で最初は緊張しましたが、自分にとっては最初で最後の五輪。「もっと自分の演技を見てくれ」と気持ちを切り替えて獲得した個人総合、つり輪での金メダル、団体での銅メダルは夢のようでした。

（日本体育大学教授）

## 皇太子殿下が川崎の印刷機械メーカー視察

●1月13日／皇太子殿下が川崎市中原区の東京機械製作所を視察された。同社は印刷機械の大手メーカー。国内最大の新聞用高速度オフセット輪転機、電算写植システムなどを熱心に見学された

# 科学万博-つくば85

### 銀行に短銃強盗

●3月24日／日曜日の夕方、横浜市中区の三菱銀行（当時）横浜支店に短銃を持った2人の男が警察官を装って侵入。行員ら4人を人質に立てこもり、場外馬券発売所の売上金約5億6000万円を奪おうとした。翌早朝、犯人の1人が短銃自殺し、突入した警察官が人質全員を無事救出したが、主犯は県警の元巡査部長だった。堂々と制服を使った元警察官の犯罪に警察当局は強い衝撃を受けた。写真はシャッターが下ろされた入り口を固めた防弾チョッキ、ヘルメット姿の警察官

## 昭和60年

# 1985

◉世　相
阪神優勝フィーバー　NTT発足　日本人初のエイズ患者認定　テレクラ・キャバクラ流行　家庭内離婚

◉流行語
トラキチ　ペーパー商法　おニャン子

◉流行歌
「ミ・アモーレ」「恋におちて」「なんてったってアイドル」

◉県　内
三菱銀行横浜支店で元警官らが短銃強盗（3月）、新横浜に「ひかり」増停車、地下鉄も延伸（3月）。指紋押なつ拒否の保育園主事逮捕（5月）、南区でスリを追いかけた「勇気ある大学生」殺傷される（5月）、宗教上の理由で両親が輸血を拒否した輸禍の小学生失血死（6月）横浜そごう開店（9月）、横浜市の人口300万人突破（12月）

◉国内・国際
ソ連書記長にゴルバチョフ氏（3月）、豊田商事会長刺殺（6月）、日航ジャンボ機、御巣鷹山に墜落520人死亡（8月）、中曽根首相が戦後初の靖国公式参拝（8月）

［県人口］734万人

### 日航ジャンボ機墜落

●8月12日／羽田から大阪に向かっていた日本航空123便が飛行中に機体破損、操縦不能になり群馬県の御巣鷹山に墜落。520人もの死者を出す、世界航空史上2番目の大惨事になった。三浦半島沖では飛行機の舵取りに欠かせない垂直尾翼の一部が発見された

### 指紋押捺拒否

●5月10日／横浜地方検察庁は指紋押捺を拒否して「外国人登録法違反容疑」で川崎臨港署から身柄送検された在日韓国人の李相鎬（イ・サンホ）保育園主事を処分保留のまま釈放。この問題を受け、在日韓国人の法的地位改善を話し合うための日韓両国外務省アジア局長会談が5月中に開催されることになった。写真は釈放され記者会見する李相鎬さんと家族や支援者たち

## 過激派が首都圏の国鉄をマヒ状態に

●11月29日／未明に、県内や東京、大阪など1都2府5県の国鉄各線で、過激派による信号・通信ケーブル切断、駅舎放火などの同時多発ゲリラ事件が発生。首都圏や大阪地区の国電22線は、列車運行の“中枢神経”である通信網をズタズタにされて、始発から全面マヒ状態になり657万人の足を奪った。県内では3カ所18本の信号、通信ケーブルが切断された。写真は根岸線石川町～山手駅間の山手トンネル（横浜市中区山手町）内で切断された通信ケーブル

## ガス灯復元

●10月31日／明治をしのばせるガス灯の点灯式が横浜市中区の山下公園前通りで行われた。東京ガス、横浜商工会議所などの協力で、開港広場から山下橋までの歩道約900㍍の両側に計40基のガス灯が設置された。1872（明治5）年、日本で初めて横浜にガス灯がともされた当時のものを復元した

## 日本丸一般公開

●4月28日／横浜・みなとみらい21地区で帆船日本丸の一般公開が始まった。東京商船大をはじめ、富山、大島などの商船高等専門学校ＯＢら130人が総帆展帆の作業をし、白い“翼”を広げた。連休の初日とあって約2万3000人の人出でにぎわった

## 「ひかり」増え地下鉄延伸

●3月14日／新幹線「ひかり号」の新横浜増停車、横浜市営地下鉄の新横浜～舞岡延伸開業を祝う「発車式」が新横浜駅で行われた。「ひかり号」は上下計51本停車（従来は同6本）、地下鉄は営業区間20.5㌔（従来は11㌔）に延伸。1964年に新横浜駅が開業した直後から「ひかり号」の増停車・全面停車運動が続けられてきたが、これで5本に2本が停車と目標へ大きく踏み出した。地下鉄は1966年の計画以来19年ぶりに新横浜への延伸が実現した

## 横浜そごう開店

●9月30日／開発が遅れていた横浜駅東口に「横浜そごう」が開店。日本一の売り場面積と多彩な戦略を駆使し、満を持してのデビュー。初日の来店客は約50万人。大口のご祝儀商いもあって、売り上げは20億円にも上った。一方、西口の横浜高島屋もそごう人気の相乗効果が出て、いつもの倍以上のにぎわいになった

## 昭和61年

# 1986

◉世　相

土井たか子ブーム　株高騰・円高加速　DCブランド流行　使い捨てハーフサイズカメラ人気に

◉流行語

新人類　亭主元気で留守がいい　やるっきゃない

◉流行歌

「仮面舞踏会」「時の流れに身をまかせ」「CHA CHA CHA」

◉県　内

春吹雪大荒れ、停電や断水被害（3月）、県警警視が精神分裂病の男に刺し殺される（4月）、ITTO本部横浜誘致決定（7月）、同日選で自民大勝、新自由クラブ県連解党（8月）、シンナー乱用で少年少女6人死亡（9月）、川崎地下街アゼリア開業（10月）、コアラ横浜へ（10月）、横浜に栄、泉区誕生（11月）

◉国内・国際

チャレンジャー空中爆発（1月）、チェルノブイリ原発事故（4月）男女雇用機会均等法施行（4月）、東京サミット開催（5月）、タイ航空機爆発事件（10月）、三原山が209年ぶりに大噴火（11月）

[県人口]745万人

### 三原山噴火

●11月21日／伊豆大島の三原山が噴火。溶岩があふれ出し、町、東海汽船、海上保安庁、自衛隊が一体となって、島民を避難させた。噴火の様子は城ヶ島からも見えた。写真は噴火する三原山と、次々と救助に向かう艦船の光跡

### 雪で送電線の鉄塔倒れる

●3月23日／関東、甲信地方にかけて春吹雪に見舞われ、横浜市内で10センチ、津久井郡青根で75センチの積雪を記録。この雪で厚木市内などで東京電力の送電線の鉄塔が倒壊。同市戸田では高圧鉄塔（27万5000ボルト、高さ80メートル）4基が倒れた。湿った重い雪が電線にびっしり付き、それが強風にあおられて振動、支えきれずに倒れた。この事故で厚木市内を中心に46万戸が停電した

### シンナー遊びで6人死亡

●9月5日／海老名市内の雑木林わきの農道で、窓を閉め切った乗用車の中で少年4人と少女2人の計6人が死亡しているのが見つかった。急性シンナー中毒と車内の酸欠状態が重なった。シンナー吸引の危険性は常に指摘されているが、1度に6人もの死者を出したのは全国的にも例がなく、教育関係者に衝撃を与えた

# ダイアナ妃来日フィーバー

### 金沢自然公園にコアラ

●11月23日／横浜市金沢区の金沢自然公園へオーストラリアのクインズランド州から2匹のコアラがやって来た。この日、オセアニア館で一般公開され、園内は見物客の長い列が終日続いた

### ハレーすい星

●3月21日／三浦市の城ヶ島には76年に1度というハレーすい星の姿をひと目見ようとする人たち約1700人が繰り出した。すい星は夜明け直前に5〜6分間姿を見せた。写真下は千葉県館山の明かり

### 新自由ク県連解散

●8月18日／新自由クラブ県連（石井平代表）は正式に解散を決定。1977（昭和53）年2月に発足した県連は8年半の政治活動に終止符を打った。神奈川は同党の発祥の地だが、全国代議員大会で解党の最終決定がなされ、政党としての新自クの名はすでになくなったためだ。写真は新自由クラブ解散について県連代議員会で説明する河野代議士

### 改修工事の米空母ミッドウェー

●5月9日／耐用年数を延ばすため、米海軍横須賀基地で大改修中の米空母ミッドウェー。改修を終えた後、11月20日に相模湾で試運転を行った

### 「アゼリア」オープン

●10月1日／川崎駅東口の地下街「アゼリア」がオープン。約30万人の人出でにぎわった。周辺の商店街やデパートも相乗効果で通常の平日を上回る買い物客に

昭和62年

# 1987

# 国鉄民営化

◉世　相
地価狂乱・地上げ　俵万智の「サラダ記念日」ベストセラー　映画「マルサの女」人気　エアロビ流行　猛暑でビールが空前の売り上げ

◉流行語
朝シャン　霊感商法　グルメ

◉流行歌
「愚か者」「命くれない」「雪国」

◉県　内
山下事件で夫に無罪判決（２月）、藤沢で悪魔払いバラバラ死体事件（２月）、藤沢市で小学生が元警視庁警部に誘拐される（４月）、鉄冷えで日本鋼管が合理化計画（５月）、逗子市の池子問題出直し市長選で富野氏再選（10月）

◉国内・国際
東芝機械ココム違反（４月）朝日新聞阪神支局襲撃事件（５月）、共産党幹部宅盗聴事件で東京地検が県警警察官を取り調べ（５月）、石原裕次郎没（７月）、利根川進氏にノーベル医学生理学賞（10月）、竹下政権発足（11月）、大韓航空機爆破事件（12月）

[県人口]757万人

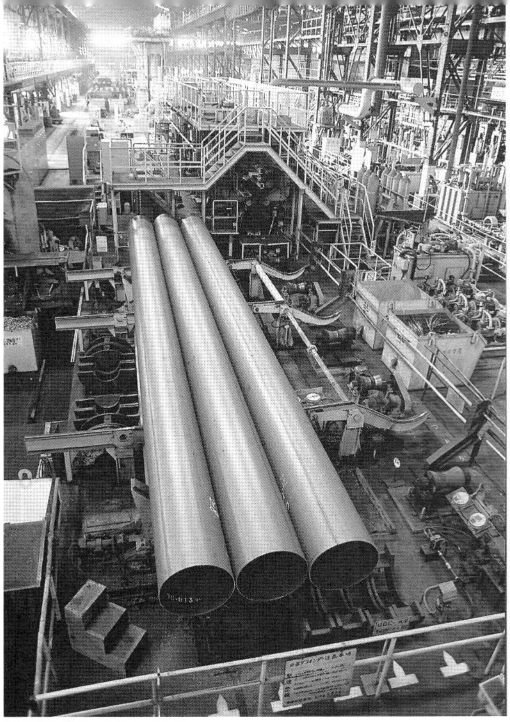

## 鉄冷え

●5月6日／円高不況にあえぐ日本鋼管が京浜製鉄所（川崎区渡田）の2基の高炉のうち1基を休止し、鉄鋼部門関連の人員約3300人を削減する計画を明らかにした。京浜工業地帯の中心的な存在である同製鉄所のシンボルがひとつ消える。大幅な合理化に伴い大径溶接管工場（写真）も休止された

## 進歩党結成

●1月22日／「護憲」「軍縮」「倫理」を掲げた新党「進歩党」が発足。東京で行われた結成大会には全国33都道府県から約750人が参加。党代表に選ばれた田川誠一氏（神奈川2区）は「小さな勢力であっても、声を上げるべき時に上げないならば、悔いを千載に残す」と、新党結成の動機を説明

## 統一地方選・ネット旋風

●4月13日／台所から「生活者の視点」で政治の世界に挑んだ神奈川ネットワーク運動（略称ＮＥＴ＝ネット）の女性たちが現職議員を競り落とすなどして横浜、川崎両市議選で5議席を獲得、新風を吹き込んだ。写真は横浜市議に当選、支持者と喜びの乾杯をする向田映子さん

## 出馬

●4月10日／統一地方選、これぞホントの“出馬”。県内各地であの手この手の選挙戦が繰り広げられたが、川崎・高津区では市議4期目を目指す、無所属候補が馬上から有権者に訴えかけた。乗馬クラブから借り上げた馬にまたがり、選挙区内をパッカパッカ

### マイケル・ジャクソン

●9月25日／アメリカの黒人ロック歌手マイケル・ジャクソンが横浜スタジアムで公演。時折激しい雨に見舞われたが、約3万人の観客は歌と踊りに酔いしれた

### 国鉄からJRへ

●3月31日／4月1日午前零時、115年の歴史を刻んだ「日本国有鉄道」は姿を消し、ＪＲ各社が誕生した。ＪＲ東日本（東日本旅客鉄道会社）の横浜駅では31日午後10時から国鉄表記の自動券売機、案内表示板などの書き換え作業を行った。同駅構内では「長い間国鉄を利用していただきありがとうございました。あすから新生会社として出発します」と放送が流れた

### ポーカー賭博

●2月19日／横浜市内で、表向きはスナック、純喫茶を装い、ポーカーゲーム機を置いて客に賭博をさせていた、店のオーナーや従業員を県警が逮捕。ゲーム機120台、かけ金約1300万円を押収。写真は押収され倉庫に積み上げられたポーカーゲーム機

**歴史が動いた時**　富野暉一郎

## 市民自治問いかけた池子問題

「池子」は、市民生活の問題でした。生活のすべてにかかわっていたからです。外部の人たちは日米安全保障条約や政治の問題だと論評していましたが、内部的には「暮らしをどうするのか」という問題だったのです。

わたしは、池子問題の解決について「全面返還という目的地ははっきりしているが、行き方はいろいろある」と言ってきました。新幹線で行くのか、鈍行列車で行くのかということです。だから「基地はあと100年続くかもしれないが、山は崩すな」と国・県に主張しました。「これは絶対に譲れない」と。「自分の町をどう守るのかが市民自治だ」という生活実感が市民運動のベースとなり、今の地方分権の高まりや行政と市民のパートナーシップにつながっていったのだと思います。

（元逗子市長）

### 池子住宅着工

●9月30日／逗子市の池子米軍家族住宅建設が着工。防衛施設庁が1983（昭和58）年7月に米軍住宅建設を逗子市に正式通告して以来、4年2カ月ぶりの着工。一部反対派、支援グループが池子正面ゲート前で抵抗。作業員が思うようにゲート内に入れず、初日は簡単な測量作業で終わった

## 昭和63年

# 1988

◉世　相
商業捕鯨終了　青函トンネル・瀬戸大橋開通　ワンレン・ボディコン流行

◉流行語
ペレストロイカ　ハナモク　５時から男　しょうゆ顔・ソース顔

◉流行歌
「パラダイス銀河」「乾杯」「人生いろいろ」

◉県　内
道路公団汚職（２月）、平塚市立中学にオノ、カマを持った男乱入（７月）、県が交通死亡事故多発で非常事態宣言（９月）、核トマホーク搭載疑惑艦が母港化（９月）、横浜国際会議場建設に米企業が初参入（11月）、川崎・市民ミュージアム開館（11月）

◉国内・国際
東京ドームオープン（３月）、リクルート疑惑発覚（６月）、東京湾で潜水艦なだしおと遊漁船が衝突、30人死亡（７月）、ソウルオリンピック開催（９月）

[県人口]770万人

**潜水艦「なだしお」衝突事故**

●7月23日／東京湾口の浦賀水道で浮上航行中の海上自衛隊の潜水艦「なだしお」と、新島に向かう大型遊魚船「第1富士丸」が衝突。富士丸は沈没し、釣り客ら30人が死亡した。写真は27日午前3時半、サルベージ船に吊り上げられて海面に姿を見せた第1富士丸。1994（平成6）年、東京高裁判決では、なだしお側に事故の主因があったと認定した

# リクルート事件

**第1富士丸捜索**

●7月23日／沈没した大型遊漁船「第1富士丸」の現場海域を捜索する海上保安庁の巡視船とヘリ。写真左上が潜水艦「なだしお」

## 湯河原の山火事

●2月5日／春一番が吹き荒れ、異常乾燥注意報と強風波浪注意報が出されている最中の午前10時過ぎ、湯河原町で山林火災が発生。折からの強風にあおられて飛び火を繰り返し、隣接の真鶴町、小田原市へ燃え広がった。午後3時過ぎから降り始めた雨で火勢は衰え、同日夜鎮火。焼失面積は湯河原町、真鶴町、小田原市合わせ、110ヘクタール

## 19年ぶりに法廷内の撮影取材許可

●3月4日／横浜地裁刑事部（601号法廷）で開かれた李相鎬（イ・サンホ）被告の指紋押なつ拒否裁判の判決公判で、同地裁では19年ぶりに報道陣の法廷内撮影を許可した。戦後の一時期、廷内の撮影は自由になったが、公安・労働事件の増加で“荒れる法廷”が増えたことに加え、被告の人権などを理由に法廷にカメラは入れなかった。日本新聞協会の要請を受けた最高裁事務総局が実施要項を決定し、全国の裁判所で廷内撮影できるようになったが、担当裁判官の事前了承を前提に「開廷前2分間」の条件付きで許可された

## クスノキは残った

●3月31日／日本たばこ産業秦野工場が閉鎖。83年間の長い歴史に終止符を打った。残務処理で最後まで残っていた社員たちは1905（明治38）年、「秦野煙草製造所」の開設記念に植えられたクスノキの前で記念撮影。「秦野の歴史はタバコの歴史」といわれ、葉タバコの日本三大産地のひとつだったが、需要の停滞、外国タバコの市場参入などで、4年前にタバコ耕作は終えていた

**美空ひばり熱唱**

●7月10日／東京ドームで見事な“復活公演”をなしとげた美空ひばりが、満員の県民ホールで熱唱。1987（昭和62）年4月に病に倒れてから1年。涙ぐましい闘病生活と不屈の精神力で不死鳥のようにカムバックした

**スティービー・ワンダー**

●4月23日／横浜市・世界ふれあいキャンペーンのメーン・イベントとして、横浜スタジアムで行われたスティービー・ワンダーのコンサート。約80人の車いすの人も来場、スタジアムを埋めた観客が“心のビート”に酔った

# 第五章
# バブル崩壊と空前不況

1989 平成元年▶21年 2009

## 昭和天皇崩御、平成に

●1月8日／天皇は7日午前6時33分に崩御、87歳だった。一夜明けた8日は雨の中、葉山御用邸に早朝から弔問の人波が続いた。記帳者は前年9月の吐血以来最高の1万3279人に上った。8日午後、新しい元号が「平成」と決まり、小渕恵三内閣官房長官が発表。大勢の人がテレビの前で発表の瞬間を見守った

平成元年

# 1989

◉世　相
消費税導入　参院選にマドンナ旋風　平均株価最高値３万8915円　社会参加ができない「おたく」増加

◉流行語
オバタリアン　セクシャル・ハラスメント　山が動いた

◉流行歌
「寂しい熱帯魚」「とんぼ」「川の流れのように」

◉県　内
横浜博覧会YES'89開幕（３月）、横浜アリーナ開業（３月）、川崎の竹やぶから札束２億円余、古金庫からは１億７千万余（４月、６月）、横浜ベイブリッジ開通（９月）、坂本弁護士一家失跡事件（11月）

◉国内・国際
裕仁天皇崩御、年号平成に（１月）、美空ひばり死去（６月）、天安門事件（６月）、連続幼女誘拐殺人事件（８月）、サンフランシスコ大地震（10月）、ベルリンの壁崩壊（11月）

［県人口］781万人

## 横浜博覧会・YES89

●5月2日／宇宙と子供たちをテーマに、みなとみらい21地区で3月25日から10月1日まで「横浜博覧会・YES89」が開催された。企業、自治体のパビリオンは33館。横浜と友好都市の中国・上海、米国のサンディエゴなど20カ国・地域が参加、国際博覧会なみの規模で入場者は1200万人を超えた

## 川崎市長、任期半ばで退職

●10月5日／伊藤三郎川崎市長は、健康上の理由で、辞表を提出した。1971（昭和46）年に初当選以来、全国に先駆けた公害防止条例の策定など公害・福祉対策に力を注いだ。88年に5選を果たしたが、リクルート疑惑が表面化して以来、体調が悪化していた。写真は別れの花束を手に車いすで議場を去る伊藤市長

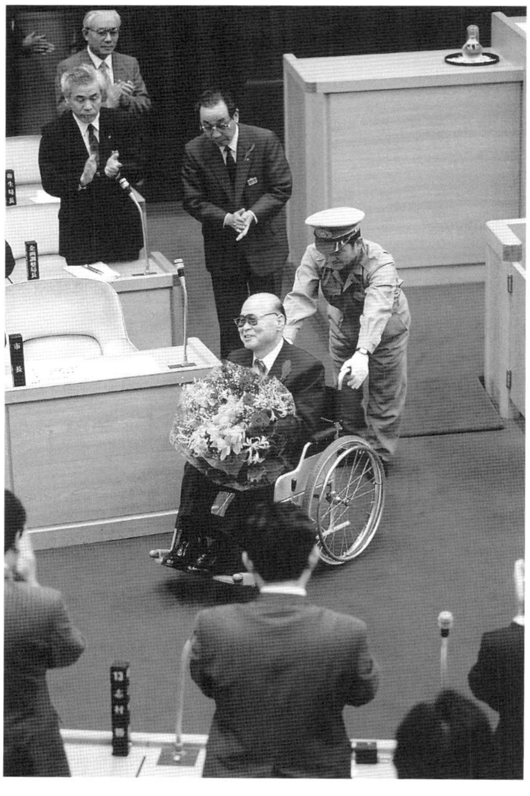

## ガケ崩れで2次災害

●8月1日／未明に雷を伴う記録的な集中豪雨が降った川崎市高津区蟹ケ谷で、救出作業中の高津消防署の3人が2次災害で圧死、12人が重軽傷を負った。当初、一家3人が崖崩れで土砂に埋まり行方不明に。119番通報で署員らが出動した1時間後に再び崩れ、現場指揮者らが生き埋めになった

## 花火大会で爆発

●8月2日／横浜市中区の山下公園前で行われていた花火大会（神奈川新聞社主催）で、打ち上げ用の台船で爆発事故が発生。大小数発の花火に誘爆、台船上で作業中の2人が死亡、7人が重軽傷を負った。県内の花火大会で、爆発による死者が出たのは初めて

## インド船火災

●2月16日／横浜市神奈川区のＮＫＫ浅野ドックで、インド船籍の貨物船「ジャグドゥート」（1万3392トン、48人乗り組み）が、大音響とともに燃え上がった。作業員10人（うち女性2人）が機関室の船底部分などに閉じこめられて行方不明、12人が重軽傷を負った

# 昭和天皇崩御

## 竹林に9000万円

●4月16日／川崎市高津区久末の竹林で1万円札がぎっしり詰まった紙袋が見つかった。5日前に1億円入りバッグが発見された「通称ごみ捨て場」から20メートルほど入った所。「また見つかるなんて夢のよう」「2度あることは3度ある」。ニュースを聞いて入れ替わり立ち替わり人が詰めかけ、お祭り騒ぎ。「誰が何のために」と謎も深まるばかり

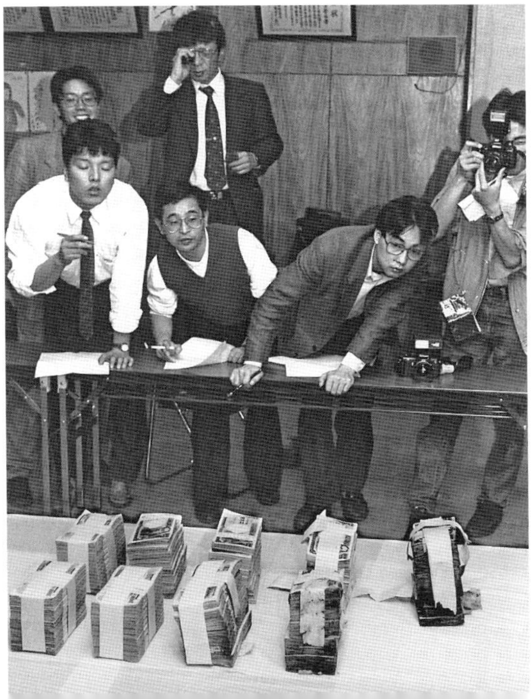

## モテモテ消費税本

●2月21日／4月1日からの消費税実施を前に、書店には消費税に関する本がどっと並んだ。全く未知の上、免税や限界控除、簡易課税ありで、仕組みは複雑。避けて通れず、処理を誤れば経営にダメージを与える、というわけで、出版点数は150点を超えるだろうと、大手取次店

平成2年

# 1990

◉世　相

ちびまる子ちゃん人気　大相撲・若貴フィーバー　ルーズソックス流行

◉流行語

ファジー　オヤジギャル　3K
成田離婚　アッシー君・ミツグ君

◉流行歌

「おどるポンポコリン」
「真夏の果実」

◉県　内

細郷横浜市長が死去、後任に高秀秀信氏（2月、4月）、SURF90（4月～10月）、太平洋上で空母ミッドウェー爆発事故（6月）、真鶴町でリゾートマンション規制（9月）、県個人情報保護条例施行（10月）、川崎市が全国初オンブズマン制度（11月）

◉国内・国際

日米構造協議（6月）、ペルー大統領に日系二世のフジモリ氏（6月）、礼宮さま、川嶋紀子さんと結婚、秋篠宮家創立（6月）、湾岸危機で邦人人質も（8月～12月）、天皇即位の礼（11月）

[県人口]791万人

### 新幹線に爆破ゲリラ

●11月26日／横浜市港北区岸根町で、東海道新幹線わきのコンクリート防護壁（高さ約12メートル）が爆発、幅5.5メートル、高さ2.3メートルにわたって崩れた。破片で付近の民家の屋根や壁が壊れた。新幹線は約2時間半ストップ、ダイヤは大幅に乱れた。現場から乾電池などが見つかり、警察は過激派の時限爆発装置を使ったゲリラ事件として捜査本部を設置した

## ドイツ統一

### 慰安旅行が暗転

●10月27日／茅ヶ崎市のJR東海道線松尾踏切で、大型観光バスと快速電車アクティーが衝突。バスの左後部は大破、社員慰安旅行の23人が重軽傷を負った。東海道線は約2時間止まった

## サーフ'90開幕

●4月29日／多くの人々が参加して海を体験、交流、21世紀の相模湾を考える「相模湾アーバンフェスティバル1990（サーフ '90）」が開幕した。藤沢会場では長洲一二知事と相模湾の首長らがテープカットした

## 高秀横浜市長が初登庁

●4月10日／3期目の任期半ばで死去した細郷道一氏の後任として初当選した高秀秀信新市長が紙吹雪の歓迎を受けて初登庁。「よこはま21世紀プランの継承を前提に、徐々に私自身のカラーを出したい」

## さようならEMクラブ

●6月5日／戦後日本のジャズのシンボル的存在だった横須賀市本町の「EMクラブ（米海軍兵員クラブ）」の解体を前に別れの式典が行われた。戦前は海軍の施設で、戦後は米海軍が使用。ルイ・アームストロングをはじめ、日米の代表的歌手、奏者が来演した。解体後はホテルなどに生まれ変わった

## 大学入試新テスト

●1月13日／大学入試センター試験（新テスト）が始まり、横浜国大など8カ所の会場で約1万6000人が受験した。従来の原則5教科方式から、各教科を自由に選べるアラカルト方式に変わった。受験生の反応は「勉強が楽になる」「私大併願が増え、競争率が心配」

## ベルリンの壁

●4月17日／1989年11月に崩壊したベルリンの壁の一部が、横浜駅西口の三越前広場に展示された。西ベルリン側のブランデンブルグ門近くにあった壁の一部。高さ3.6メートル、幅1.2メートル、厚さ15センチで、重量は2.75トン。壁には赤、青、黒のペイントで書かれた「自由と平和」などの落書きがびっしり

## 平成3年

# 1991

◉世　相
湾岸戦争で国際貢献論議　紺ブレ（紺のブレザー）が流行　バブル崩壊で地価下落

◉流行語
バブル崩壊　…じゃ、あ～りませんか　損失補填　過労死　バツイチ

◉流行歌
「北の大地」「愛は勝つ」「ラブストーリーは突然に」

◉県　内
神奈川朝鮮高級学校の高野連への加盟申請受理（1月）、信金信組の合併相次ぐ（1月）、県人口800万人突破（２月）、 統一地方選で長洲知事５選（４月）、米空母ミッドウェーの後継インディペンデンス横須賀入港（９月）

◉国内・国際
湾岸戦争突入、自衛隊も掃海艇派遣（1～5月）、東海大付属病院で「安楽死」事件（5月）、長崎・普賢岳で大火砕流（6月）、証券・金融不祥事でトップ辞任（6～10月）、ソ連邦崩壊（8月）、海部首相退陣、宮沢政権誕生（11月）

［県人口］799万人

### ペルシャ湾へ掃海艇派遣

●4月26日／機雷除去のためペルシャ湾に派遣される海上自衛隊の掃海部隊のうち、横須賀基地の掃海艇など3隻が同基地を出航。訓練目的などを除き、自衛隊部隊の海外派遣は初めて

### 牛肉の輸入自由化スタート

●3月28日／４月1日の牛肉輸入自由化の本格スタートを前に、ダイエー横浜西口店では店員がカウボーイ姿で輸入牛の安さ、おいしさ、安全性をアピールする先取りセール

### パチンコ・レディースコーナー

●3月7日／年間3000万人、15兆円といわれるパチンコ業界が女性もターゲットに。川崎市内では外観がスーパーと見間違うほどで、パチンコの表示のない店も。冷蔵ロッカーも用意され、買い物帰りでも楽しめるように工夫されている。それだけに、女性専用のパチンコ台はいつも満員。狙いは当たったようだ

### 宮ケ瀬ダム定礎式

●11月19日／宮ケ瀬ダムの定礎式が清川、愛川、津久井3町村境界地点のダム本体建設現場で行われた。1969（昭和44）年に建設省（当時）が構想を発表して22年目。オイルショックの影響や補償交渉の長期化などで本体着工が遅れ、ようやくこぎ着けた定礎式だった

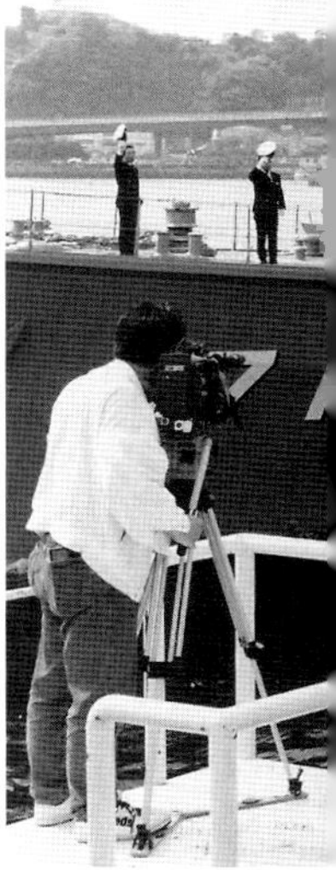

**米空母インディペンデンス入港**

●9月11日／核疑惑やＮＬＰ（夜間離着陸訓練）の不安が解消されないまま、米空母インディペンデンスが米海軍横須賀基地に入港。大きな艦体に反対派も歓迎派も想像以上とため息をついた。前任艦のミッドウェーが18年間も母港としていたためか、母港化アレルギーは薄らいでしまった

# 湾岸戦争

**ダイ・イン**

●2月3日／湾岸戦争の早期解決を願い、女性グループらが横浜駅西口で鐘の音を合図に地面に倒れ込み「死」を表現しながら戦争反対を訴えた

**ぷかり桟橋**

●10月30日／横浜市がみなとみらい21（ＭＭ21）地区のパシフィコ横浜前海上に建設していた、海上旅客ターミナルの「ぷかり桟橋」が完成、同地区の海の玄関となった。ターミナルは潮の干満に合わせて最高2メートル上下する国内初の浮体構造。写真左は停泊中の帆船「咸臨丸」

### 未明の豪雨でがけ崩れ

●10月9日／横須賀市長井の高台の農地でがけ崩れ。農地下の木造2階建てアパートと隣接する住宅に、擁壁を破って大量の土砂が流入、2人が死亡。前夜から激しい雨が降り地盤がゆるんだためと見られている

**平成4年**

# 1992

◉世　相

佐川事件で政界激震・新党ブーム　金融機関の不良債権問題化　きんさんぎんさん　もつ鍋ブーム

◉流行語

ほめ殺し　複合不況　今まで生きてきた中で一番幸せ

◉流行歌

「涙のキッス」「君がいるだけで」

◉県　内

外洋レースでヨット遭難、14人死亡・不明、男性１人が28日ぶり奇跡的生還（１月）、指名手配中の男が包囲中の警察官らに発砲、逮捕される（７月）、大洋ホエールズが横浜ベイスターズに改称（９月）、逗子市長選で東日本初の女性市長・沢光代氏（11月）、なだしお事件で、海自潜水艦元艦長らに執行猶予付きの有罪判決（12月）

◉国内・国際

暴力団対策法施行（６月）、リオデジャネイロで地球サミット（６月）、米ソ首脳が核削減合意（６月）、五輪200メートル平泳ぎで14歳の岩崎恭子金メダル（７月）、ＰＫＯ協力法成立、自衛隊カンボジアへ（10月）、クリントン氏が米大統領選勝利（11月）

［県人口］808万人

# バルセロナ五輪

### 全国初の西欧系議員

●3月22日／湯河原町に「青い目」の議員が誕生した。フィンランド出身で日本に帰化した弦念丸呈（ツルネン・マルテイ）さん（51）＝無所属。支持者によるごみ拾いをしながら、弦念さんが歩いた距離はざっと100キロ。生まれ育ったフィンランドと同じく、選挙カーは使わず、街頭演説と歩きながら政策を訴える「静かな選挙」に徹した

### 東日本初の女性市長誕生

●11月8日／池子米軍家族住宅建設問題をめぐって争われた逗子市長選は、富野暉一郎市長の後継者として「池子反対」の市民運動に支えられた新人の沢光代さん（51）＝無所属＝が初当選を果たした。女性市長誕生は兵庫県芦屋市に続き2人目。東日本では初めて

## 全国都市緑化かながわフェア開幕

●10月3日／花と緑の祭典、第9回全国都市緑化かながわフェア（グリーンウェーブ・相模原）が開幕。相模原市の県立相模原公園と市立相模原麻溝公園で52日間にわたって華やかに開催された

## 生コン1000トンの下敷き

●2月14日／海上自衛隊厚木基地内の体育館新築工事現場で、2階床部分に生コンクリートを流し込む作業中、長さ約40メートル、幅約32メートルにわたる床部分約1000トンが突然崩れ落ちた。10数人が落下した生コンやがれきの下敷きになり、7人が死亡、13人が重軽傷を負った

## 丹沢のブナ、立ち枯れの危機

●5月31日／丹沢の代表的な植物のブナが枯死の瀬戸際に。丹沢を愛する仲間たちが90年秋に「丹沢ブナ党」を結成。ブナの自然林保護・調査を行っているが、「大気汚染の影響から、下界から吹き上げる風をじかに受けるブナ林は立ち枯れがひどい」とメンバー

## 太陽の大あくび

●1月5日／相模湾で見られた日の出時の部分日食。水平線から昇った太陽は、大きく口を開けたウミボウズのように見えた。太陽の右下が欠けた部分。2本の線は雲

## 横浜駅自動改札化

●3月7日／横浜駅のJRと京浜急行の改札口が自動改札になった。これで横浜駅乗り入れの5社線すべてが自動改札になり、同駅から"ハサミの音"が消えた

# 自民党政権崩壊

## 平成5年
## 1993

◉世　相

Jリーグスタート　皇太子・雅子さまご成婚 「清貧の思想」(中野孝次)ベストセラーに　冷夏で40年ぶりの米不作

◉流行語

規制緩和　聞いてないよォ　サポーター

◉流行歌

「島唄」「負けないで」

◉県　内

日産自動車が座間工場の車両生産中止発表(2月)、川崎市教委が指導要録開示(2月)、海洋レジャーランド八景島シーパラダイスがオープン(5月)、県警警察官による熱湯暴行事件(5月)、地上296㍍のランドマークタワー開業(7月)、ベルマーレがJリーグ昇格、ヴェルディ移転騒動(11月、12月)、横浜市議と前県議らの所得税不正還付事件発覚(1月〜11月)

◉国内・国際

金丸信前副総裁を逮捕・ゼネコン汚職拡大(7月)、細川護熙政権誕生(8月)、カンボジアPKOで日本人死傷(9月)、コメ部分開放(12月)

[県人口]814万人

**にぎわいは天まで**

●7月25日／7月16日にオープンした日本一高い「横浜ランドマークタワー」の人気がうなぎのぼり。273㍍の展望フロアや、多彩なお店でのショッピングに連日、客が訪れてランドマーク周辺の道路は大混雑

**日産座間工場生産中止発表**

●2月23日／座間市内にある工場の中で、日産座間工場は規模、従業員数ともに最大。日産自動車の「車両生産中止、人員削減」の事業改革計画発表は同市役所はもとより、地元の商工関係者に大きな衝撃となって伝わった。「削減される従業員はどうなる」「下請け企業だけでなく、周辺の商業者に与える影響も大きい」。出口が見えない不況が続く中、関係者は将来への不安を訴えていた

**ニュータウンの動脈**

●1月1日／港北ニュータウンのど真ん中、荒れ野に建つ横浜市営地下鉄あざみ野線(高速鉄道3号線)のセンター北駅(写真右下)とセンター南駅(同左上)。動脈の開通で商業、住宅地としての発展を見込み駅舎も大型に。同線の開通は3月。新横浜〜あざみ野を16分で結ぶ

### 横浜でも満開のJリーグ

●5月16日／Jリーグの風が横浜にも吹いた。横浜での開幕戦が行われた三ツ沢球技場は１万4000人を超えるサッカーファンで埋まり、地元横浜フリューゲルスの勝利に大喜び

### 消えゆく公設市場

●3月9日／横浜市の公設市場が廃止や民営化の方向で進んでいることが市会予算特別委員会で取り上げられた。公設市場は大正時代の食糧難や物価高から庶民を守るために、食料品、日用雑貨品類を安く販売する目的で、横浜など全国の大都市に設けられた。横浜では大正時代末期に27カ所あったが、昭和の経済統制ですたれ、戦後は13カ所で再開。しかし、スーパーの進出もあって4カ所が残るだけ。写真は中区の上台小売市場

### 巨大新聞登場

●6月14日／6月9日に行われた皇太子、雅子さまのご成婚を伝える6月10日の神奈川新聞の1面を約380倍に拡大した"巨大新聞"が横浜駅西口の横浜三越正面に飾られた

### 100円ショップ

●6月21日／家庭雑貨やお菓子などがすべて100円のショップが人気。仕入れコストを切り詰めるなどして、生活用品から行楽用品まで揃えた。消費税は別で「103円です」とレジ係。写真は横須賀市大滝町で

**歴史が動いた時**　藤井裕久

## 小沢氏ら自民離党の衝撃

1993年に、小沢一郎さん（民主党幹事長）たちと自民党を離党しました。そのとき、後藤田正晴副総理（故人）から、「2大政党的なものにならないといけないので、君たちがやっていることは立派なことだと思う。だが、10年はかかるぞ。がまんできるのか」と言われました。10年でなく、あれから16年がたってしまいました。

しかし、ようやく、2大政党的な体制が実るところまできました。私としては、感慨無量です。

自民党を離党する前、わたしたちは宮沢内閣の不信任決議案に賛成する道を選びました。衆院本会議場では、不信任案に賛成する議員一人ひとりに、ものすごい歓声が上がりました。一人ひとりに対してです。あのときの本会議場での熱気は、今でも忘れられません。

（衆院議員、財務相）

# 就職氷河期

## 平成6年
# 1994

◉世　相
自社さ政権誕生　関西空港が開港　円レートが100円突破　猛暑で列島渇水状態

◉流行語
価格破壊　同情するなら金をくれ　すったもんだがありました

◉流行歌
「愛が生まれた日」「イノセント・ワールド」「ロマンスの神様」

◉県　内
相模台工が全国高校ラグビーで初優勝（1月）、新横浜ラーメン博物館オープン（3月）、高秀市長再選（4月）、国立横浜国際会議場オープン（4月）、米軍池子家族住宅問題で国・県・逗子市が合意（8月）、湘南ナンバー誕生（10月）、横浜港に妻子の遺体、医師逮捕（11月）

◉国内・国際
名古屋で中華航空機炎上（4月）、村山新内閣発足（6月）、松本サリン事件（6月）、日本人初の女性宇宙飛行士向井千秋さん宇宙へ（7月）、北朝鮮の金日成主席死去（7月）、大江健三郎氏にノーベル文学賞（10月）、税制改革、消費税5％へ（11月）、横浜で新進党旗揚げ（12月）

［県人口］819万人

**記録的豪雨**

●8月21日／県内を豪雨が襲い横浜市内では午前6時半から7時半までの1時間に83ミリの記録的な雨量となった。「記録が現存する1940年以来最大」と横浜地方気象台。道路は川になり、ＪＲ東海道線では横浜駅近くの線路が冠水し列車が立ち往生

**ラーメン博物館開館**

●3月6日／ラーメンにまつわるさまざまな情報と、全国の人気店の味が楽しめる「新横浜ラーメン博物館」が新横浜駅そばにオープン。11時の“開店”を前に1000人を超える行列ができた

**相模台工、初の全国V**

●1月7日／相模台工が悲願の初優勝。第73回全国高校ラグビー大会の決勝戦が東大阪市の花園ラグビー場で行われ、神奈川代表の相模台工が19-6で東京農大二（群馬）を破り初優勝を飾った。ノーサイドの瞬間、喜ぶ相模台工フィフティーン。神奈川勢の優勝は1955（昭和30）年の慶応以来2度目

## 夏冷え就職戦線

●7月5日／「氷河期」といわれる就職戦線は7月が中盤。会社訪問の学生たちは真剣そのもの。みなとみらい21地区の横浜銀行本店では企業説明会が行われ、約370人の行列ができた。受付開始の3時間前から並んだ学生もおり、特に厳しいとされる女子学生は「30社近く回っているが内定はまだ」と悲壮な表情

## 米買いだめ

●3月8日／スーパーの店頭などからコメが消えた。消費者が買いだめに走ったためだ。食糧庁が国産米にタイ米のブレンドを義務付けることを急に発表、さらに政府が米供給が安心なことをデータを揃えて消費者に伝えなかったことが原因とされている。横浜市内のスーパーでは1袋の米もなく、米不足と入荷日を知らせる注意書きがあるだけ

## 池子12年ぶりに決着

●11月17日／逗子市の池子米軍家族住宅建設問題で、国、県、市の第2回トップ会談が横浜市内で行われた。ゴミと下水処理を市が引き受ける一方、国が低層住宅108戸を6階建てと8階建てに設計変更、造成済み用地2.7ヘクタールを緑地に復元することで3者が合意し合意文書に調印した。池子問題は12年を経て知事調停案にほぼ沿う形で決着。写真は調印を終えて報道陣のカメラに収まる宝珠山防衛施設庁長官(右)、長洲知事(中)、沢逗子市長

## 横浜国際会議場デビュー

●5月23日／国連「国際防災の10年(INDR)」世界会議が横浜市西区みなとみらい21地区(MM21)のパシフィコ横浜・国立横浜国際会議場で始まった。開会式には皇太子ご夫妻も出席。災害の少ない世界の実現に向けて世界約130カ国から約2000人が参加。4月にオープンしたばかりの同会議場初の国際会議

## 湘南国際村オープン

●5月30日／横須賀市と葉山町にまたがる滞在型国際交流拠点「湘南国際村」が"開村"。式典の冒頭では「21世紀の扉を開く」をテーマに地元の77歳のお年寄りを中心としたマスターズ陸上県代表7人が「7つの鍵」を知事に手渡し、知事が地元の幼稚園児へと引き継いだ

## 新進党結成

●12月10日／「新進党」の結成大会がみなとみらい21地区の国立横浜国際会議場で開かれた。県内選出の参加議員は、日本の開国の地・横浜での「船出」とあって、一様に晴れやかな笑顔だが「政権奪回はこれからが本番」と気持ちを引き締めていた。写真は、党首の海部俊樹さんを中心に壇上で両手を上げる新進党の幹部ら

## 平成7年

# 1995

◉世　相

オウム真理教事件　安全神話揺らぐ　ボランティア元年

◉流行語

がんばろうKOBE　マインドコントロール　超氷河期　インターネット

◉流行歌

「ズルい女」「奇跡の地球」「ラブ・ラブ・ラブ」

◉県　内

統一地方選、岡崎洋知事が誕生（4月）、横浜駅などで異臭事件続発（4月）、宮ケ瀬ダム貯水開始(10月）、海老名市長を買収容疑で逮捕(11月)横浜マリノスがJリーグチャンピオンシップ初制覇(12月)

◉国内・国際

衆院小選挙区比例代表並立制の関連法案が成立（1月）、阪神大震災（1月）、地下鉄サリン事件（3月）、無党派の風で青島都知事誕生（4月）、米兵暴行事件(10月)、野茂英雄投手大リーグで活躍、新人王(11月)、イスラエルのラビン首相暗殺(11月)

[県人口]823万人

### オウム関連施設一斉捜索

●4月14日／サリン製造の疑いなどでオウム真理教（麻原彰晃教祖）に対し強制捜査を続けている警視庁など捜査当局は、殺人予備容疑などで、静岡県富士宮市の総本部、山梨県上九一色村の施設など全国30都道府県の教団施設や関連会社など約130カ所を一斉に捜索。県内では横浜市中区若葉町の横浜支部など3カ所が捜索された

### 坂本弁護士一家事件遺体捜索終える

●9月11日／坂本弁護士一家事件を調べている県警と警視庁の合同捜査本部は長男龍彦ちゃん（当時1歳）と見られる遺体が発見された長野県大町市郊外での現場検証を終了。6日間にわたった一家3人の遺体捜索は全て終えた。捜査員は龍彦ちゃんの遺体が発見された現場に花を手向け、手を合わせた

### 横浜駅で異臭

●4月19日／横浜駅地下の東西通路やＪＲ京浜東北・根岸線の車内などで刺激臭が発生。乗客や通行人など計309人が病院に搬送され、うち18人が経過入院した。いずれも、のどや目の痛みを訴えているが軽症。現場には警察、消防、自衛隊が出動するなど騒然とした。県警は傷害事件として捜査本部を設置。サリンではなく遅効性の塩素ガスによるものと見られている

# 阪神大震災

えとのイノシシ絵模様

●3月5日／伊勢原市の大山（標高1252メートル）の中腹にイノシシがくっきり。前日の雪のいたずらで、地肌部分に残った雪が絵模様を作った。「低木を刈り取った後の輪郭が似たのだろう。大山のふもとにはシシ鍋料理店も多く、できすぎだ」と地元の評判

横浜マリノスが日本一に

●12月6日／横浜マリノスが悲願の日本一に。宿敵・ヴェルディ川崎とのチャンピオンシップ第2戦が東京・国立競技場で行われ、第1戦を1—0で勝利して臨んだマリノスが6日、ヴェルディ川崎を1—0で破り、Ｊリーグ3年目で初の王座に就いた

東名で観光バス大破

●8月10日／山北町向原の東名高速道路上り車線で大型トラックが静岡県富士市の小学生ら43人を乗せた大型観光バスに追突。衝撃で側壁に衝突したバスは屋根部分が飛び、放り出された小学生、バスガイドら3人が死亡、41人が重軽傷を負った

岡崎新知事が初登庁

●4月24日／岡崎洋知事（63）が初登庁。本庁舎玄関前で出迎えた職員を前に「風たちぬ　いざ生きめやも」という詩の一節を思い出したとあいさつ。初めての記者会見では「地域経済の活性化など選挙期間中に掲げた3つの基本目標と基本視点、8つの政策を柱に施策を練り上げたい」と語った

## 平成8年

# 1996

◉世　相
O-157や狂牛病が社会問題に　ルーズソックスが流行　プリクラ(プリント倶楽部)大ヒット　冬夏2度の水飢きん

◉流行語
自分で自分をほめてあげたい　メークドラマ　チョベリバ・チョベリグ

◉流行歌
「バンザイ好きで良かった」「アジアの純真」

◉県　内
川崎市が職員採用試験で消防職を除き国籍条項を撤廃(5月)、上大岡京急百貨店など開業、百貨店競争再燃(10月)、川崎公害訴訟で17年ぶり和解(12月)

◉国内・国際
村山内閣総辞職、後任首相に橋本龍太郎氏(1月)、O-157被害広がる(7月)、有森裕子が女子マラソンで銅メダル(7月)、薬害エイズ官業トップら逮捕(8月)、"寅さん"渥美清死去(8月)、新制度で初の総選挙、自民復調(10月)ペルー日本大使公邸人質事件(12月)

[県人口]825万人

### 川崎公害訴訟和解

●12月25日／大気汚染による気管支ぜんそくなどに苦しむ川崎市の公害病認定患者と遺族約400人が国、首都高速道路公団、企業14社に損害と汚染物質の排出差し止めを求めた川崎公害訴訟は、被告企業側が大気汚染物質の排出責任を認め、東京高裁(1次訴訟)と横浜地裁川崎支部(2～4次訴訟)でそれぞれ原告と企業14社が和解。解決金総額は31億円。写真は被告企業から渡された謝罪の声明を掲げる前原徳治原告団副団長

### 水飢きんで取水制限

●3月4日／県内広域水道企業団は1月8日に史上初めての冬の渇水対策本部を設けたが、水飢きんは深刻さを増し、2月26日からは県内全域の9割にあたる253万世帯・事業所を対象に「減圧給水」を開始。さらに取水制限が10％に引き上げられたことに伴い、横浜市ではポンプ場11カ所、バルブ397カ所の減圧作業を行った

### 食中毒予防

●7月24日／横浜市立小学校の集団食中毒に関連し、市の緊急対策本部は横浜市立大学の協力で食中毒の予防をインターネットで呼びかけたり、パンフレットを全戸配布。写真は市内の小学校の給食設備を調査する、市の集団食中毒調査班

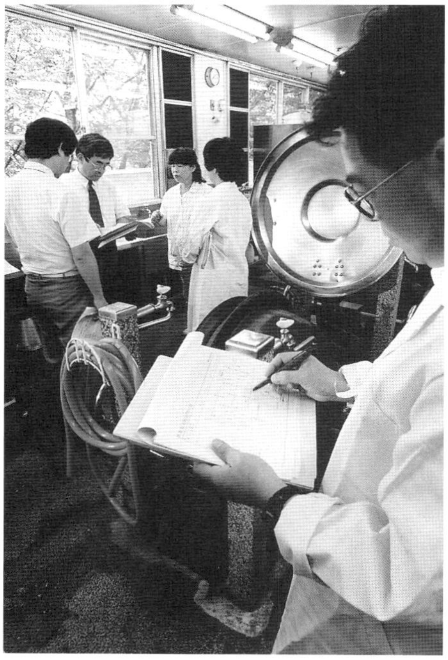

### 川崎市が国籍条項撤廃

●5月13日／川崎市人事委員会が国籍条項撤廃を決定。「地方公務員の職務は地域に密着している。したがって、国籍にとらわれる必要性は低い。施政方針である『共生の街づくり』を実現するためにも、外国籍の人に市職員への道を開くことは意義がある」と川崎市人事委員会委員長の佐藤智之さん。写真は佐藤委員長(左から3人目)から渡された報告書に目を通す高橋市長

# アトランタ五輪

**幽玄の世界、米空母に出現**

●7月8日／在日米海軍横須賀基地に停泊中の空母「インディペンデンス」で薪能が披露された。米空母での上演は初めて。招待された約2000人の米兵や家族は、古典的な能の舞に大きな拍手を送った。日米ネイビー友好協会創立5周年記念イベントとして行われた

**総選挙で七福神練り歩く**

●10月16日／初の小選挙区比例代表並立制による第41回衆議院選挙が8日に公示された。県内では17の小選挙区に85人が立候補し、12日間の選挙戦に突入。候補者たちも趣向を凝らし、横浜市港北区内では、ぜひ1票をと、七福神が練り歩いた。大黒天は産業、経済、弁財天は教育、文化。行列には候補者の政策がこめられているそうだ

**偽テレカも“真っ青”**

●11月4日／ＪＲ川崎駅前の公衆電話ボックスの上に青色燈。偽造テレホンカードを使うとライトが光る。ＮＴＴ側の防止策で県内に7台設置されたが、偽造カードの減少は進まない

**寅さん、永遠の別れ**

●8月13日／映画「男はつらいよ」の寅さん役で国民的な人気を集めた渥美清さんを悼む「お別れする会」が映画撮影の本拠地だった鎌倉市大船の松竹大船撮影所で行われた。第1作以来、寅さんの妹さくらに扮してきた倍賞千恵子さんは、渥美さんの訃報が伝わって以来初めて公式の場に姿を見せ、遺影に向かって「お兄ちゃん、あたしどうしていいのか分からない」と涙を流した

# 「もののけ姫」大ヒット

**米空母ニミッツ公開**

●9月21日／米原子力空母ニミッツが横須賀に初寄港し、原子力空母としては国内初の一般公開。約2万人が詰めかけ長蛇の列ができた。一方、市内2カ所で行われた反対集会に集まったのは1000人足らずだった。大型空母など原子力艦船の寄港をめぐって大規模な反対運動が展開された、かつての横須賀の姿はなかった

## 平成9年
# 1997

◉世　相
たまごっちブーム　金融機関の破たん相次ぐ　消費税５％にアップ

◉流行語
マイブーム　パパラッチ

◉流行歌
「Can You Cerevrate？」
「珍島物語」

◉県　内
県など国籍条項撤廃（４月）、東京湾で「ダイヤモンド・グレース」が座礁（７月）、2008年夏季五輪招致で横浜五輪は幻に（８月）、神奈川ヒマラヤ登山隊遭難６人死亡、４人重軽傷（８月）

◉国内・国際
「脳死は人の死」臓器移植法が成立（６月）、神戸連続児童殺傷事件（５月）、総会屋利益供与事件（５月）、ダイアナ元英皇太子妃パリで事故死（８月）、"貧民街の聖女"マザー・テレサ死去（９月）、北朝鮮、金正日氏が権力継承（10月）、山一証券破たん（11月）、韓国大統領に金大中氏（12月）、東京湾アクアライン開通（12月）

［県人口］829万人

**タンカー座礁**

●7月2日／東京湾を川崎に向けて航行中のパナマ船籍のタンカー「ダイヤモンド・グレース」（14万7012㌧）が横浜・本牧の南東沖約6㌔の「中ノ瀬」で座礁、積んでいた原油の一部が流失した。流出量は1万4000～5000㌔㍑にも上ると見られ、国内の流出事故では過去最大となった

**土砂崩れ線路覆う**

●4月7日／横須賀市田浦で斜面地が崩落し、直後に通りかかった浦賀発神奈川新町行きの京急普通電車（4両編成）が線路の土砂に乗り上げて3両が脱線、運転士、乗客ら19人が重軽傷を負った。事故の1分後には500人の乗客を乗せた下り快速特急電車が現場を通過する予定だったが、「非常警報装置」の作動で停車。わずか1分差で大惨事を免れた

## 神奈川大が箱根駅伝初優勝

●1月3日／第73回東京箱根間往復大学駅伝2日目は、箱根町の芦ノ湖駐車場から東京・大手町までの復路5区間107.5㌔で行われた。往路トップの神奈川大学が通算11時間14分2秒で逃げ切り、創部68年目で初の総合優勝を果たした。写真は、右手で「1」を掲げ、ゴールインする神大アンカー・今泉勝彦選手

## アクアライン開通

●12月18日／川崎市と千葉県木更津市を世界最長の海底自動車トンネルと海上橋でつなぐ「東京湾アクアライン」(15.1㌔)が開通。海で隔てられていた神奈川と千葉を結ぶ新しい動脈の誕生で、両県の経済・交通の活性化、住民の交流促進への期待が高まった。走行時間は約15分だが普通車の料金は4000円と高かった

## “歴史の証人席”特別法廷を公開

●12月24日／戦後、戦犯裁判なども審理された横浜地方裁判所の特号法廷が庁舎建て替えを前に一般公開され、市民らが“歴史の裁き”に思いをはせた

## 山一證券破たん

●11月25日／山一證券の自主廃業申請と営業休止決定を受け、同社の各支店には解約などを急ぐ顧客が殺到。横浜西口支店でも早朝から資産の返還を求める人の列が続いた

## 乱立するファッションマッサージ店

●1月23日／個室のファッションマッサージ店が乱立する横浜市中区の伊勢佐木、野毛地区の住民が市役所を訪れ「同地区から個室マッサージ店を追放すること、住民が安心して暮らせるような街づくりを行うこと」を求めた陳情書を高秀市長に提出。住民らは「ファッションヘルス店を追放しよう」と書かれた横断幕を掲げてデモ行進を行った。写真は中区曙町の鎌倉街道沿いのファッションマッサージ街

**ベイスターズ日本一**

●10月26日／38年ぶりの頂点。横浜の3勝2敗で迎えたプロ野球・日本シリーズ、横浜－西武第6戦は横浜スタジアムに場所を移して行われ、横浜が2－1で快勝し、日本一の座をつかんだ。38年ぶり2度目の日本一に輝き、ナインに胴上げされる横浜・権藤監督

平成10年

# 1998

◉世　相
サッカーワールドカップ予選フィーバー　松坂旋風　映画「タイタニック」

◉流行語
ハマの大魔神　だっちゅーの　キレる　凡人・軍人・変人

◉流行歌
「夜空ノムコウ」「誘惑」

◉県　内
空母キティホーク横須賀配備（８月）、横浜高が春夏甲子園連覇（８月）、国民体育大会「かながわ・ゆめ国体」開催（９月）、ベイスターズ日本一（10月）、ココ山岡元幹部ら逮捕（10月）

◉国内・国際
長野冬季五輪金メダルラッシュ（２月）、大蔵、日銀で接待汚職、総裁ら辞任（３月）、初の兄弟横綱誕生（５月）、参院選大敗、首相橋本龍太郎から小渕恵三氏へ（７月）、和歌山毒入りカレー事件で容疑者逮捕（８月）、世界のクロサワ（黒沢明監督）死去（９月）、長銀、日債銀破たん、金融健全化に60兆円（10月）

［県人口］834万人

**大輔雄叫び**

●4月8日／横浜高校が春の選抜、夏の選手権、秋の国体の3大会を制し、高校野球の頂点に立った。写真は関大一を完封して選抜優勝を決め、両手を突き上げるエース松坂大輔投手

# 長野冬季五輪

**横浜国際総合競技場完成**

●3月1日／開設記念イベントでは国際試合「ダイナスティカップ日韓戦」が行われ、冷たい風雪にもかかわらず約6万人の観客で埋まった。総工費約600億円。収容数7万人は国内最大規模

## 雷雨大暴れ

●7月30日／横浜、川崎から相模原、県北方面を中心に、雷を伴った激しい雨に見舞われた。横浜では1時間の雨量が観測史上最多の88ミリを記録。鉄道線路や道路が冠水。横浜市内で102棟が床上浸水した。中区の新横浜通りは突然の豪雨でプールと化し、乗用車が水没

## 全国最年少の市長誕生

●12月13日／31歳、全国最年少の市長が誕生した。任期満了に伴う逗子市長選で元鎌倉市議の長島一由さん（31）が現職と新人の3人を破り、初当選。市政の改革を前面に出し、幅広い無党派層から支持を得たことが勝利につながった

## 首都圏最大の水がめ、宮ヶ瀬湖誕生

●6月10日／清川、愛川、津久井の1村2町にまたがる宮ヶ瀬湖が満水となり「誕生式」が行われた。城所章清川村長は「ダム建設で774世帯1400人が移転。満水を迎えたことは村人にとって意義深い」とあいさつ。宮ヶ瀬湖は広さ4.6平方キロ、総貯水量1億9300万トンで、箱根の芦ノ湖に匹敵する

## 横浜みなとみらいホール開館

●5月31日／横浜みなとみらいホール（西区）の“船出”を祝う開館式典と記念コンサートが行われ、横浜市立日枝小学校金管バンドが開幕演奏。市内の小学生2人が「横浜の文化の新しい顔。新しい音楽の時代が始まろうとしています」と開式の宣言をした

### 歴史が動いた時　渡辺元智

## 甲子園のベンチが揺れた

春夏連覇がかかった最後の2試合は、大観衆の声援と興奮で、甲子園のベンチが、地震が起きたように揺れていました。

1998年は神奈川開催の国体でどうしても優勝しなきゃと、有望選手を集めたりあらゆる手を尽くしました。必死さを選手も理解して、どこまでもついてきてくれました。

松坂は「平成の怪物」なんて言われていましたが、そんなことはなかった。高校時点では作新学院の江川とかの方が上だったはず。決勝でノーヒットノーランなんていう奇跡は2度と起きないでしょう。それでも「あり得ないこと」があるのだと信じ続けて、大まじめに練習をするからこそ、奇跡は起きるのです。64歳になり体は衰えてしまいましたが、求めるものは変わりません。それはもう、染みついてしまっているものですね。

（横浜高校野球部監督）

**玄倉川水難事故**

●8月14日／山北町・玄倉川が大雨で増水。中州でキャンプをしていた家族ら13人が濁流に呑み込まれ死亡。上流の玄倉ダムの職員が観光客に増水を警告し退避を促したが、中州で野営していたグループは警報や警告に従わず、夏休みのキャンプが暗転した。写真は濁流が渦巻く中での懸命の救助活動

## 平成11年

# 1999

◉世　相

神奈川県警で不祥事相次ぐ　だんご３兄弟ブーム　EUが「ユーロ」導入　原宿などにカリスマ美容

◉流行語

ブッチホン　リベンジ　カリスマ　学級崩壊

◉流行歌

「だんご３兄弟」「LOVEマシーン」

◉県　内

Jリーグの横浜F、天皇杯優勝し消滅（１月）、統一地方選で岡崎知事再選（４月）、よこはま動物園ズーラシア開園（４月）、川崎公害訴訟17年で和解（５月）、玄倉川でキャンプ事故13人死亡（８月）、五大路子らの「横浜夢座」旗上げ公演（12月）

◉国内・国際

初の脳死移植（２月）、コソボ紛争でユーゴ空爆（３月）、東京都知事に石原慎太郎氏（４月）、国旗国歌法成立（８月）、日産ゴーン改革で大リストラ（10月）、茨城・東海村で日本初の臨界事故（10月）

［県人口］839万人

# iモード誕生

**コンビニに短銃強盗**

●10月22日／未明に短銃を持った2人組の男が横須賀市内のコンビニに押し入り、発砲して現金を奪った。容疑者は逗子市内で逃走車両を乗り捨てた後、短銃を持ったまま徒歩で逃走。約15時間にわたり、閑静な住宅街に大捜査網が敷かれた。住民は不安と恐怖におののき、逗子市では防災行政無線で「凶悪犯が逃亡している」と住民に呼びかけた。防弾チョッキに身を包んだ警察官らが山狩りなどを行い2人を逮捕した

**マージャン店で火災6人死亡**

●5月23日／午後4時ごろ、横浜市鶴見区内のマージャン店から出火。同店の客ら男性6人が死亡、2人が重傷。警察は放火、失火の両面で捜査

## 石原裕次郎さん十三回忌

●7月3日／昭和の大スター・石原裕次郎さんの十三回忌法要が鶴見区の総持寺で営まれ、全国から約13万5000人のファンが参列。式場を目指す行列はピーク時には13㌔にも。鶴見駅周辺はごった返した。“嵐を呼ぶ男”らしく、日中は激しい雨に見舞われたが、裕次郎さんの人気を改めて見せつけた



**歴史が動いた時**　五大路子

### 「横浜の女」演じ続け

戦後、フィリピンの刑務所に収容されていた日本人戦犯の釈放に力を尽くした歌姫・渡辺はま子や、開港間もない激動の時代に、時の政治家と渡り合った料亭「富貴楼」のおかみ・お倉…。

横浜に生きた女たちを何人も演じてきました。気がつけば、女性の目から見た近代史を追いかけていました。女が政治に口出ししてはならぬ、などといわれた時代。それでも夢を見続けた人たちの、けなげな生き方に魅了されました。

彼女らにチャンスを与えたのが横浜でした。この街には、新しいものを拒まず受け入れる心もあれば、まるで長谷川伸や山本周五郎の世界のような人情味もあります。

平成の世を生きるわたしたちは、その良さをバトンタッチしていきたいと思っています。

（女優、「横浜夢座」座長）

## 地域振興券

●2月27日／国の緊急経済対策として地域振興券交付事業が行われた。景気回復効果や使用方法などを巡って議論を呼んだ地域振興券だが、県内自治体のトップを切って横須賀市役所で交付が始まった。市町村が実施主体で財源は全額国が補助。交付対象者は15歳以下の児童がいる世帯主。15歳以下の児童1人につき2万円。老齢福祉年金の受給者も2万円。1枚の額面は1000円で物品の購入時に使用

## 自動車排ガスによる川崎公害訴訟和解が成立

●5月20日／自動車排ガスによる大気汚染被害を受けている川崎市南部の公害認定患者と遺族ら398人が国と首都高速道路公団を相手取り、汚染物質の排出差し止めと賠償を求めていた「川崎公害訴訟」（1次～4次）の控訴審は東京高裁で和解が成立。排ガスによる大気汚染が進行していることを明示した一審判決を、国が「警鐘」と受け止め、過去の道路政策を反省、環境基準達成に真摯に取り組むことが約束された。原告側はこれらの内容を盛り込んだことで「勝利の和解」と評価。賠償金などの請求を放棄した。写真は和解が成立し支援者からの花束を掲げる原告ら

## 県警不祥事

●10月1日／県警の深山健男本部長は、相模原南署の元巡査長の窃盗、厚木署の元巡査部長が銃刀法違反などの疑いで逮捕されたことを受け「深刻な事態になった責任を強く受け止め、近く職を辞すべく警察庁長官に辞意を伝えた」と記者会見で表明

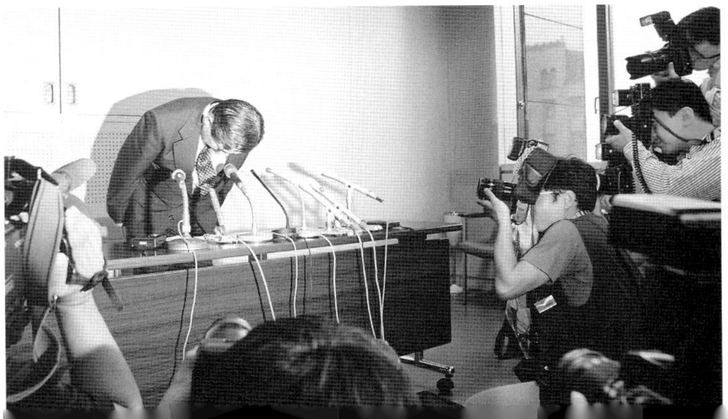

## 7都県市合同防災訓練

●9月1日／「防災の日」のこの日、「7都県市合同防災訓練」が平塚市で行われ、自衛隊の陸・海・空が初めて参加。相模湾沖に停泊した海上自衛隊の輸送艦「おおすみ」から陸上自衛隊のトラックを乗せたホーバークラフト2隻が出航。相模川河口をさかのぼり、陸自の部隊を平塚競輪場近くの河川敷に上陸させた

平成12年

# 2000

◉世　相

iモード人気　2000年問題　BSデジタル放送開始　三宅島噴火で全島民避難

◉流行語

おっはー　Qちゃん　ジコチュー　IT革命

◉流行歌

「TSUNAMI」「らいおんハート」「箱根八里の半次郎」

◉県　内

米軍PCB含有廃棄物が太平洋迷走、横浜港へUターン（３月）、横浜で小２男児誘拐５日ぶり保護（４月）、大和の無認可保育所の幼児虐待で経営者逮捕（６月）、松竹の大船撮影所閉鎖（６月）、相模総合補給廠で有事にらんだ野外衛生演習「メデックス2000」（８月）、シドニー・パラリンピックで成田真由美さんが金メダル６個（10月）

◉国内・国際

新潟で９年間監禁の少女保護（２月）、介護保険制度スタート（４月）、17歳少年が西武バスジャック（５月）、朝鮮半島初の南北会談（６月）、そごう倒産（７月）、オリンピック女子マラソンで高橋尚子選手V（９月）、白川英樹氏にノーベル化学賞（10月）、遺跡発掘ねつ造（11月）

[県人口]844万人

## メガフロート

●7月5日／横須賀市沖の東京湾に浮かぶメガフロート（超大型浮体式海洋構造物）で双発のプロペラ機による離着陸実験が行われた。「夢の大地」と呼ばれるメガフロートを空港として活用する技術の確立を目指して、鉄鋼、造船17社で組織するメガフロート技術研究組合が1995年から始めた実証実験の最終段階。メガフロートは長さ約1㌔、最大幅120㍍でアスファルト舗装されている

## 浮体式防災基地

●6月5日／地震などの災害発生時に、支援活動の拠点として活用する「東京湾浮体式防災基地」が公開された。阪神大震災で交通網が分断された教訓から、海上ルートの支援活動が重視され、海上を移動できる浮体構造の防災基地が造られた。災害時には必要な支援物資を積んで被災地までえい航される

### 2000円札発行

●7月19日／2000円札が発行された。新額面の発行は42年ぶりだが、県内の駅の券売機や金融機関の現金自動支払機ではしばらく受け付けてもらえない新札。県内の百貨店では2000円札を集客に結びつけようと、2000円札でおつりを渡す発行記念バザールや2000円均一セールを展開

# シドニー五輪

### プレステ2発売

●3月4日／ゲーム機最大手、ソニーコンピュータエンタテイメントの次世代ゲーム機「プレイステーション2」が発売された。横浜の家電量販店でも、話題の新商品を早く手に入れようと前夜から長蛇の列。ヨドバシカメラ横浜駅前店では午前7時に予定していた開店時間を午前5時に繰り上げた

### 信頼回復へ

●10月18日／雪印乳業は、食中毒事故のおわびと信頼回復のため、県内13店舗を含む全国のスーパー「イトーヨーカドー」166店で乳製品計5万個を無料配布した。横浜市南区のイトーヨーカドー別所店では牛乳パックとベビーチーズを用意して、雪印社員が「安全な食品をお届けするため全力を尽くします」と決意表明を記したチラシとともに買い物客へ配った

## メデックス2000

●8月28日／米陸軍の相模総合補給廠で統合衛生野外演習「メデックス2000」が小川勇夫相模原市長、市議らが視察する中で実施された。「野戦病院」の全容を目の当たりにして、あらためて基地返還交渉への影響を懸念する声もあがった。「災害時に使えるのならばすごい施設」「この程度なら基地機能強化にならない」という意見がある一方、「このままでは訓練基地化してしまう」という声も

## PCB横浜再入港

●4月18日／有害化学物質ＰＣＢ（ポリ塩化ビフェニール）など、在日米軍の廃棄物を積んだ貨物船が処理会社のあるカナダに向かったが、バンクーバーで受け入れを拒否され、横浜港にＵターンし本牧ふ頭に接岸。その直後に環境保護団体「グリーンピース」の女性4人が乗り込んで抗議。米大使館からＰＣＢを含む廃棄物を「環境汚染しない形で処理する」との確約を取り付け、女性らは下船。14個のコンテナに詰められた約100㌧の廃棄物は米軍施設の横浜ノースドックに搬入された

## 追突炎上、8人死傷

●11月22日／平塚市内の国道でトラック、乗用車計6台の玉突き衝突事故。大型トラック2台に前後を挟まれた乗用車は炎上、乗っていた3人が死亡。トラックの運転手ら5人が重軽傷を負った。最初に乗用車に追突した大型トラックは飲酒運転だった

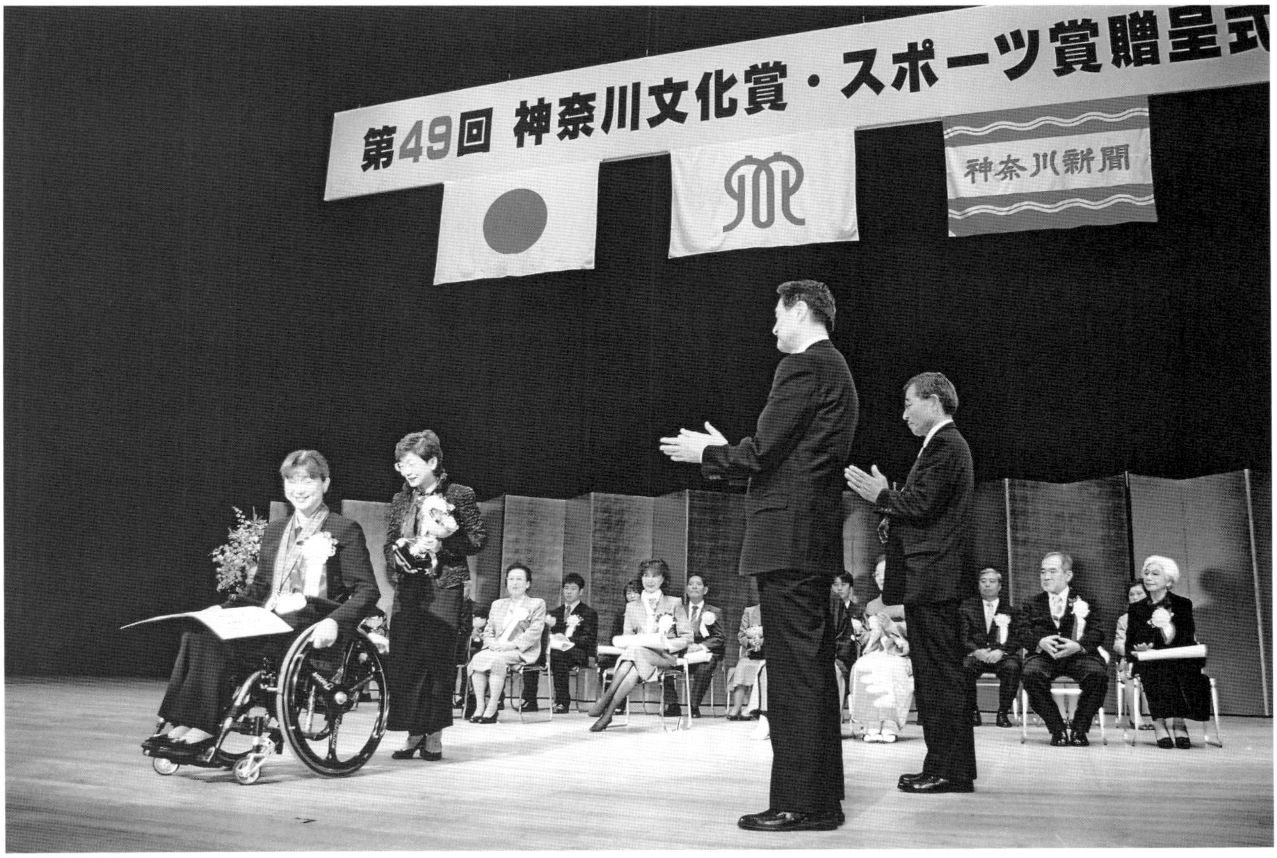


**パラリンピックで活躍の成田さん**

●11月3日／神奈川文化賞・スポーツ賞贈呈式では、壇上にそろった受賞者・団体の中に、シドニーパラリンピックの水泳で世界新記録を出した成田真由美さんの笑顔が。成田さんは「私が泳ぐことでメッセージを送っていきたい」と述べ、会場を埋めた観客からひときわ大きな拍手を浴びた

**さよなら20世紀**

●12月30日／激動の20世紀が12月31日に幕を閉じる。横浜駅東口の横浜そごうではカウントダウンの表示

**電気自動車のレンタカー**

●1月17日／環境に優しく、より便利に…。通産省（当時）の外郭団体の自動車走行電子技術協会（東京・港区）は横浜のみなとみらい21地区（MM21）で実施してきた電気自動車レンターカーシステムの実証実験対象地域を横浜駅周辺や関内地区に拡大。企業がレンタカー方式で業務用車両として共同利用する仕組み。電気自動車を使うことで環境負荷が軽減できるほか、社有車維持コストがかかる都市部の新交通システムとして期待された

**平成13年**

# 2001

◉世　相
小泉政権誕生　歌舞伎町ビル火災で44人死亡の大惨事　「千と千尋の神隠し」空前のヒット

◉流行語
米百俵　聖域なき改革　ショー・ザ・フラッグ

◉流行歌
「波乗りジョニー」
「PIECES OF A DREAM」

◉県　内
「向ケ丘遊園」閉園発表（9月）、横浜トリエンナーレ開幕（9月）、ベイスターズ筆頭株主にTBS（12月）

◉国内・国際
ブッシュ米政権誕生（1月）、えひめ丸が米原潜と衝突沈没（2月）、ハンセン病訴訟で原告勝訴（5月）、池田小児童殺傷事件（6月）、アメリカ同時多発テロ（9月）、国内初の狂牛病の牛確認（10月）、アフガン報復攻撃（10月）、テロ特措法成立、自衛艦インド洋へ（11月）愛子さま誕生（12月）

［県人口］850万人

## 小泉政権発足

●4月26日／第87代総理大臣に指名され、衆議院本会議場の議席で拍手に応える小泉新首相（上）。「脱派閥色」を鮮明にし、若手を登用し、女性閣僚は過去最多。下の写真は、組閣を終え記念写真に収まる小泉首相と各閣僚

**“新生そごう”がスタート**

●6月1日／経営再建中の大手百貨店そごうが「新生そごう」に衣替えし開業した。横浜駅東口のそごう横浜店ではショッピングバッグも新デザインに。浴衣姿の販売員やシェフら100人が拍手で買い物客を迎え、新生そごうをアピール



## 歴史が動いた時　梅沢健治

### 小泉政権の誕生

自民党の危機は何度もありましたが、小泉純一郎さんが総理になる直前、2001年の春も大きな危機でした。あのとき、自民党が国民にあきられた理由の一つは、国会議員と地方の乖離がどんどん広がっていったことでした。派閥の大きさで全てを決める政治になっていて、憤懣やるかたない思いでした。どうしたら、派閥の論理を壊せるか、党員の声を反映させられるかと考え、総裁選での予備選実施を全国の都道府県連で初めて機関決定しました。小泉さんが総裁選で圧勝し、自民党が助かった、国民が一つになった、と嬉しかったです。中央が十分に反省してくれると思いましたが、残念ながらそうはなりませんでした。

　小泉総理の誕生は神の配剤だったと思います。しかし、政策には思いやりがなさすぎる面がありました。だから、格差がこんなにも広がってしまいました。

（元自民党県連会長、元県議）

**川崎市長選**

●10月21日／任期満了に伴う川崎市長選で、無所属新人で法政大学教授の阿部孝夫さん（58）＝民主、自由、無所属の会、保守推薦、公明支持＝が初当選。現職の高橋清さん（76）＝社民推薦＝の4選はならなかった。写真は当選を決め、バンザイをする阿部さんと悠子夫人

### 狂牛病騒動

●10月12日／狂牛病(牛海面状脳症)の疑いのある牛が見つかったと報道されて県内の消費者、飲食店は大きなショックに見舞われた。検査の結果、問題となった牛は狂牛病でないことが分かったが、消費者の不安は消えず、食肉店は売り上げ減、焼肉店などはまさに直撃にさらされた。横浜市内のスーパーの食肉売り場では、国が出したチラシを掲示し安全を訴えた

### 佐々木騎手ラストラン

●7月8日／41年間、ファンを魅了してきた川崎競馬の佐々木竹見騎手がラストラン。8日の川崎競馬最終第10レースが終わると、竹見騎手に大きな拍手が送られた。1960年にデビュー。3万9060回の騎乗で得た勝ち鞍(くら)は世界歴代6位の7151(中央競馬の成績は含まず)。6回の骨折から再起を果たした姿から「鉄人」の名で親しまれた

## その時、記者は 〉〉〉 小泉旋風、先駆けた総裁単独会見

「せめて党員(投票)の過半数をとれれば次につながるんだが…」。2001年4月11日、国会議員票で圧倒的に不利な状況の中、自民党総裁選に出た「3度目の正直」で打って出た小泉純一郎さんのつぶやきである。

党本部で出馬会見の直前、小泉さんとエレベーターに乗り合わせた。「(出馬にあたり)派閥を辞めたから、もう自分の控室しか行く場所はないなあ。ちょくちょく遊びに来てよ」。1分足らずの閉ざされた空間での会話は、会見で見せた威勢の良さとは無縁の淡々としたものだった。

「自民党をぶっ壊す」との捨て身の訴えは、党員投票で過半数どころか総取り状態。流れは一気に「変人総理誕生」へ。控室のお気に入りのソファーではなく、官邸の総理いすに5年5カ月、座り続けることになった。

振り返れば、取材時期の大半は小泉さんにとって「冷や飯」の時代。控室を訪ねれば香を焚きながらの読書や、高校野球のテレビ観戦。議員会館地下の売店で買い込んだ鉄火巻きをつまみながらの雑談も。次男の高校野球予選を今はなき川崎球場で一緒に観戦した。

小泉さんも政策秘書の飯島勲さんも本紙への恩を感じてくれていた。総裁就任当日、編集局長との単独インタビューが実現した。単独取材に応じたのは本紙だけ。組閣や党人事の最中、他紙に先駆けて総裁応接室で約20分熱弁をふるった姿が忘れられない。

(有吉　敏、国会担当＝当時)

# 米中枢同時テロ

### 貨物列車脱線

●3月17日／横浜市鶴見区のＪＲ鶴見駅構内で走行中の東海道線上り貨物列車（22両編成）のうち、機関車とコンテナ車1両が脱線、線路脇の鉄柱にぶつかり、送電が止まった。そのため約12時間にわたり東海道線の横浜～東京間が上下線でストップ

### 台風15号首都圏直撃

●9月11日／鎌倉市付近に上陸し、首都圏を直撃した台風15号は暴風雨で大きな被害をもたらした。多摩川は流域の大雨で増水し、危険水位の7メートルを越えて河川敷まで冠水。川崎市幸区では約50棟が床上浸水の被害にあった

## 平成14年
# 2002

◉世　相
多摩川のアザラシ「タマちゃん」フィーバー、拉致被害者が帰国

◉流行語
タマちゃん　W杯　貸しはがし

◉流行歌
「VOYAGE」「涙そうそう」「さとうきび畑」

◉県　内
横浜ドリームランド閉園（２月）、横浜市長に中田宏氏（３月）、川崎協同病院で筋弛緩剤投与死事件発覚（４月）、寒川の旧軍跡地で毒ガス発見（10月）

◉国内・国際
牛肉偽装事件（２月）、ムネオハウス疑惑（３月）、小泉首相が初訪朝、拉致被害者５人帰国（９月、10月）、世界同時株安（10月）、小柴昌俊、田中耕一両氏にノーベル賞（12月）

[県人口]857万人

### 大さん橋国際客船ターミナル
●6月2日／新装なった横浜港・大さん橋国際客船ターミナルのオープンを記念した「市民と祝う入港第1船歓迎セレモニー」が開かれた。新ターミナルへの入港第1船はバハマ船籍の客船「クリスタルハーモニー」（4万8621トン）。同船のジョン・オークランド船長は「記念すべき日に入港できたことはうれしい」と話し、法被や花束などの記念品を受け取った

### 赤レンガ広場完成
●3月2日／修復が進められている2棟の赤レンガ倉庫前の広場完成と、山下臨港線プロムナードの開通を祝って、サッカーボールをかたどったくす玉割りが行われた。山下臨港線プロムナードはかつて横浜港の貨物輸送に活躍していた鉄道線路の跡地を利用したもので、横浜港を見渡しながら散策できる

### 横浜にぎわい座開館
●4月13日／“笑い”を街の活性化につなげたいと、下町情緒を残す横浜市中区野毛町に大衆芸能の専門館「横浜にぎわい座」が開館。ハマの新名所として地元商店街をはじめ、興行関係者、市民らの大きな期待がかかった。玉置宏館長は「芸人を育てるのはお客さま。本当の芸は，生で見てその良さが分かる。多くの人に足を運んでもらい、ここから平成の名人を生み出したい」と“話芸の殿堂”にかける意気込みを語った

## アゴヒゲアザラシのタマちゃん

●9月15日／川崎、横浜両市内の河川に出没している人気者「タマちゃん」と見られるアゴヒゲアザラシが横浜市南区を流れる大岡川に姿を見せた。愛らしい姿を見ようと近隣住民ら約500人が詰めかけ、「タマちゃーん」と呼びかけていた

## 横浜ドリームランド閉園

●2月17日／1964（昭和39）年に開業したレジャー施設「横浜ドリームランド」（戸塚区俣野町）が37年の歴史に幕を下ろした。小雨もようの中、大勢の家族連れらが、人気の乗り物などを楽しみ、ハマっ子に親しまれたレジャースポットの閉園を惜しんだ

## 第3海堡撤去工事

●1月15日／東京湾浦賀水道に残る旧日本陸軍の海上要塞、第3海堡撤去工事で重さ約800トンに上る探照灯（サーチライト）の台座が引き揚げられた。1923（大正12）年の関東大震災で水没して以来、地上にその姿を現すのは79年ぶり

## 横浜市長に新人中田宏さん

●3月31日／任期満了に伴う横浜市長選は、新人の中田宏さん（37）が無党派層を軸に票を掘り起こし、自民・公明・社民・保守4党の推薦を受け4選を目指した現職の高秀秀信さん（72）らを破り初当選を果たした

# 日韓ワールドカップ

### 横須賀で竜巻が猛威

●10月7日／午前3時過ぎ、横須賀市公郷町周辺で竜巻と見られる強風が吹き荒れ、住宅や商店など15棟の屋根が飛んだり、窓ガラスが割れた。市立公郷小学校では校舎の窓ガラスが破損し臨時休校に。被害地域は約2キロ、幅約50メートルの細い帯状だった

### 北朝鮮拉致

●9月17日／北朝鮮を小泉純一郎首相が初めて訪問、北朝鮮側は日本人拉致事件の被害者8人は死亡、と通知。安否情報が伝えられた後に横田めぐみさんの父、滋さん（右から3人目）らは涙の会見。日朝交渉はその後、こう着状態に入った

### 油槽所のタンク爆発、炎上

●11月23日／横浜市鶴見区大黒町のガソリンタンクが爆発炎上。化学消防車など43台や消防艇、ヘリコプターが出動して消火にあたった。炎上したタンクは円筒形（直径約15メートル、高さ12メートル）で容量は2000キロリットル。約150メートル離れた桟橋に接岸したタンカーから930キロリットルのハイオクガソリンを荷揚げ中だった

## トラックが脱輪

●8月14日／横浜市青葉区の東名高速で走行中の大型トラックのタイヤが突然外れ、対向車線の乗用車に接触した。けが人は出なかったが、大型車の脱輪事故は県内で3件目で、全国でも相次いだ。事故は、後輪2本が車軸ごと外れ、タイヤは約30メートル転がり中央分離帯を乗り越えて対向車線に飛び込んだ。トラックのメーカーは過積載や整備不良を指摘するが、運送会社からはメーカー責任を問う声もあがった。写真は車軸ごと抜けたダブルタイヤ

## 現金輸送車から1000万円強奪

●8月21日／横浜市中区の湘南信用金庫伊勢佐木町支店裏の駐車場で、目だし帽をかぶった3人組の男が短銃を使って警備会社の現金輸送車を襲い、1000万円の現金を奪った。警備員の2人が数発撃たれ、防弾チョッキを着用していたが重傷を負った



## 10トンの鉄コイル落下

●7月18日／横浜市保土ヶ谷区の新保土ヶ谷インターチェンジで、側壁に衝突した大型トレーラーから重さ10〜13トンの鉄コイル3個が約10メートル下で交差する横浜新道に次々と落下。走っていたトラックや乗用車など3台にぶつかった。けが人は出なかったが、コイルの重みで道路が陥没

## 遊漁船衝突

●4月19日／相模湾沖で平塚市漁協所属の遊漁船と大磯町漁協所属遊漁船が衝突。釣り客ら13人が負傷。衝突した現場海域は通称「瀬の海」と呼ばれる浅瀬がせり出す絶好の漁場。写真は操舵室が大破した遊漁船を検証する海上保安官ら

## 横浜マリノス優勝パレード

●12月6日／サッカーのＪリーグ1部（ＪⅠ）で、2003年の年間チャンピオンに輝いた横浜Ｆ・マリノスが、横浜市西区のみなとみらい21（ＭＭ21）地区で優勝パレードを行い、3万人のファンの祝福を受けた。この後、けやき通り沿いのグランモールで優勝報告会を開催、岡田武史監督らが喜びを語った

平成15年

# 2003

◉世　相

新型肺炎(SARS)が猛威　米英がイラク戦争、日本も自衛隊を派遣　ネット自殺が社会問題化

◉流行語

マニフェスト　なんでだろ～　毒まんじゅう

◉流行歌

世界に一つだけの花」「さくら」「COLORS」

◉県　内

統一地方選、松沢成文知事が誕生（４月）、池子・横浜市域に住宅建設計画浮上（７月）、衆院選で民主躍進（11月）、海老名市長・市議選の県内初の電子投票でトラブル（11月）、横浜マリノスがJリーグ年間優勝（12月）

◉国内・国際

住基ネット本格稼働（５月）、有事関連法成立（６月）、イラク特措法成立（７月）、小泉首相再選（９月）、首都圏でディーゼル規制（10月）、邦人外交官イラクで殺害（11月）、米英がイラク戦争、フセイン元大統領拘束（３～12月）

［県人口］863万人

## 新知事に松沢氏

●4月13日／神奈川県知事選が行われ、無所属新人の前衆議院議員松沢成文氏が104万票余りを獲得、初当選を果たした。終盤まで有力候補4氏がデッドヒートを繰り広げたが、保守層に加えて無党派層にも満遍なく浸透した松沢氏が、中盤までのリードを守って振り切った。当選を決めた松沢氏は「改革派の首長と連携して霞ヶ関と戦い、地方主権を実現したい」と抱負を述べた

## 第2代横浜駅の遺構

●6月24日／関東大震災をまたぐ1913年から28年までの13年間、仮駅舎として使われた第2代横浜駅駅舎の遺構が発見された。場所は東急東横線高島町駅前(当時)の都市基盤整備公団所有地で、初代(現桜木町駅)、3代目(現横浜駅)のほぼ中間点。これまでは駐車場として利用されていたが同公団が取得後、民間事業者誘致による再開発に向け、地下部分の調査を行っていた

## 中華街に朝陽門完成

●2月1日／守護神青龍が宿るという牌楼（ぱいろう）「朝陽門」が横浜中華街東側入り口に完成。中国の正月「春節」に合わせて、落成式が行われた。中国の風水の思想に基づく朝陽門は高さ約13メートル、幅約9メートル、中華街では善隣門を抜き最も高い。赤と青の獅子2頭が祝いの舞を披露し、周囲を埋め尽くした見物客らから盛んな拍手がわき起こった

## 帆船フェスタよこすか

●5月3日／ペリー来航150周年を記念した「帆船フェスタよこすか」が横須賀港内周辺で行われた。国内外から招いた9隻の帆船が集結し、横須賀港内で初めてのパレードを披露。海上に隊列を組みながら浦賀沖を出発し、時速約9㌔のゆっくりしたスピードで優雅に白い帆をはためかせた

# イラク戦争

## キティホーク公開

●6月3日／米海軍横須賀基地のドックで大規模な船体修理を受けている米空母キティホークが報道陣に公開された。イラク戦争に参加していたキティホークは5月6日、事実上の母港とする同基地に帰港。同空母のドック入りは、配備された98年8月以来初めて

## 川崎港から使用済み核燃料

●5月16日／川崎市浮島にある東芝研究炉管理センターで処理された使用済み核燃料が、川崎港コンテナターミナルから英国船に積み込まれ、国外に搬出された。県内を経由して使用済み核燃料が搬出されるのは、茨城県東海村での臨界事故（1999年9月）を受け、県内で稼動中の原子炉を持つ3事業者と県が安全確保に関する協定を結んだ2000年3月以降では初めてという

## スーパーで爆発

●8月5日／午前5時10分ごろ、大和市下鶴間のスーパー1階の生ごみ処理室で爆発が起き、建物のモルタル製外壁パネルが縦約5メートル、幅約20メートルにわたり吹き飛んだ。爆発の熱風やパネルの破片などを浴びた消防署員ら11人が重軽傷を負った

## 平成16年

# 2004

◉世　相

「振り込め詐欺」被害後絶たず　「世界の中心で、愛を叫ぶ」ヒットで純愛ブーム　プロ野球史上初のストライキ

◉流行語

サプライズ　チョー気持ちいい　おれ流　セレブ

◉流行歌

「番場の忠太郎」「瞳をとじて」

◉県　内

みなとみらい線開通(２月)、三菱欠陥車事件を摘発(５月)、日産本社のMM21移転を発表(６月)、J1横浜マリノスが連続年間王者(12月)

◉国内・国際

山口県の養鶏場で鳥インフルエンザウイルス検出(１月)、イラクで日本人フリージャーナリスト殺害(５月)、拉致被害者家族の５人帰国(５月)、アテネ五輪金メダルラッシュ(８月)、新潟県中越地震(10月)、スマトラ島沖地震で大津波発生、30万人が犠牲に(12月)

[県人口]869万人

### ミューザ川崎シンフォニーホール

●7月1日／川崎市が市政80周年を迎え、ＪＲ川崎駅西口に同日オープンした「ミューザ川崎シンフォニーホール」で式典と、こけら落としのコンサートを行った。同ホールとフランチャイズした東京交響楽団と市民も参加した合唱団を含め総勢1021人がマーラーの「千人の交響曲」を熱演

### 大開帳2004

●5月1日／川崎大師平間寺で250年以上前から10年に1度行われている大開帳が始まった。期間中だけ授与されるお守りを受け取ろうと多くの参拝客でにぎわった。大開帳の初日の開白大法要では、稚児や雅楽器を持った僧侶ら約1000人が境内から本堂まで練り歩いた

### 中華街・関帝誕パレード復活

●8月9日／華僑、華人が心の支えとする横浜中華街の横浜関帝廟の主神「関聖帝君」の誕生を祝う祭典「関帝誕(かんていたん)」のパレードが58年ぶりに復活。写真は白装束の担ぎ手の肩に乗せられ、中華街を練り歩く関聖帝君をまつったみこし

## 北朝鮮の工作船陸揚げ

●2月26日／鹿児島県・奄美大島沖で2001年12月、日本の巡視船を攻撃し、銃撃戦のうえ沈没した北朝鮮の工作船を一般公開するために、横浜港の横浜海上防災基地に搬入

## イラク復興支援

●2月16日／イラクで活動する陸上自衛隊本隊に装備品を運ぶ輸送艦の警護に当たる海上自衛隊横須賀基地の護衛艦「むらさめ」(4550トン)が乗組員の家族や関係者に見送られて同基地を出港。北海道・室蘭に寄港し、陸自の軽装甲機動車、水タンク車などの車両や装備品を積み込んだ後、輸送艦とともにクウェートへ向かう

# 韓流ブーム

### プロ野球選手会ストライキ

●9月18日／オリックスと近鉄の合併による球団削減に反対してプロ野球選手会がスト。このストライキで広島戦が中止になった横浜スタジアム前では、試合に代わって選手たちがファンへのサイン会を開いた

### 相鉄12年ぶりのスト

●3月28日／人件費削減や鉄道事業以外の分社化などに反対し、相模鉄道労働組合は12年ぶりにストを実施。始発からストに入ったが、利用者への影響を避けるため午前7時10分、スト解除指令を出した。相鉄ストは1992年の私鉄総連統一闘争以来で、単独でのストは1978年以来26年ぶり

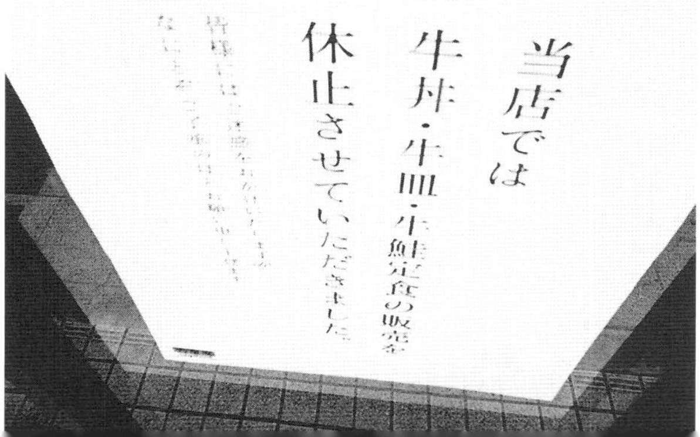


### 牛丼休止

●2月11日／米国産牛肉禁輸の影響で、牛丼最大手の吉野家が、在庫の尽きた店舗から順次、牛肉商品の販売を休止。全国約980店のうち73店がある県内でも、店頭に告知の張り紙が相次いで掲げられた

## 台風22号首都圏直撃

●10月9日／台風22号は伊豆半島に上陸後、首都圏を暴風域に巻き込み、県内でも12人が死傷。横浜では瞬間最大風速39.9メートルを記録。金沢区幸浦では駐車場のトラックが吹き飛んだ。この年、台風上陸は9個目で、年間上陸数の記録を塗り替えた

## 低気圧の暴れ風

●12月5日／発達した低気圧の影響で日本列島は台風並みの暴風に見舞われ、横浜で瞬間最大風速43.4メートル。気温も上昇し、横浜では12月の気象記録を更新する23.5度。写真は強風のため足場のパイプが崩れた横浜市都筑区のマンション建設現場

## みなとみらい線開通

●2月1日／みなとみらい（MM）線（横浜～元町・中華街駅間4.1キロ）が開通。MM線は、東急東横線と相互乗り入れし、渋谷から元町・中華街駅までを最短35分で結び、経済効果も期待。「元町・中華街駅」誕生を祝い、中華街の獅子と龍が元町商店街を舞った

## 平成17年

# 2005

◉世　相
愛・地球博が開催　耐震偽装問題などで社会的な不安広がる　ブログ　クールビズ

◉流行語
小泉劇場　刺客　想定内

◉流行歌
「桜」「Butterfly」

◉県　内
三越横浜店が閉店（５月）、相模原と津久井、相模湖両町の合併決定（７月）、県内出身の野口さんスペースシャトルで宇宙へ（７月）、衆院選で自民・公明圧勝（９月）、原子力空母横須賀配備で政府合意（10月）耐震偽装相次ぐ（11月）、瀬川さん念願のプロ棋士に（11月）

◉国内・国際
尼崎JR宝塚線脱線事故（４月）、個人情報保護法施行（４月）、衆院選で自民歴史的大勝（９月）、米軍再編へ中間報告（９月）、郵政民営化法成立（９月）、パキスタン大地震（10月）、日本の人口、初めて減少（12月）

［県人口］874万人

**宇宙飛行士の野口さん凱旋**

●10月2日／米スペースシャトル「ディスカバリー」に搭乗した茅ヶ崎市ゆかりの宇宙飛行士・野口聡一さん（40）の無事帰還を祝うパレードが、ＪＲ茅ヶ崎駅周辺で行われた。パレードにはコリンズ船長ら5人の乗組員も参加、約1万6000人が詰めかけた沿道は熱気に包まれた

# 郵政民営化

**ヨットで単独無寄港世界一周**

●6月6日／ヨットで単独無寄港世界一周の世界最高齢記録に挑戦していた東京都台東区の斉藤実さん（71）がゴールの三浦市三崎のシーボニアマリーナ沖に到着。全行程約5万キロを無事走破して新記録を樹立し、喜びのシャンパンを掲げた。2004年に同マリーナを愛艇「酒呑童子Ⅱ」で出航した

## 全国豊かな海づくり大会

●11月20日／「第25回全国豊かな海づくり大会かながわ大会」が2日間にわたって行われ、横浜・みなとみらい21（MM21）地区をメーン会場に式典や海上パレード、稚魚の放流などが行われた。写真は臨港パークの会場で披露された真鶴の貴船まつりに参加した若者たちに声をかける天皇、皇后両陛下

## 県北合併

●3月31日／相模原市の小川勇市長と津久井町の天野望町長、相模湖町の溝口正夫町長が県庁を訪れ、松沢成文知事に1市2町の合併を申請した。「平成の大合併」は県内初。県議会での議決と総務大臣の告示を経て2006年3月20日、横浜、川崎に次ぐ人口約66万人の「新市」が誕生する

## 震度5弱

●7月23日／午後4時35分ごろ、関東地方で強い地震があり、横浜、川崎で震度5弱の揺れ。横浜駅のJR線は全面ストップ。根岸線では乗客たちが携帯電話で家族と連絡をとっていた

海水浴場近くに米軍ヘリ不時着

●7月30日／藤沢市片瀬海岸西浜の片瀬漁港建設予定地に米軍ヘリが不時着、海水浴客たちでにぎわう真夏の海は一時騒然となった。不時着した場所は海水浴場と目と鼻の先で、目撃した人は「もう少し位置がずれていたらと思うと…」とあわやの事態に驚きを隠せない様子だった

人間の鎖

●11月13日／在日米軍再編の中間報告で米陸軍新司令部と陸上自衛隊中央即応集団司令部の移転先とされたキャンプ座間で、移転に反対する市民や市民団体約3200人が「人間の鎖」をつくり、在日米陸軍司令部などがある基地南側部分の外周約2.2㌔を囲んだ

横浜日劇閉館

●2月18日／映画「濱マイク」シリーズの舞台になった名物映画館、横浜日劇（中区若葉町）が半世紀の歴史の幕を閉じた。横浜日劇は1957（昭和32）年に開館。洋画の話題作を2、3本立てで上映し、根強いファンをつかんだ。レトロなたたずまいをカメラに収めたりスケッチするファンも多かった

## 箱根・駒ケ岳ケーブルカー廃止

●8月31日／利用者減のため廃止が決まっていた伊豆箱根鉄道の「箱根・駒ケ岳ケーブルカー」が運転を終了。47年間の歴史にピリオドを打った。箱根観光の一翼を担ってきたケーブルカーの最後の雄姿を見届けようと大勢の観光客が足を運び、別れを惜しんだ

## 三越横浜店閉店

●5月5日／横浜駅西口を代表する商業施設のひとつとして親しまれてきた三越横浜店が閉店した。同店は1973(昭和48)年11月に開店、営業を続けてきたが売り上げが低迷。2000年からは販売品目を食料品や婦人服に特化し、上層フロアを大手家具店に転貸するなどして相乗効果を狙ったが、回復できなかった

## 34年間の運航に幕

●6月17日／34年間の運航に幕…。マリンエキスプレスが運航し休止が決まっている、那智勝浦経由宮崎行き(京浜航路)カーフェリーの最終便が川崎フェリーターミナル(川崎市川崎区)から出港した。京浜航路は1971(昭和46)年3月就航。高知経由日向行きと合わせて、延べ460万6000人と150万3000台のトラックなどを運んだ。休止の原因は度重なる台風襲来。京浜航路だけで52便が欠航し収益を圧迫、さらに原油高騰に伴う燃料費の大幅アップが追い打ちを掛けた

### 横浜FCが優勝、J1昇格

●12月2日／サッカーJリーグ2部(J2)の横浜FCは、今季最終戦を三ツ沢競技場で行い、2—0で愛媛に快勝、すでに決めている初の1部昇格に花を添えた。1部昇格とJ2優勝を決めてから初めてのホームゲームとあって、スタンドは1万人を超えるサポーターで埋まった

## 平成18年

# 2006

◉世　相

シネマコンプレックス隆盛　富士宮焼きそばなどご当地グルメブーム　「国家の品格」ベストセラー

◉流行語

イナバウアー　メタボリックシンドローム　ハンカチ王子

◉流行歌

「一剣」「夢のうた」

◉県　内

大手ビジネスホテルチェーン「東横イン」の不正改造発覚(1月)、横浜事件の再審「免訴」に(2月)、川崎で男児が投げ落とされ死亡(3月)、横須賀市長、原子力空母配備を容認(6月)、町田市長選で横浜市幹部大量処分(8月)、横浜の助産院で無資格助産行為(11月)、横浜FCが発足8年目でJ1昇格(11月)

◉国内・国際

ITで急成長のライブドアグループ代表逮捕(1月)、荒川静香選手が冬季五輪金メダル(2月)、日銀、「ゼロ金利」解除(7月)、飲酒運転の事故相次ぐ(8月)、首相に初の戦後生まれ安倍晋三氏(9月)、皇室に男子誕生(9月)、北朝鮮が地下核実験(10月)、官製談合事件が多発(10〜12月)、改正教育基本法が成立(12月)、耐震強度偽装の元建築士に実刑判決(12月)

[県人口]880万人

### ラゾーナ川崎オープン

●9月28日／ＪＲ川崎駅西口の大型商業施設「ラゾーナ川崎プラザ」がオープン。マスコットキャラクターの「ナゾーラ」や来場者の代表ら5人がテープカットした。地上6階地下1階、店舗面積約7万9000平方メートルの施設内には食・旅・音楽などをテーマに、287の専門店が出店

## さよなら横浜プリンスホテル

●6月30日／横浜プリンスホテル（磯子区）が、市民や顧客に数々の思い出を残し、惜しまれながら閉館した。午後8時に客室の窓明かりで浮き上がった「50年アリガトウ」のメッセージ。「磯子の丘」との永遠の別れを惜しんだ

## シルク市場に別れ

●3月31日／横浜商品取引所（横浜市中区山下町）で、112年にわたる横浜シルクの先物市場の歴史を終える最後の立ち会いが行われた。立会場には横浜市内の生糸関係者らが駆け付け、港ヨコハマの繁栄を築き上げた生糸取り引きとの“別れ”を惜しんだ

## さらば湘南電車

●3月16日／沿線のミカン畑をイメージしたオレンジと緑のツートンカラー。「湘南電車」の愛称で親しまれてきた113系電車が、ＪＲ東日本のダイヤ改正に伴い、3月17日を最後に東海道線から姿を消す。この日午後3時19分には横浜駅の東海道線上下線に「ありがとう113系」のヘッドマークを付けた電車が並び、鉄道ファンが盛んにカメラを向けていた

## 献金問題で横浜市職員が謝罪

●4月24日／前港北区長の石阪丈一町田市長を選挙戦で応援するため、副市長3人を含む横浜市幹部らが政治資金パーティーへの参加を呼びかけた問題で、横浜市会は調査特別委員会を設置し、初会合を開いた。3副市長が発起人に名を連ねたことなどをめぐり市会側は「危機管理対応ができていない」と組織としての甘さを厳しく指摘。市側は参加呼び掛けに庁内メールが使われたことについて「外部にアドレスを教えたとすれば、市個人情報保護条例違反の可能性が大きい」との見解を示した。特定問題調査のための特別委設置は市会史上初めて。写真は謝罪する金田副市長（前列左から3人目）ら横浜市職員

## 相模湖町役場閉庁

●3月17日／3月20日に相模原市へ編入合併する相模湖町で、町役場の閉庁式が行われた。町職員や町議ら約150人が出席し、相模湖町として歩んできた51年の歴史に別れを告げた

## 相模原市発足

●3月20日／相模原市と津久井、相模湖両町の県北1市2町が県内では35年ぶりの自治体合併。“新・相模原市”に生まれ変わった。相模原市民会館で開催された合併記念式典には、松沢成文知事をはじめ、地元選出の国会議員、県議、市議や市民ら約1200人が出席した

**議場コンサート**

●5月22日／神奈川フィルハーモニー管絃楽団の演奏会が県議会の本会議場で開かれた。超党派の県議会議員でつくる「文化懇話会」が招いたもので、同楽団が本会議場でコンサートを開くのは12年ぶり。生誕250年にちなみ、モーツァルトの「アイネ・クライネ・ナハト・ムジーク」など3曲が披露され、満員の観客を魅了した

**高速GSに長蛇の列**

●8月12日／お盆休みの帰省ラッシュがピークを迎え、県内の東名高速道路の下り線は朝から混雑。前日夜から大和トンネルを先頭に最大23㌔の渋滞が続いた。帰省や行楽へ向かう海老名サービスエリア(SA)のガソリンスタンド(GS)では市中より安い、リッター当たり137円のガソリンを求める車で長蛇の列

# 格差社会

平成19年

# 2007

◉世　相
横浜で創業した「不二家」の期限切れ牛乳使用ほか、全国で原材料偽装など相次ぐ　団塊世代の大量定年始まる　ゴルフ界にハニカミ王子　ネットカフェ難民

◉流行語
どげんかせんといかん　そんなの関係ねえ

◉流行歌
「蕾(つぼみ)」「きよしのソーラン節」

◉県　内
城山、藤野町が合併し新相模原市(３月)、台風猛威、西湘バイパス崩壊(９月)、小林温参院議員派が公選法違反(９月)、関東学院大ラグビー部員が大麻栽培(11月)、キャンプ座間に米軍新司令部(12月)

◉国内・国際
消えた年金5000万件、社会保険庁に怒り(２月)、参院選で自民党が歴史的惨敗、「ねじれ国会」に(７月)、新潟中越沖地震(７月)、安倍首相が突然辞任、後任に福田氏(９月)、装備品調達めぐり前防衛次官逮捕(11月)、熊本市で赤ちゃんポスト設置(12月)、海上自衛隊イージス艦で情報漏えい(12月)

[県人口]884万人

**西湘バイパス崩落**

●9月7日／強い勢力を維持した台風9号が小田原市付近に上陸後、県内各地に大きな被害をもたらした。西湘バイパスでは西湘二宮インターチェンジ付近の擁壁が2カ所で約1キロにわたり崩落した(写真)ほか、酒匂川に架かる十文字橋の途中部分がＶ字形に曲がって落下。多摩川が増水し行方不明者が出た

# 消えた年金

**旧モーガン邸焼失**

●5月12日／午前4時40分ごろ、歴史的価値が高い建物として保存運動が進められている藤沢市大鋸の洋館「旧モーガン邸」から出火し、木造平屋の約280平方メートルをほぼ全焼した。米国人建築家Ｊ・Ｈモーガン(1873～1937)は、横浜市中区にある横浜山手聖公会などを手掛けた。同邸は、1931年に自宅として建築され、これから本格的な修復や活用へ動きだすところだった

## 海自護衛艦で火災

●12月15日／前夜10時20分ごろ、横須賀市の海上自衛隊横須賀基地に停泊中の護衛艦「しらね」(5200トン)から出火、戦闘指揮所「CIC」などを焼失する異例の事態となった。早朝まで燃え続けた火災は自力消火に手間取り、住民の通報で出動した同市消防局の応援を仰ぎながら鎮火まで8時間を要し、消火活動は難航した

## 鳥インフルエンザで一斉消毒

●2月16日／宮崎、岡山両県で高病原性鳥インフルエンザが発生したことを受け、県はニワトリを飼養する県内の全農場を巡回、一斉消毒を進めた。消毒の対象は、100羽以上飼養する農場。県畜産課によると、県内には119戸あり、約144万3000羽が飼育されている

## 銃撃犯立てこもり

●4月20日／午前11時半ごろ、相模原市上鶴間本町3丁目のコンビニ店前で暴力団組員が射殺される事件があった。撃った男は車で逃走し、約700メートル離れた東京都町田市の都営住宅に立てこもり、防弾チョッキ姿の捜査員が包囲した。事件は発生から約15時間後の21日未明、捜査員の突入、容疑者の自殺で幕を閉じた

## アメフットW杯

●7月7日／「第3回アメリカンフットボール・ワールドカップ（W杯）2007川崎大会」が、川崎市中原区の等々力陸上競技場で開幕した。日本初開催で開幕セレモニーでは6カ国の国旗が勢ぞろいした。過去2回は日本が優勝しているが、今回は本場・米国チームが初参加。韓国、スウェーデンなど計6カ国が、世界一を争った

## 東芝8年ぶりV

●9月4日／第78回都市対抗野球大会最終日は4日、東京ドームに4万5000人の観衆を集めて決勝戦を行い、東芝（川崎）が7−5でＪＲ東日本（東京）を振り切り、1999年以来8年ぶり6度目の優勝を果たした

## マリノスタウン完成

●1月27日／Ｊリーグ1部（Ｊ1）横浜Ｍが横浜市西区のみなとみらい21（ＭＭ21）地区に建設した「マリノスタウン」の完成式典を行った。市内に点在していた事務所機能や練習場を集約。天然芝2面、人工芝2面のグラウンドと、流水プールなどを備えるクラブハウスがある

## カレーの殿堂閉館

●3月31日／フードテーマパークの草分け「横濱カレーミュージアム」（横浜市中区）が「（全国にカレー文化の魅力を発信するという）所期の目的を達成した」として、この日、惜しまれながら閉館した。約6年の営業期間に延べ900万人余りが訪れ、地元・伊勢佐木町の活性化にも大いに貢献。“最後の日”には約4000人のファンが名残を惜しんだ

## 女性議員比率全国一

●7月25日／女性議員の比率が全国一高いとされる大磯町議会が、改選後初の臨時会を開いた。この日選出された正副議長は、ともに女性。華やかな雰囲気が漂う中で議会のスタートを切った。6月の町議選で、定数14に対し女性8人が当選。改選前の前回は、定数18に対し女性が9人と半数を占め、全国で最も女性の比率が高かったが、これを更新し、57.1%となった

## 高架下に壁画

●2月20日／2004年に廃線となった旧東急東横線桜木町～横浜間の高架下約1.1㌔の壁が、色鮮やかな壁画で彩られる。壁画は無許可で描かれた落書きを、完成度の高い絵に塗り替えようとするイベント「桜木町ＯＮ　ＴＨＥ　ＷＡＬＬ」の作品。作者は同市の公募で選ばれた近隣の小学生、独学で絵を学ぶ人ら79組

## バイオガソリン

●5月5日／ゴールデンウイーク直前に、環境にやさしいと“デビュー”したバイオガソリン。植物製燃料が3%混ざり、二酸化炭素（ＣＯ2）の排出を軽減する「次世代型燃料」と期待されるが、認知度アップにはもう少し時間がかかりそうだ

## 横浜ライセンス

●3月21日／横浜の歴史、文化、観光などの知識を問う、ご当地検定「かながわ検定・横浜ライセンス」の初めての試験が横浜市立大学（横浜市金沢区）で行われた。約2600人が“横浜通”の証しを得るべく、難問に挑んだ。四者択一のマークシート形式で、100問（試験時間90分）が出題され、70点以上が合格

## イージス艦事故

●2月19日／千葉県・野島崎沖で海上自衛隊の最新鋭イージス護衛艦「あたご」(7750トン)が、マグロ漁に向かっていた千葉県勝浦市の漁船「清徳丸」(7.3トン)と衝突。清徳丸は船体が2つに割れ、漁船に乗っていた親子2人が行方不明となり、後に死亡認定された

## 平成20年
# 2008

◉世　相

派遣(社員)切りなど急速な雇用調整　米国発金融危機　「誰でもよかった」的犯罪相次ぐ　ゆるキャラブーム　おバカキャラ旋風

◉流行語

あなたとは違うんです　アラフォー　ぐぅー!　名ばかり管理職

◉流行歌

「羞恥心」「恋のヘキサゴン」「崖の上のポニョ」

◉県　内

千葉県・野島崎沖で海自イージス艦「あたご」と漁船「清徳丸」が衝突、漁船の２人が死亡(２月)、横須賀のタクシー強盗殺人事件で米兵逮捕(３月)、河野洋平衆院議長、小泉純一郎元首相が相次いで政界引退を表明(９月)、米原子力空母ジョージ・ワシントン、横須賀基地へ入港(９月)、横浜松坂屋が閉店、144年の歴史に幕(10月)

◉国内・国際

中国製冷凍ギョーザの食中毒(１月)、中国四川省大地震、死者・不明８万人(５月)、秋葉原で20代男がナイフで17人を殺傷(６月)、北京五輪金メダルの女子ソフトボールに脚光(８月)、福田首相が電撃辞任、後任に麻生太郎氏(９月)、事故米の食用転売が発覚(９月)、米大統領選で黒人初のオバマ氏大勝(11月)、日本人学者４人にノーベル賞(11月)、元厚生次官ら連続殺傷事件(11月)

[県人口]891万人

## 氷川丸リニューアル

●4月25日／横浜港のシンボルとして横浜市中区の山下公園に係留されている「氷川丸」の改修工事が終わり、「日本郵船氷川丸」として1年４カ月ぶりに一般公開された。1930年就航の氷川丸は、この日が78歳の誕生日。リニューアルオープンを知った多くの客船ファンらが足を運んだ

### アフリカ開発会議

●5月28日／日本とアフリカ諸国の首脳級らが経済開発の進め方を議論する「アフリカ開発会議（ＴＩＣＡＤ）」が横浜で開幕した。福田康夫首相は冒頭、道路や港湾など交通網の整備を進めるため「向こう5年間で最大40億ドル（約4160億円）の円借款を提供する」と表明した。会議の成果は7月の主要国首脳会議（北海道洞爺湖サミット）に反映させる

# 金融危機

### 胡主席が来県

●5月9日／来日中の中国の胡錦濤国家主席が、神奈川県を訪問した。松沢成文知事や中田宏横浜市長らと会談したほか、川崎市内のペットボトルリサイクル工場や、主に華僑の子供たちが通う横浜山手中華学校を視察し、生徒たちの歓迎を受けた

### 横浜中華街は安全です

●2月1日／中国製冷凍ギョーザの食中毒問題の余波が、横浜中華街にも及びつつある。風評被害を懸念した老舗料理店の中には、国内産であることを知らせる張り紙をした店も。旧暦の正月を祝う春節を間近に控え「食の安全」のアピールに懸命だ

## G・ワシントン初入港

●9月25日／米原子力空母ジョージ・ワシントンが米海軍横須賀基地に初入港した。米軍の原子力空母が米本土以外に配備されるのは初めて。1973年のミッドウェー以来、同基地に配備された空母として4代目となる

## 東海大がルマン参戦

●4月24日／フランスで6月に行われる自動車のルマン24時間レースに参戦する東海大ルマンプロジェクトチームが、平塚市のキャンパスで使用する車両とドライバーを発表した。日本の大学チームのルマン参戦は初

## 新日石がV9

●9月9日／第79回都市対抗野球大会決勝戦が東京ドームで行われ、新日本石油ＥＮＥＯＳ（横浜市）が4－1で王子製紙（春日井市）を下し、1995年以来、13年ぶりの優勝を果たした。歴代最多の優勝回数は通算9度となった

## ガソリン値上げ

●5月30日／ガソリンにかかる揮発油税の暫定税率を復活させる税制改正法が、衆院本会議で再可決、成立した。ガソリン1リットル当たり約25円の暫定税率は1カ月ぶりに復活。値上げ前に少しでも安いガソリンを入れようと、秦野市内では駆け込み給油の車の列ができた

## 「銀河」最後の旅へ

●3月14日／ＪＲのダイヤ改正に伴い廃止される東京～大阪間の寝台急行「銀河」がこの夜、「最後の旅」に向かった。60年近くにわたり深夜の東海道を走り続け、夜も昼もなく働くビジネスマンを支えたブルートレイン。青い客車を連ねた「銀河」は大勢の鉄道ファンに見送られ横浜駅を出発、別れを惜しむ拍手がわいた

## 化学工場爆発

●4月7日／横浜市金沢区福浦の化学薬品製造会社の研究棟で爆発があり、作業員の男性1人が死亡、1人が軽傷を負った。同棟は壁などが吹き飛ばされて骨組みだけとなり、破片が半径100メートル以上に飛び散った

## 144年の歴史に幕

●10月26日／横浜・伊勢佐木町のシンボル的存在だった老舗百貨店「横浜松坂屋」が創業144年の歴史に幕を下ろし、大勢の人が閉店を惜しんで訪れた。売り上げの不振と本店の老朽化が理由。1864年に創業した「野澤屋呉服店」が前身で、伊勢佐木町の中核的な商業施設として地域の発展を担った

## 平成21年

# 2009

# 政権交代

**中田横浜市長辞任**

●7月28日／横浜市の中田宏市長が辞職を表明。中田市長は会見で「就任当初から2期8年となる今期限りで仕事を区切ることを決めていた」と3選不出馬について説明したが、任期途中での突然の辞職表明に、市民の間には「なぜいま？」の波紋が広がった

**横浜に初の女性市長**

●8月30日／横浜市長選が投開票され、無所属で民主党が推薦し、国民新党、ネットワーク横浜が支持する元ダイエー会長の林文子氏が約90万票を超える得票で初当選。人口367万の全国最大の政令指定都市に女性市長が誕生するのは初めて

**民主党新人議員初登院**

●9月16日／8月の衆院議員総選挙で大勝した民主党の県内新人議員11人が初登院。青空に映える議事堂を仰ぎながら初心を誓った。写真は（左から）中林、三村、岡本、長島、山崎、横粂、橘、本村、勝又、後藤、神山の各新人議員

◉世　相

新型インフルエンザ世界的大流行　定額給付金支給　裁判員裁判スタート　横浜開港150周年で「開国博Y150」　米アカデミー賞で「おくりびと」「つみきのいえ」ダブル受賞

◉娯楽

侍ジャパン、WBC連覇。MVPに松坂投手　イチロー選手、9年連続200安打のメジャー新

◉流行語

事業仕分け　脱官僚　草食男子　こども店長

◉県　内

日産自動車、リストラ策を発表。野球部も休部へ（2月）、県人口900万人を突破（7月）、中田横浜市長、任期途中で辞意表明。新市長に林文子氏（7月、8月）、新型インフルで横浜の小6男児死亡（9月）、県内初の裁判員裁判（9月）、三崎の民俗芸能「チャッキラコ」、ユネスコ無形文化遺産に登録（9月）

◉国内・国際

「ねんきん定期便」発送開始（4月）、自動車大手クライスラーとGMが相次ぎ経営破たん（4月、6月）、新型インフル国内初の感染、成田で確認（5月）、マイケル・ジャクソン急死（6月）、東京国立競技場での石原裕次郎二十三回忌にファン12万人（7月）、フジヤマのトビウオ古橋広之進氏、ローマで急死（8月）、衆院選で民主圧勝、308議席（8月）、鳩山内閣発足、県内から3閣僚（9月）、オバマ米大統領にノーベル平和賞（10月）

[県人口]869万人

## 開港150周年記念式典

●5月31日／横浜開港150周年記念式典が、横浜西区のパシフィコ横浜で開かれた。天皇、皇后両陛下をはじめ麻生太郎首相、招待の市民ら約3500人が出席。一寒村から人口約366万人大都市へと成長した横浜の足跡を振り返って節目の年を祝うとともに、新たな飛躍を誓い合った

## マリンタワーリニューアル

●3月29日／ミナトヨコハマのシンボルとして親しまれながら、06年にいったん営業を終了した「横浜マリンタワー」が横浜開港150周年に合わせ、5月23日にリニューアルオープン

## 象の鼻パーク

●6月2日／横浜開港150周年記念事業として再整備が進められてきた「象の鼻パーク」（横浜市中区）で完成を祝うオープニング式典が開かれた。出席者約200人は、晴天で迎えた150回目の開港記念日に横浜港の新たな憩いの場の誕生を喜びあった

## 海フェスタよこはま

●6月25日／「海フェスタよこはま2009」の一環で、海上自衛隊の砕氷艦「しらせ（2代目）」とイージス護衛艦「きりしま」が横浜港大桟橋ふ頭に入港、一般公開された。しらせは、南極観測船としては「宗谷」「ふじ」「しらせ（初代）」に続き4代目で横浜港では初公開

## 旧吉田茂邸全焼

●3月22日／午後6時ごろ、大磯町西小磯の旧吉田茂元首相邸2階から煙が出ているのを男性警備員が発見。木造２階建ての本邸約1000平方㍍を全焼し、約6時間後に鎮火した。けが人はなかった

## 台風18号直撃

●10月8日／未明から早朝にかけて県内に大雨や強風をもたらした台風18号。三浦半島地域でもガケ崩れや高潮の被害が発生し、3市町村で計約2560世帯が停電した。横須賀市芦名では高潮の影響で護岸が崩壊して道路が冠水。近くの小屋が壊れ、道路が通行止めとなった

## 国内最高層マンション

●4月14日／国内最高層となる59階建て(約200㍍)のマンションが川崎市中原区の武蔵小杉駅前に完成した。794戸あり、中心価格は4000万～6000万円。現地で会見した三井不動産横浜支店長は「他地域と比べ競争力があり、順調に売れた」。これまでの最高層は東京・勝どきの58階建て

## 世界卓球会場も厳戒

●5月2日／新型インフルエンザの感染者が世界的に広まる中、ゴールデンウイーク中の各施設でも警戒が続いた。世界卓球選手権横浜大会会場の横浜アリーナには、選手、役員の体温を測定するサーモグラフィーが設置され、福原愛選手もチェックを受けた

◉第二部

# かながわ細見

# みなとの記憶

## 日本船に大さん橋を開放

1951（昭和26）年5月16日／在日米第２港湾司令部は日本外航船に外国商船と同様、大さん橋を開放。戦後7年ぶりに貨物船の沖縄定期航路「白山丸」（4102トン）が船客530人を乗せて大さん橋に接岸。船客の下船とともに、荷役、検疫などが行われた

## 中国からの帰還

1953（昭和28）年3月15日／中国からの帰還者を迎えに行く日本海汽船の「白山丸」が高島桟橋を出航。狭い桟橋は約3000人の見送り人たちで埋め尽くされ、留守家族や横浜市内の小中学生が赤十字、日の丸の小旗を振ってそれぞれの思いを船に託した

## 氷川丸シアトル航路に復帰

1953（昭和28）年7月28日／戦前、シアトル航路向けに建造された「氷川丸」（1万1622トン）がシアトル航路に復帰。見送りや見物客で埋め尽くされた大さん橋から、日米に貢献できるリーダー養成を目的としたフルブライト日米交換留学生第1陣ら193人の船客を乗せて出航。同船は1941年7月に日米関係悪化の影響を受け、シアトル航路の運航を中止。戦時中は病院船、戦後は南方や中国からの引き揚げ船として活躍、1952（昭和27）年、欧州航路に就航し、1953年に念願のシアトル航路復帰を果たした

## 捕鯨母船、北へ

1956(昭和31)年5月8日／アリューシャン海域のクジラを求めて北洋捕鯨船団の母船「極洋丸」(1万1448トン)が大さん橋から出航。横浜港は捕鯨基地のひとつで、山の内ふ頭からは中積船16隻、キャッチャーボート8隻、調査船1隻が出航し船団を組んだ。漁獲目標はシロナガスクジラに換算して800頭

## 客船、灯台に衝突

1958(昭和33)年4月14日／世界一周の観光客を乗せた英国の豪華客船「カロニア」(3万4183トン)が大さん橋から出航後、横浜港内の白灯台に衝突。高さ15メートルの白灯台は全壊、「カロニア」も船首を損傷した。船客、乗組員にけがはなかった。原因は突風だった

## 自動車運搬専用船初航海

1962(昭和37)年6月1日／日本初の自動車運搬専用船、大同海運の「東朝丸」(1338トン)が横浜・新港ふ頭から、日産ブルーバードなど約70台を積み、名古屋港に向け初航海に出た。本格的なマイカー時代到来を前に、陸路輸送より経費が少なく、新車を長距離走らせることなく納車できるために専用船が建造された。用船主は藤木海運

歴史が動いた時　藤木幸夫

### 「GNO」を大切に

関東大震災に横浜大空襲―。横浜港にとって150年は、決して平たんな道のりではありませんでした。つらいことばかりでした。特に戦争中、われわれの先輩たちは食べたいものを食べてないし、着たいものを着ていない。言いたいことなんか全然言っていない。それでも黙々と働いてくれ、今日の港を作ってくれた。「ご苦労さまでした、ありがとうございます」という思いで一杯です。

このほど横浜の港湾人が一丸となって、先輩たちが眠る港湾労働者供養塔を発祥の地・象の鼻パークに移設しました。この150年間に港で生きて港で死んでいった先輩たちに感謝の意を伝えるためです。義理(G)、人情(N)、恩返し(O)の「GNO」をこれからも大切にしていきたいと思っています。

(横浜港運協会会長)

## ホテル船勢ぞろい

1964(昭和39)年10月10日／10月1日に東洋一の横浜港大さん橋の国際客船ターミナルが完成。東京オリンピック開会式の10日には、ホテル不足解消のため、パナマの「フェアスカイ」(1万2464トン)、いずれも英国の「クアラルンプール」(1万2598トン)「オリアナ」(4万2000トン)、「アイベリア」(2万8000トン)、「ジョージ・アンソン」(7743トン)が」入港。オリンピック史上初のホテル船(船中泊船)の勢ぞろいで国際色に染まった

## 海のハイウエー開設

1965(昭和40)年6月1日／横須賀の久里浜と千葉の金谷を結ぶ東京湾フェリーが横浜・高島桟橋～木更津の航路を新設。「京浜と房総半島を結ぶ海のハイウエー」が新航路のキャッチコピー。第1船は「よこはま丸」(490トン)で、横浜～木更津の所要時間は70分。大人片道170円。乗用車は片道900円からだった。湾岸道路の整備が進んで利用者が減り、1972(昭和47)年9月30日に運休した

## ふ頭に鉄道ルート

1965(昭和40)年7月1日／山下ふ頭の鉄道輸送ルート「山下臨港鉄道」が開通。貨物の取り扱い量が全国一の山下ふ頭の貨物をさばくため、新港ふ頭から山下公園を突っ切って山下ふ頭3突堤先端まで建設。着工前から美観を損ねると反対もあって、公園内は高架線になった。1989年の横浜博覧会期間中にディーゼルカーが走ったが、その後公園内は撤去され、大さん橋入り口から赤レンガ倉庫までは「開港の道、山下臨港線プロムナード」として散歩道になった

**ミス・ターミナル**

1966(昭和41)年3月15日／春の観光シーズンの到来で、3月から4月にかけて英国の「キャンベラ」(4万5270トン)、オランダの「ロッテルダム」(3万8645トン)をはじめ8隻の豪華客船が次々と入港。歓迎陣も大忙しで手が足りず、洋裁学校の生徒たち21人が振り袖を身にまとい、「ミス・ターミナル」として歓迎にひと役かった

**チンドン屋さんが歓迎**

1968(昭和43)年11月8日／世界一周の米国客船「プレジデント・ルーズベルト」の観光客に、保土ヶ谷区のチンドン屋さんが大さん橋で歓迎の演奏。ブラスバンドに代えての特別出演は船会社からの要請で県歓迎協会がおぜん立てした。サムライ、丸まげ、タキシードで練り歩く姿に船客たちは大喜び

**船上ボウリング**

1971(昭和46)年12月24日／ボウリングブームは商船にも。石川島播磨重工横浜工場で完成した出光のタンカー「大嶋丸」(22万2401トン)の甲板に世界初のボウリング場が設けられた。レーンの長さは16.7メートルと正規のものより2メートルほど短いが、ピンのセット、ボールのバックも全自動。13ポンドのボール5個が用意された。屋外のため耐久性のある合板を使用

## ご苦労さま「ぶらじる丸」

1972(昭和47)年11月25日／南米移住船として1954年から活躍してきた商船三井の客船「ぶらじる丸」(1万101トン)が移住船としての最後の航海へ大さん橋から出航。245人の移住者を乗せてブラジルのサントスへ向かった。百余年にわたる南米移住船の最終便は1973年2月14日に出航した商船三井の「にっぽん丸」(1万970トン)だった

## ノースピアに戦車

1972(昭和47)年8月。撮影日不明／北爆強化、ハノイ港機雷封鎖とベトナムの戦況は悪化。ノースドックの米軍専用ふ頭ノースピアにはベトナム戦争で破損した米軍戦車が並んだ。米軍相模総合補給廠へ陸送、修理した後、再びベトナム戦争に投入された。その間、日本はベトナム特需に潤い、年間数億ドルに上ったといわれている

## QE2来港

1975(昭和50)年3月7日／英国の豪華客船「クイーン・エリザベス2世」(6万5863トン)が92日間の世界一周の船客約1300人を乗せて横浜に初入港。全長293メートルもの巨体が内防波堤にさしかかると、横浜市消防局消防艇3隻が歓迎の放水。大さん橋は世界最大の客船をひと目見ようという人たちであふれかえった

## 熱烈歓迎

1975（昭和50）年8月28日／「耀華」（1万151トン）が中国の客船として横浜に初入港。9月に中国へ向けて出発する「県青年の船」の団員を迎えるために訪れた。大さん橋には“熱烈歓迎”の横断幕が掲げられ、2頭の獅子が舞った

## しらせ進水

1981（昭和56）年12月11日／「宗谷」「ふじ」に次ぐ3代目の南極観測船「しらせ」（1万1600排水トン）が日本鋼管鶴見製作所で進水。米ソの砕氷船に匹敵する世界最大級の新鋭船

## 歓迎日本丸

1982（昭和57）年10月30日／ハマっ子の熱いラブコールが実り、横浜誘致が決まった運輸省航海訓練所（当時）の練習帆船「日本丸」（2279トン）が、大さん橋に接岸。「歓迎日本丸」と大きく書かれたのぼりを立てたヨットなど20数隻が歓迎

## 紛争から復帰

1983(昭和58)年3月22日／フォークランド紛争で徴用されて兵員輸送に当たった「クイーン・エリザベス2世」が紛争後、船内を改装して客船に復帰、横浜に入港した。船体の色は紛争当時の白と薄いグレーのままだった

## 世界最大のローロー船

1984(昭和59)年2月28日／全長262メートル、幅32メートル、甲板は野球場2つ分の広さがある世界最大のローロー船「バーバー・タンパ」が本牧ふ頭に接岸。ローロー船は「ROLL ON ROLL OFF船」の略。船の横や前後いずれかに開口を設け、渡し橋で岸壁から車両などで貨物を積み込むことができる

## 帆船集合

1983(昭和58)年11月4日／大さん橋で華麗なセールドリル(操帆訓練)を披露する「日本丸」(2279トン＝中央)とポーランドの「ダルモジェジィ」(2385トン=右)。手前の帆船は「海王丸」(2250トン)。横浜港に帆船3隻がそろったのは初めて

## 省エネ貨物船

1984(昭和59)年7月18日/燃料節約のため、エンジンに加えて帆をつけ、風を補助動力に利用して走る“省エネ貨物船”が横浜の日本鋼管鶴見造船所で完成。カナダのバンクーバーに向け初航海に出た。バハマ船籍の貨物船「アクアシティー」(3万1000トン)。帆を使った省エネ船は日本で7隻建造されているが、大半は1000トン規模の国内沿岸用。外洋航路に就航する3万トン級の大型船は世界初

## “三役”そろい踏み

1989(平成元)年5月10日/大さん橋に横浜博覧会のホテル船として停泊中の「クイーン・エリザベス2世」を追うように、ソ連の大型客船「アレキサンダー・プーシキン」(2万502トン)、カーフェリー型客船「ルーシー」(1万2798トン)が入港。横浜港は3隻の外国船で華やいだ

## プルトニウム輸送船

1992(平成4)年8月18日/三菱重工横浜製作所に接岸しているプルトニウム専用輸送船「あかつき丸」(4800トン)は、福井県敦賀市の高速増殖炉「もんじゅ」の燃料となるプルトニウムをフランスから運ぶために出航準備。輸送計画は明らかにされず、船名は出航まで覆い隠された。護衛は海上保安庁の巡視船「しきしま」だった

## 帆装客船

1992(平成4)年11月20日／「海の貴婦人」ともいわれているフランス船籍の世界最大の帆装客船「クラブメッド2」(1万4475トン)が横浜港大黒ふ頭に初入港。5本のマストと7枚のセールを持つクルーズ船。帆装客船は世界に5隻ほどで日本に来たのは初めて

## はしけでコンテナ輸送

1995(平成7)年7月25日／海上貨物のコンテナ化の進展で、衰退の一途をたどっている「横浜はしけ運送事業協同組合」が鈴繁ふ頭で“天敵”ともいえるコンテナをはしけで運ぶテストを行った。横浜港〜東京港間などでのコンテナ輸送への参入を狙ったもの

## 阪神大震災余波

1995(平成7)年1月20日／阪神大震災で神戸港のコンテナターミナルが壊滅的打撃を受けたことで、同港向け貨物を積んだコンテナ船が次々と横浜に入港。大黒ふ頭でもコンテナ船から夜を徹して積み降ろし。陸揚げ後の荷主への輸送のめどが立たず、コンテナの置き場所確保が問題になった

## 象の鼻

1995(平成7)年10月22日／大さん橋の根元近くにある古びた突堤。先端に行くにつれ細長く緩やかなカーブを描き、その形状から“象の鼻”と呼ばれた。長さ約89メートル。開港当時の姿を今に伝える歴史的土木遺産。現在は、開港150周年記念事業として明治20年代後半当時の形に復元され「象の鼻パーク」に生まれ変わっている

### 世界最大のコンテナ船

2006（平成18）年10月10日／世界最大のコンテナ船「エマ・マースク」（17万794トン）が横浜港南本牧ふ頭に接岸。世界最大手のデンマークの船会社「マースク・ライン」が投入した最新鋭のコンテナ船で20フィートコンテナを1万1000個積める。全長397メートル

### 肩を並べる新旧「飛鳥」

2006（平成18）年2月11日／日本船籍最大の豪華客船「飛鳥」（2万8856トン）の「さよなら式典」が大さん橋国際客船ターミナルで行われた。同船は汽笛を3回鳴らして大さん橋を離れ、三菱重工横浜製作所のドックに到着。バトンタッチする「飛鳥Ⅱ（写真左）」（5万142トン）と肩を並べた

### ベイブリッジくぐれず

2009（平成21）年3月6日／世界最大級の英国の豪華客船「クイーン・メリー2」（15万1400トン）が横浜に初入港。日本に寄港した客船では過去最大。大きすぎて橋下約55メートルのベイブリッジをくぐれないため、貨物専用の大黒ふ頭に接岸。横浜開港150周年を記念して設置された会場には1万人以上の見物客が訪れた

# 神奈川を訪れた各国要人

❶カンボジアのシアヌーク殿下
横浜・鶴見の大本山総持寺に参詣＝1955（昭和30）年12月

❷エチオピアのハイレ・セラシエ皇帝
横浜・神奈川区宝町の日産自動車工場を視察＝1956（昭和31）年11月

❸インドのネール首相
小田原、箱根へ。小田原では県立工芸指導所を視察＝1957（昭和32）年10月

❹インドネシアのスハルト大統領夫妻
横浜・戸塚区の横浜ドリームランドに立ち寄り、日本の休日を楽しんだ＝1968（昭和43）年3月

❺ユーゴのチトー大統領夫妻
同国が大型船の建造契約を結んだ、横浜市磯子区の石川島播磨重工横浜事業所を視察＝1968（昭和43）年4月

2

1

3

4

5

❻サウジアラビアのファイサル国王
横浜市磯子区の石川島播磨重工横浜事業所を視察。同事業所が同国に納めたプラント模型を見学＝1971（昭和46）年5月

❼ルーマニアのチャウシェスク大統領
自国の技術者を研修させている石川島播磨重工横浜事業所へ＝1975（昭和50）年4月

❽エリザベス女王、エジンバラ公
横浜市保土ヶ谷区の英連邦戦死者墓地を訪れた＝1975（昭和50）年5月

8

7

6

11

10

9

14

13

12

17

16

15

**❾ヨルダンのフセイン国王夫妻**
横浜市緑区の日本電気横浜工場（当時）を訪問＝1976（昭和51）年3月

**❿中国の鄧小平副首相**
日産自動車座間工場を視察。工業、農業、国防、科学の「4つの近代化」の推進役として、来日初の工場見学＝1978（昭和53）年10月

**⓫デンマークのマルグレーテ2世女王**
18年ぶりに横浜を訪れ、夫君ヘンリック殿下と三渓園のひとときを楽しまれた＝1981（昭和56）年4月

**⓬イギリスのサッチャー首相**
横浜市保土ヶ谷区の英連邦戦死者墓地を訪れた＝1989（平成元）年9月

**⓭オランダのベアトリックス女王**
ウィレム・アレキサンダー皇太子と南足柄市立南足柄小の授業を見学＝1991（平成3）年10月

**⓮ヒラリー・クリントン米大統領夫人**
鎌倉・長谷大仏を見物。観光客の歓声に手を振り笑顔で応えた＝1993（平成5）年7月

**⓯フジモリ・ペルー大統領**
横浜市緑区のＮＥＣ横浜事業場で通信機器の製造拠点を見学＝1994（平成6）年6月

**⓰ノルウェーのハラルド5世国王**
夫妻で天皇、皇后両陛下とともに藤沢・江の島をご訪問。国王は皇太子時代、東京オリンピックにヨット競技の選手として出場した思い出の地＝2001（平成13）年3月

**⓱スウェーデンのグスタフ国王**
シルビア王妃と横浜のそごう美術館で開催中の「バイキング海の王国秘宝展」を見学。ご案内は常陸宮夫妻＝1997（平成9）年5月

# スポーツ大国

### 湘南、無欲の全国制覇

学制が変更され中等野球から高校野球と名称を変更して開催された2年目の夏、1949(昭和24)年。前年秋の県大会準優勝の湘南が神奈川勢初の全国制覇を果たした。創部4年目の快挙だった。戦後の混乱は収まりかけていたが、食糧事情は依然として悪く、選手は米2升を持参しての甲子園制覇

### 法政二の黄金時代

1960(昭和35)年夏、後に田丸野球と称された「緻密」な野球と超高校級の選手をそろえて臨んだ6度目の挑戦で全国制覇。翌春の選抜も制した。卒業後の進路を見ても大黒柱の柴田(巨人)をはじめ、的場(大洋)高井(近鉄)幡野(阪神)幕田(日本石油)是久(東映)と並ぶメンバーは高校野球史上最強とまでいわれた

### 武相時代到来

全国制覇こそないものの、1964(昭和39)年から5年間で4度(2連覇2度)、夏の甲子園に駒を進めた。なかでも、67、68年の連覇の原動力となった島野修投手はプロ野球のドラフトで巨人に1位指名された。この5年間で監督が3人交代、全員が甲子園出場を果たすなど、話題も多かった

# 高校野球

## 桐蔭学園、初出場で夏の甲子園を制す

学校創立8年。1971(昭和46)年夏、初めて神奈川を制し、全国の頂点に立った。前年夏の東海大相模に続いての優勝。同一県の代表校が2年連続して全国優勝旗を持ち帰ったのは、中等野球時代の兵庫県の神戸一、関西学院以来51年ぶり2度目の快挙だった

## 高校野球を変えた強打・東海大相模

1970(昭和45)年夏、打ち勝つ野球で全国の頂点を極めた。65年夏、三池高校を全国優勝に導いた原貢監督を迎え、前年夏に甲子園初出場を果たし、選抜、選手権と連続出場の快挙とともに、ＰＬ学園との決勝では11安打で10点を奪い力でねじ伏せた豪快な野球は、それまでの高校野球のイメージを一変させた

## 横浜が選抜を制し、戦国時代へ

1973(昭和48)年、江川卓投手(作新学院)が注目を集めた選抜大会で横浜は、長崎誠選手の大会史上初のサヨナラ満塁本塁打という劇的な勝利で初戦を突破。決勝戦は富田毅選手の本塁打で締めくくる派手な優勝。東海・原、桐蔭・木本、横浜・渡辺と個性の違う全国制覇監督がしのぎを削り、神奈川の高校野球が戦国時代に突入した年でもあった

## 秦野旋風

東海大相模、桐蔭学園と神奈川勢が夏の甲子園連覇をした翌夏(1972年)、神奈川を制するものは全国を制すといわれたなかで、秦野が強豪校を次々に破り、準優勝。決勝は東海に敗れたものの、その快進撃は「秦野旋風」として強烈な印象を残した。秦野ナインは、準優勝旗を先頭に市内をパレード。5000人の市民が押しかけ、町は秦高一色に染まった

## 名門Y校復活

1979(昭和54)年夏。2年連続しての横浜との決勝は新装2年目の横浜スタジアムを満杯札止めに。プロ野球もうらやむような熱気に包まれた。戦前春夏7度、甲子園に出場した名門が横浜との激闘を制して46年ぶりに夏の神奈川V。球場から学校へ向け徒歩での凱旋パレードは、伊勢佐木町商店街に人があふれ、地元の名門復活を祝った

## 父子鷹と辰徳フィーバー

1974(昭和49)年から77(昭和52)年まで、神奈川の夏4連覇を果たした東海大相模。その中心に原辰徳(現巨人監督)がいた。監督・貢との父子鷹として注目を集めただけではなく、強力打線の中心としてチームを引っ張った。甲子園の注目選手は投手に偏りがちだったが、甘いマスクと強打で追っかけギャルを熱狂させた初めての打者といえる

## 「打倒東海」で悲願達成

1980(昭和55)年夏。横浜が選手権を制した。打倒東海を合言葉に、横浜はアイドル・愛甲猛、横浜商(Y校)はジャンボ・宮城弘明の両左腕が78年夏から2年連続して神奈川決勝を投げ合い、互いに戦力を高めたことが、悲願の全国制覇につながった。この夏、横浜は優勝宣言して甲子園に乗り込んでいた

# 高校野球

## 横浜、高校大会完全制覇

1998(平成10)年、史上5校目となる春、夏連覇に続き、地元で開催された「かながわ・ゆめ国体」、明治神宮大会と、高校生の全国大会を完全制覇しての偉業を達成した。エース松坂大輔(レッドソックス)の超人的な快投を中心に、前年秋の県大会から公式戦44戦全勝。高校野球史上初、前人未到の大記録で「不敗神話」を完成させた

## 東海大相模、センバツ優勝

2000(平成12)年、選抜大会を制し、かつて全国を沸かせた縦じまが復活を果たした。92年の選抜に準優勝を果たしたものの、夏は77年以後、神奈川大会で苦杯をなめ続けたが、春夏合わせて12度目の甲子園での快挙。その後、桐光学園の台頭などとあいまって神奈川に再び戦国時代幕開けを告げる優勝でもあった

## 慶応、3季連続甲子園へ

2008(平成20)年、46年ぶり(1962年以来)に夏の甲子園に復活、春夏連続出場の後、翌春の選抜にも出場を果たし甲子園3季連続出場の神奈川記録に並んだ

# プロ野球

**大洋ホエールズ初の日本一**

川崎球場を本拠地にする大洋ホエールズ(横浜ベイスターズの前身)が1960(昭和35)年、悲願の日本一に。この年、西鉄ライオンズから三原脩監督を迎えて万年最下位のチームから一転セ・リーグを制した。日本シリーズでは、毎日大映(大毎)オリオンズに4試合全て1点差の勝利でストレート勝ち、初の日本一を達成した。エース秋山登、土井淳のバッテリーに加え新人・近藤昭人らの活躍で接戦をもぎ取り、三原魔術と言われた。写真は川崎市役所前の大群衆に迎えられるホエールズナイン＝1960年10月6日

**横浜ベイスターズ38年ぶりの日本一**

横浜ベイスターズが1998(平成10)年、川崎時代から数えて38年ぶり2度目の日本一に輝いた。抑えの佐々木主浩を中心にした投手陣に加え、打ち出したら止まらない「マシンガン打線」。投打の歯車ががっちりかみ合っての快進撃だった。10月26日、西武との日本シリーズを4勝2敗で制して日本一に導いた就任1年目の権藤博監督の胴上げ時には横浜スタジアムが揺れた、といわれた。11月3日、MM21地区から横浜スタジアムまでの優勝パレードは沿道を市民とファンが埋め尽くした

## その時、記者は 〉〉〉 ベイスターズ日本一、青に染まった甲子園

真っ青に染まった甲子園のスタンドを、今でも鮮明に覚えている。信じがたい光景だった。

1998年10月8日。阪神ファンが陣取る甲子園ライトスタンドの一角を除き、広い球場をぐるり1周する青、青、青。本社運動部で6人の記者が、この瞬間のために投入された。

マウンドには〝大魔神〟佐々木主浩。フォークで三振したのは新庄剛志。真っ先に抱きついたのは捕手谷繁元信。体をぶつけあう選手、舞い上がる紙吹雪、地響きのような歓声。リーグ制覇を見届け、記事を出し終えた深夜の大阪で、同僚とつついたふぐ料理が忘れられない。涙が出るほどうまかった。ひれ酒が五臓六腑にしみた。

神奈川スポーツ界にとって1998年は、2度とないと断言できるほどの年。地元国体、長野五輪、サッカーW杯フランス大会といったビッグイベントに加え、箱根駅伝で神奈川大、全国大学ラグビーで関東学院大が優勝。松坂大輔を擁した横浜高が甲子園で春夏連覇。都市対抗野球は日産自動車。有終の美がペナント制覇だった。

（畠山卓也＝当時ベイスターズ担当）

**社会人野球の名門復活**

日本石油、19年ぶり6度目の優勝
＝1986（昭和61）年8月2日

# 社会人野球

神奈川を制するものは全国を制す。高校野球で使われる言葉だが、社会人野球の活躍はこれを上回る成績を誇る。１９５６（昭和31）年の都市対抗大会で日本石油が神奈川に初めて黒獅子旗を持ち帰って以後、１９９８（平成10）年から日産自動車、東芝、三菱自動車川崎が３年連続して全国制覇する快挙をはさんで79回大会（２００８年）まで23度、全国の頂点を極めている（日石が２連覇を含む９度、東芝６度、三菱自動車川崎３度、日本鋼管、日産自動車各２度、いすゞ自動車１度）。

**3大会連覇を果たし喜びを爆発させる**
**神奈川勢3チーム**

1998年7月31日・日産自動車（左上）、99年8月2日・東芝（右上）、2000年8月2日・三菱自動車川崎

### Jリーグ

横浜マリノスが2003(平成15)年11月29日、第1、第2ステージを制して完全優勝。Ｊリーグ(日本プロサッカーリーグ)は、国際サッカー連盟(ＦＩＦＡ)からワールドカップ日本開催の打診を受ける形で1991(平成3)年に設立された。93年のＪリーグ発足時、神奈川からは横浜マリノス(現横浜Ｆマリノス)、川崎ヴェルディ(現東京ヴェルディ)、横浜フリューゲルス(98年退会)が参加。94年にベルマーレ平塚(現湘南ベルマーレ)、99年に川崎フロンターレが加盟、2001年には横浜ＦＣも加盟、国内有数のサッカー王国として野球と二分するサッカー人気の原動力となっている。写真はスタンドのサポーターと完全優勝の喜びを爆発させるマリノスイレブン

# サッカー

### W杯日韓大会

世界最大のイベント、サッカーのワールド杯決勝が2002(平成14)年6月30日、横浜国際総合競技場で行われた。ドイツ－ブラジルによる決勝は、サッカーの国内観客動員数の最多記録を更新する6万9029人がスタジアムを埋め尽くした。世界トップの技と力がぶつかり合い、ブラジルの優勝で幕を閉じた。写真は黄金のW杯を掲げるブラジル代表キャプテン・カフー(右)、大観衆で埋まった横浜国際総合競技場(下)

# 国体

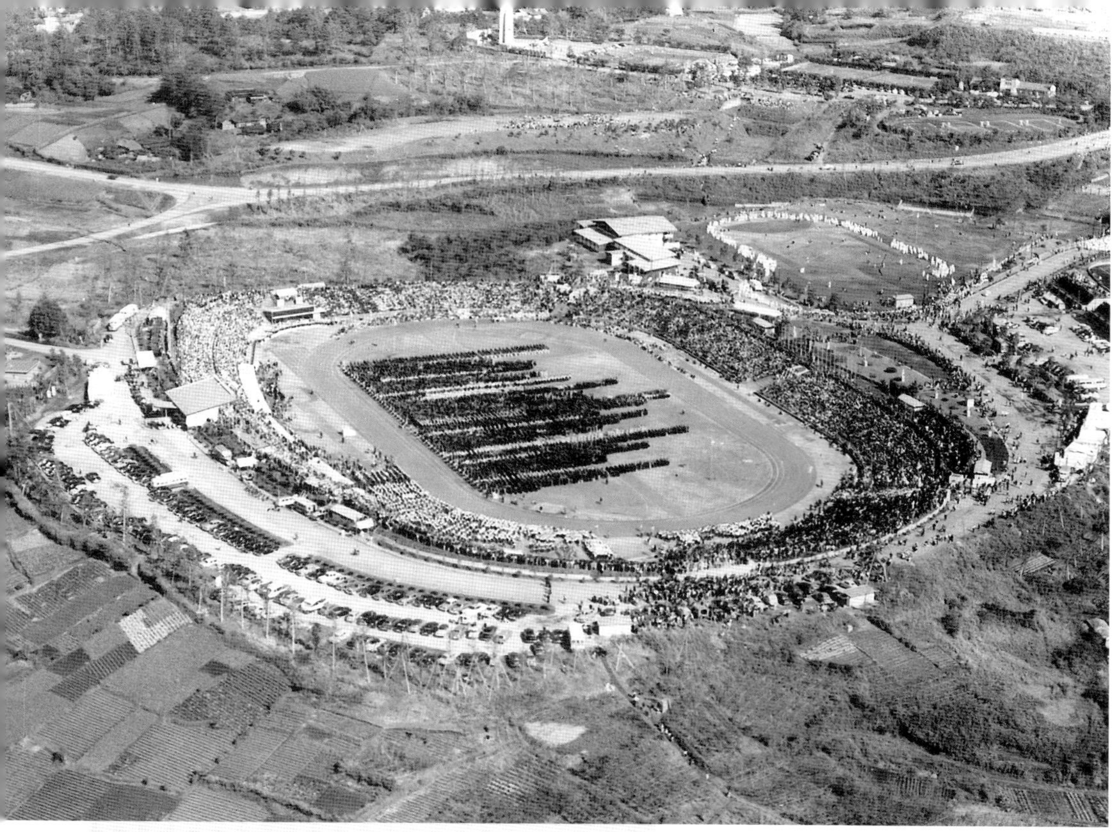

### 第10回神奈川国体

1955(昭和30)年10月30日、メーン会場の三ツ沢陸上競技場で開会式を行った。これまでの国体は文部省と日本体協の主催で行われてきたが､初めて主催者に県が加わったことで、選手だけの大会ではなく、県民スポーツの振興と健康増進などを掲げた県民運動を展開、後の体育指導員制度につなげるなど、新しい試みとしての大会として注目された

### かながわ･ゆめ国体

神奈川で2度目となる第53回｢かながわ・ゆめ国体｣秋季大会総合開会式が1998(平成10)年10月24日、横浜国際総合競技場で行われた。大会は47都道府県から1万9494選手が参加。神奈川選手団の旗手を務めた柔道の井上康生の活躍やハンマー投げの室伏広治が当時の日本記録を更新するなど、話題の多い大会となった

### 第2回アジア卓球大会

｢卓球はアジアを結ぶ｣のスローガンの下、横浜文化体育館で30カ国から約400人の選手が参加して開催された。当時、日本との国交がなかった中国をはじめ、戦争最中のベトナム、カンボジアからは迷彩色の服装で選手が参加するなど、世界の注目を集め｢ピンポン外交｣という言葉を生んだ。1974(昭和49)年4月2日、横浜文化体育館

# 世界にはばたく

### 花形 進

プロボクシングの花形進（横浜共栄、現オーキッド・カワイ）が1974（昭和49）年10月18日、ＷＢＡ世界フライ級タイトルマッチでチャチャイ・チオノイ（タイ）に6回ＫＯ勝ち、5度目の世界戦で悲願の世界王座を獲得した。地元横浜で初のタイトルマッチとあって、会場の横浜文化体育館は9000人を超す観客で埋まった。このほか、神奈川からは大橋秀行（ＷＢＡ・ＷＢＣミニマム級、大橋ジム会長、東日本協会長）、星野敬太郎（ＷＢＡミニマム級）新井田豊（ＷＢＡミニマム級）が世界チャンピオンに名を連ねた

### 山下泰裕

ロサンゼルス五輪（1984年）柔道無差別級で足を痛めながらラシュワンを破り優勝し、悲願の金メダルを獲得。神奈川スポーツ賞、国民栄誉賞などを受賞した。203連勝で1985（昭和60）年6月、現役引退。井上康生をはじめ五輪チャンピオン2人、世界チャンピオン4人を育成。現在、神奈川県体育協会会長としてスポーツ全般の育成・発展に努めている

### 中村礼子

アテネ五輪（2004年）、北京五輪（2008年）のいずれも競泳女子200メートル背泳ぎで銅メダルを獲得、現在はスイミングクラブで後進の指導に当たる

# 祭りとイベント

**米軍装甲車**

1953(昭和28)年6月2日／法被姿の平沼市長、半井横浜商工会議所会頭、ホテル・ニューグランド野村会長と在横浜領事団の後に、米軍音楽隊、装甲車が続いた

## 横浜みなと祭 国際仮装行列

「国際仮装行列」は横浜開港95周年の１９５３年６月２日に始まった。当時の神奈川新聞には「けんらんみなとまつり」「接収解除で再建の決意あらた」「国際色にあふれ、わきあがったハマ」の見出しが躍っている。仮装行列は常に時代を反映してきた。とりわけフロート(装飾車)は参加企業、団体がその時代にマッチした趣向を凝らしている

**横浜開港200年**

1959(昭和34)年5月10日／宇宙飛行士にロケット。開港200年後をイメージした松屋デパートのフロート

**東京オリンピック**

1964(昭和39)年5月10日／東京オリンピック開催の年。五輪ムードいっぱいのパレードが続いた

**咸臨丸**

1960(昭和35)年5月14日／横浜アメリカ文化センターと横浜米国総領事館が繰り出した咸臨丸

## マグマ大使

1967（昭和42）年5月13日／テレビの人気者“マグマ大使”も登場、沿道の子供たちを喜ばせた

## 3つの願い

1974（昭和49）年5月3日／「公害、物価、交通…3つの願い」と書かれたフロートを先頭に三味線、花笠音頭パレード

## ロス五輪

1984（昭和59）年5月3日／ロサンゼルス・オリンピックを前にイーグルサムのフロートが登場

## 横浜博をPR

1988（昭和63）年5月3日／1989年に開催される横浜博覧会（ＹＥＳ89）来場を呼びかけるフロートの前ではマスコットのブルアちゃんがパフォーマンス

## 黒船のたねまる

2009（平成21）年5月3日／開港150周年を迎え、先頭のフロートは記念事業のマスコット「たねまる」が乗った黒船

## 鳥屋の獅子舞

県の無形民俗文化財に指定されている津久井町の「鳥屋の獅子舞」。300年以上も前に現在の八王子市高槻から伝えられたといわれる。1人1頭で3頭が1組になって踊る「1人立ち3頭獅子舞」。農村の繁栄と雨乞いを祈願。集落を練り歩き、獅子舞を奉納する諏訪神社に向かう＝2005（平成17）年8月13日

## 面掛行列

奇怪な表情の面をかぶった10人衆が路地を練り歩く「面掛行列」が鎌倉市坂ノ下の御霊神社で行われた。鎌倉開拓の祖・鎌倉権五郎景政をまつる同神社の恒例行事。県指定の無形民俗文化財＝2009（平成21）年9月18日

## 浜降祭

茅ヶ崎市南湖の西浜海岸で早朝行われる「浜降祭」は約170年前から伝わる。同市と寒川町内の神社から大小38基のみこしが集結。五穀豊穣を願う神事の後、みこしはみそぎのために海に入る。県の無形民俗文化財指定＝2008(平成20)年7月21日

## 妙蓮寺の曲題目

横浜市旭区善部町の妙蓮寺で県の無形民俗文化財に指定されている「妙蓮寺の曲題目」は行われる。曲題目は、稚児らが大人の唱えるお題目に合わせ小太鼓を曲打ちする。三浦のチャッキラコと並ぶ代表的な稚児芸能＝2005(平成17)年10月15日

## 百万遍念仏

約650年前から伝承されているといわれ、県の無形民俗文化財に指定されている「世附の百万遍念仏」が山北町向原の能安寺で行われた。大数珠の長さは9メートル。滑車を使って手で回す。ダイナミックな動きを見せる念仏信仰＝2008(平成20)年2月16日

## 湯立獅子舞

箱根・仙石原の諏訪神社で行われる「仙石原湯立獅子舞」は五穀豊穣を祈る伝統行事。1776年ごろに伝えられたとされ、県の無形民俗文化財に指定されている＝2005（平成17）年3月27日

## 春節

横浜中華街では中国の旧正月「春節」に当たる日に「慶祝獅子舞」などが練り歩く＝2007（平成19）年2月18日

## 虎踊

横須賀市西浦賀町の為朝神社祭礼で披露される「虎踊」。江戸時代の享保年間に伝わったとされ、近松門左衛門の戯曲「国姓爺合戦」を題材にした獅子舞に似た舞踊のひとつ。県の無形民俗文化財に指定されている＝2005（平成17）年6月11日

## 相模の大凧まつり

端午の節句にちなみ、江戸時代末期から続く「相模の大凧まつり」と「座間市大凧まつり」が相模原、座間両市の相模川河川敷で毎年行われている。凧の大きさは128畳と100畳分。国選択の無形民俗文化財に指定されている。写真は相模原市の新戸スポーツ広場で舞い上がった相模の大凧＝2009（平成21）年5月4日

## お精霊流し

三浦市初声三戸の三戸海岸で行われる「お精霊流し」。供え物などを載せた手製の麦わら船を子供たちが沖へと運ぶ地域の伝統行事で、住民らが見守る中、先祖の霊を海に送り出す。明治以前から行われていたことが確認されており、県の無形民俗文化財に指定されている＝2006（平成18）年8月16日

## 流鏑馬神事

鎌倉市の鶴岡八幡宮で行われる流鏑馬神事。伝統的な狩り装束に身を包んだ射手が疾走する馬上から、的めがけて矢を放つ。神事は1187年に源頼朝が始めたと伝えられ、現在は9月の例大祭で行われる＝2007（平成19）年9月16日

## 本牧のお馬流し

横浜市中区本牧和田の本牧神社で行われる「お馬流し」は1566年から400年以上も続く神事。カヤで頭を馬、体を亀の形に作った「お馬」6体に災厄を託して海に流し、無病息災や大漁、豊作を願う。県の無形民俗文化財に指定されている＝2008（平成20）年8月3日

### 横濱ジャズプロムナード

国内最大級のジャズフェスティバル「横濱ジャズプロムナード」はプロやアマチュアの演奏家が2000人以上も参加して、毎年秋に横浜市心部のホールや屋外で繰り広げられる。「地域おこし」を目的に1993(平成5)年から開催されている＝2001(平成13)年10月6日

### 平塚七夕まつり

日本有数の七夕祭りとして知られている「湘南ひらつか七夕まつり」。市内を約3000本の竹飾りが彩る。1951(昭和26)年の平塚復興まつりのひとつとして始まった＝2009(平成21)年7月2日

### 秦野たばこ祭

秦野市最大のイベント「秦野たばこ祭」の最終日には、水無川の河川敷に松明を36基設置して点火。たばこ祭りは1948(昭和23)年に葉タバコ耕作者の慰労のために開かれたのが始まり。同市の発展に貢献してきた先人たちの努力を伝えるために、葉タバコの終了した今でも続いている＝2006(平成18)年9月24日

### 野毛大道芸

横浜の春の風物詩として定着した「野毛大道芸」は中区の野毛地区で繰り広げられる。第1回は1986(昭和61)年で、東京コミックショーのパン猪狩、帽子芸の早野凡平らも参加している。34回目の2008年には国内外38組の大道芸人がパフォーマンスを見せた＝2008(平成20)年4月26日

## 道灌まつり

伊勢原市で亡くなり、墓所がある同市ゆかりの戦国武将・太田道灌をしのぶ「道灌まつり」が小田急線伊勢原駅を中心に行われた。祭りのハイライトは「太田道灌公鷹狩り行列」と「北条政子日向薬師参詣行列」。太田道灌公には俳優の萩原流行さん、北条政子には女優の国生さゆりさんが扮した＝2009（平成21）年10月4日

## 箱根大名行列

江戸時代の参勤交代を再現した「箱根大名行列」が箱根湯本の温泉街で繰り広げられた。大名行列は1935（昭和10）年、箱根湯本で温泉博覧会が開催された時に始まった＝2007（平成19）年11月3日

## 北條五代祭り

小田原城を居城とした北条氏をしのぶ「小田原北條五代祭り」が小田原城周辺で行われ、歴代の城主らが城から出陣し、市内をパレード＝2007（平成19）年5月3日

## 大岡越前祭

江戸の名奉行として知られ、茅ヶ崎市内に菩提寺がある大岡越前守の偉業をしのぶ「大岡越前祭」パレードが茅ヶ崎駅周辺で行われた。大岡越前祭は1913（大正2）年から行われている＝2009（平成21）年4月19日

# 事件・事故

**丹沢で高校生遭難**

1954(昭和29)年11月30日／悪天候の中、丹沢を縦走していた慶応高校の2年生3人が塔ノ岳山頂付近で遭難し死亡。救助にあたった慶応大学山岳部員に背負われて無言の下山

**老人施設の火災**

1955(昭和30)年2月17日／横浜市戸塚区のカトリック系老人施設「聖母の園養老院」(当時)から出火、同施設と隣接の修道院聖堂(礼拝堂)など4棟を全焼。火災警報発令中のうえ、建物が戦時中の木造で火の回りが早く、さらに消火用の水利の悪さもあって、98人が逃げ遅れて焼死した

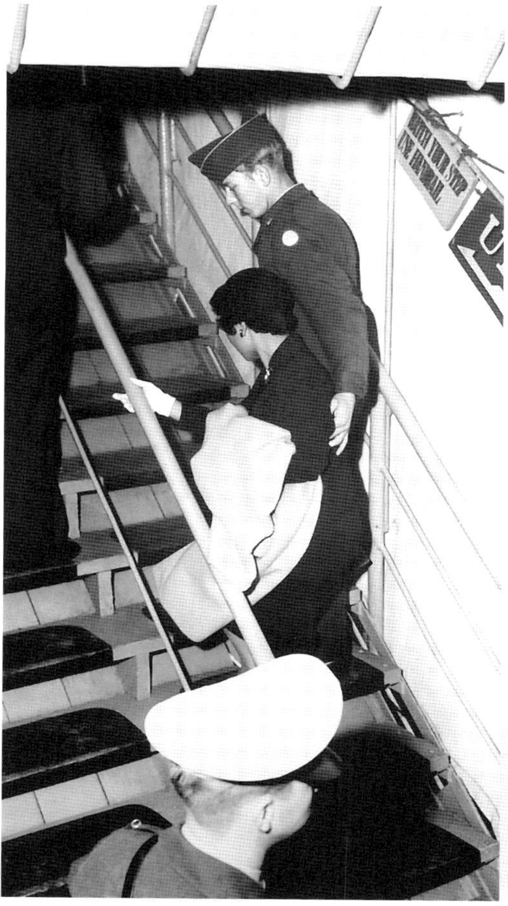

**ジラード事件**

1957(昭和32)年12月6日／1月に群馬県相馬ヶ原米軍演習場内で薬きょう拾いの主婦を射殺した米兵のジラード2等兵は懲役3年、執行猶予4年の判決を受けたが、日本人の妻とともにノースピアから軍用船で出国

## 国鉄鶴見事故

1963(昭和38)年11月9日／国鉄鶴見駅～新子安駅間で、脱線した貨物列車に衝突して脱線した上り横須賀線が、並行する下り横須賀線に突っ込み、死者162人を出す惨事に。負傷した乗客たちの救助が夜を徹して行われた

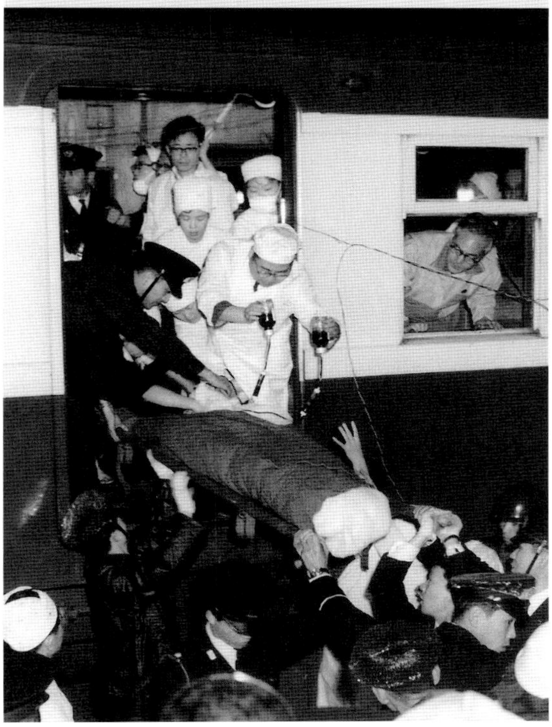

## 南武線で2重衝突

1962(昭和37)年8月7日／川崎市下作延(当時)の国鉄南武線の久地～津田山間の無人踏切でトラックと衝突・脱線した下り電車に上り電車が突っ込み、1両が横転、2両が脱線。この事故で3人が死亡、重軽傷134人を出した

## 学習院大ヨット遭難

1964(昭和39)年3月20日／相模湾往復の「初島レース」に参加する学習院大学生ら5人が乗り込んだヨット「翔鶴」が回航中、三浦半島突端の毘沙門沖で遭難。家族が見守る中懸命の捜索が続けられたが、全員が遺体で発見された。遭難当時、風速20メートル以上の荒天で現場は岩礁地帯だった

## 米軍ジェット機商店街に墜落

1964(昭和39)年4月5日／東京都町田市原町田の商店街に、人通りが多い夕方、米軍ジェット機が墜落。直撃された精肉店は跡形もなく吹き飛び、隣接の商店など4棟が全半焼。死者4人、重軽傷28人を出したがパイロットはパラシュートで脱出し無事だった

## 昭和電工川崎工場大爆発

1964(昭和39)年6月11日／昭和電工川崎工場で粗プロピレン・オキサイド製造タンクが爆発炎上、死者10人、重軽傷101人を出す戦後最大の労災事故が発生。被災者の大部分は同工場の増設作業場で働いていた下請け会社の作業員だった

## 米軍機、工場に墜落

1964(昭和39)年9月8日／大和市と厚木市で米軍ジェット機が相次いで墜落。1機は大和市上草柳の鉄工所に墜落、同工場の従業員ら3人が死亡、4人が重軽傷を負った。パイロットはパラシュートで脱出し、無事だった。他の1機は厚木市の相模川の河川敷に墜落しパイロットは死亡。この事故を受けて、県は厚木基地司令官に強く抗議するとともに、防衛施設庁には集団移転の完全実施を申し入れた。米軍ジェット機の墜落事故は1954(昭和29)年から1984(昭和59)年までに37件も起きている

## 羽田でカナダ太平洋航空機炎上

1966(昭和41)年3月4日／全日空機羽田沖墜落事故から1カ月後、香港から羽田を経由してブエノスアイレスに向かうカナダ太平洋航空のDC8型旅客機が濃霧のため着陸に失敗。多摩川の防潮堤にぶつかり炎上、乗員乗客71人のうち、助かったのは、わずか7人だけだった。この年、全日空機、BOAC機(乱気流で富士山麓に墜落)、カナダ太平洋航空機と旅客機事故が相次いだ

## キャンプ場に無人車突っ込む

1967(昭和42)年9月3日／午前1時ごろ、清川村のキャンプ場で東京からの15人のグループが3張のテントで寝ていたところ、無人ライトバンが暴走してキャンプ場に突っ込み3人用のテント2張が押しつぶされ6人が死傷

## 寒波の悲劇

1968(昭和43)年2月23日／横浜市南区の弘明寺公園の池で子ども4人が寒波で張りつめた氷に乗って遊んでいたところ、重みで氷が割れ水中に転落。1人は助かったが3人は手当てのかいもなく死亡した。池の周囲には粗末な柵があるだけで、管理上の問題が指摘された

### 横須賀線爆破事件

1968(昭和43)年6月16日／国鉄大船駅付近を走っていた上り横須賀線車内で時限爆弾が爆発。乗客1人死亡、27人が重軽傷を負った。時限爆弾は6両目の網棚(写真左上)に置かれていた。犯人は25歳の男で背後関係はなかった

### タンカー爆発炎上

1970(昭和45)年11月28日／川崎市の扇島沖でタンカー「ていむず丸」(4万2746トン)の船体中央のタンクが大音響とともに爆発。3日後にようやく鎮火したが4人が行方不明、24人が重軽傷を負った。原油を積み下ろした後、タンク内で作業員が清掃作業中に可燃性ガスが爆発。キノコ雲状の黒煙は500メートルも立ち上り、爆発音は川崎、横浜の市心部まで響いた

### 川崎で石油コンビナート連続火災

1970(昭和45)年2月26日／川崎市扇町(当時)の昭和石油川崎製油所で爆発、4時間以上も炎上した。前日の25日に同市浮島町の日石化学浮島工場が爆発しており、臨海地区の住民は「危険な石油化学産業の防災体制はどうなっているのか」と不審の目を向けた

## 生田緑地の生き埋め事故

1971（昭和46）年11月11日／科学技術庁国立防災科学センター（当時）が川崎生田緑地公園内で行った斜面崩壊実験で、崩落の速度、規模が予想以上に大きかったため、実験関係者、報道陣ら20数人が生き埋めとなり15人が死亡、10人が負傷。写真は救出された泥まみれの実験関係者

## 貨物列車脱線転覆

1973（昭和48）年8月27日／東海道線鶴見～新子安間の下り線で42両編成の貨物列車の中間部の6両が脱線転覆。隣の線路を走る上り急行列車が定時より「1分」遅れて現場にさしかかったため大惨事は免れた

## 三崎の大火

1975（昭和50）年1月19日／三浦市三崎の住宅密集地で午後7時ごろ漁業事務所から出火。折からの強風にあおられ、火は瞬く間に燃え広がり、商店、事務所、住宅など38棟を全半焼し、69世帯、229人が焼け出された。写真は一夜明けた火災現場

**過激派が爆弾製造中に爆発**

1975(昭和50)年9月4日／横須賀市不入斗の住宅街のアパートで、未明に大音響とともに爆発が起こり、アパートは崩壊、付近の住宅など47棟が被害を受け、アパートに住んでいた母子ら5人が即死、8人が重軽傷を負った。警察では同アパートに住んでいた過激派による塩素酸系の爆発物の暴発と断定

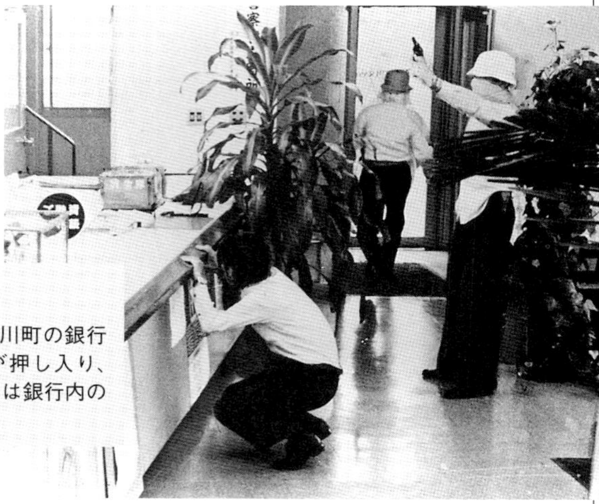

**銀行に短銃強盗**

1980(昭和55)年9月19日／愛川町の銀行に短銃を持った2人組の強盗が押し入り、860万円を強奪して逃走。写真は銀行内の防犯カメラがとらえたもの

**金属バット殺害事件**

1980(昭和55)年11月29日／川崎市内の新興住宅地で2浪中の予備校生が就寝中の両親を金属バットで撲殺。一流大学を出て一流会社に勤める父や兄に対する劣等感や大学受験への焦りなどがないまざっての反抗などと分析されているが、社会に警鐘を鳴らした衝撃的な事件だった

**坂本堤弁護士一家殺害事件**

殺害された坂本さん一家。左から堤さん、長男龍彦ちゃん、妻の都子さん

## その時、記者は〉〉〉 坂本弁護士一家事件、かすんだキーボード

ワープロの黒いキーボードが何度もかすむ。入社6年目だったが、涙をこらえて記事を書いたことなど初めてだった。

坂本堤さんの遺体発掘現場から古びた旧社屋のビルに戻り、原稿を運ぶベルトの回転音を遠くに聞きながら自身の感情をなんとか抑えて連載記事を打った。1995年9月のことだ。

89年11月の事件発生の翌春に入社し、警察担当(サツ回り)となり朝から晩まで捜査本部の置かれた磯子署に通い詰めた。およそ何の足しにもならなかったであろう情報をキャップに上げた。

司法担当になり再び事件を追った。県警担当と連絡を取りながら、弁護士サイド、関係が取りざたされたオウム真理教の情報を収集した。やがて、望みを捨てずにいる関係者には残酷な報道が始まった。

「北陸の山中に捨てた／逮捕の幹部供述」…。全国紙などの報道合戦に、慎重だった本紙も掲載を決断。坂本さんの同僚弁護士に「うちも明日載せます」と告げたときは申し訳ない気持ちでいっぱいだった。

遺体発掘現場の新潟・大毛無山は山深く、携帯電話はほとんど通じない。上空のヘリを中継して送稿する社もあったが、こちらは数時間おきにふもとまで往復する各社共用バスが頼り。現場雑観と情報をメモしたノートをちぎり、フィルムを包んでバス便に託した。苦く、切ない過去の記憶だ。

(鈴木達也=当時、司法担当)

### タイ貨物船火災

1989（平成元）年4月12日／横浜・本牧ふ頭に接岸していたタイ船籍の貨物船「ハイヒン」（8300トン）の船尾の冷凍倉庫付近から出火。はしご車、化学車、消防艇などが消火に当たった。乗組員は全員避難したが煙がひどく、ベイブリッジが見えなくなるほどに猛煙があがった

### 救助に活躍した海保の潜水士たち

2009（平成21）年10月31日／伊豆諸島の八丈島近海で8人が乗り組んだ漁船が転覆。船内に閉じ込められていた漁船員3人を救助した第3管区海上保安本部（横浜）の潜水士ら6人が横浜港に戻った巡視船で記者会見。6人は初めての転覆船での救助作業で、「声をかけると反応があった。よく生きていてくれたと感極まり、必ず助けようと自分を奮い立たせた」と緊迫感に包まれた救助の状況を振り返った

### なだしお事故

1988（昭和63）年7月23日／第1富士丸沈没地点で海上保安庁、海上自衛隊は135人のダイバーを動員して捜索

## その時、記者は〉〉〉 なだしお事故、疲れと空腹の中で

1988年7月23日の夕方。横須賀・追浜球場（当時）で、高校野球地区大会を取材していた。「お疲れさま！」。最後の試合も終わり、ほっとしたのもつかの間、各新聞社の記者のポケベルが次々と鳴った。「浦賀水道で潜水艦と遊漁船が衝突したらしい…」

入社4年目。大きな事件もなく、畑が広がる三浦半島で農漁業の話題を追う。のどかな日々がこの日を境に一変した。

海上自衛隊史上最悪の事故となった潜水艦「なだしお」と遊漁船「第1富士丸」の衝突事故。取材はまさに総力戦だった。本社から続々と記者が投入され、連日あちこちの現場に行かされた。取材は早朝から深夜までに及び、カメラマンと一緒にずっと張り付いた状態。疲労と空腹に襲われ、発生から1週間ほどは横須賀総局の会議室で仮眠を取った。

行方不明者の家族が待機する海自横須賀地方総監部厚生センターの外では、家族にインタビューしようと報道陣が殺到。入り口の階段に座りながらじっと待ち、関係者らしき人を見つけるとなだれを打つように取り囲んだ。当時は「少しでも肉声を」という思いで必死だった。悲しみをこらえながら取材に応じてくれた方々に今でも感謝している。

（佐藤　浩幸、三浦支局長＝当時）

# 皇室と神奈川

**戦後巡幸**

1946(昭和21)年2月19日／天皇陛下の戦後巡幸は川崎の京浜工業地帯から始まり、昭和29年まで、沖縄を除く46都道府県にわたって行われた。巡幸は「国民を慰め、復興の努力を励ます」ことだった。天皇陛下ご自身も「広く地方を歩いて遺族や引揚者を慰め、励まし、元の姿に返すことが自分の任務である」と側近に語っている。写真は川崎市の昭和電工を視察する天皇陛下

**両陛下三崎漁港へ**

1957(昭和32)年6月12日／遠洋漁業の町、三崎漁港を天皇、皇后両陛下が訪れ、町は歓迎に沸いた。両陛下は川崎喜太郎三浦市長の案内で魚市場などを視察された

**皇太子さま三浦半島ドライブ**

1954(昭和29)年10月19日／葉山御用邸に滞在中の皇太子殿下は乗用車プリンス号を運転、ドライブを楽しまれた

## 観光産業視察

1965（昭和40）年4月20日／観光開発が進む箱根を視察のため、国鉄小田原駅に到着された天皇陛下

## 両陛下、江の島水族館へ

1959（昭和34）年2月12日／天皇、皇后両陛下は藤沢市片瀬の江の島水族館とマリンランドに足を運ばれ、皇后陛下はイルカにエサを与えられた

## 浩宮さまこどもの国へ

1966（昭和41）年3月5日／学習院幼稚園卒業を前に、浩宮さまは40人の友だちと“卒業遠足”で「こどもの国」へ。美智子妃殿下とともに楽しい1日を過ごされた

**記念艦・三笠へ**

1968(昭和43)年6月17日／両陛下は横須賀市にある記念艦「三笠」を訪れた。天皇陛下は三笠が記念艦として発足した1926年、摂政宮のときに訪れたことがあり、43年ぶりのご視察

**葉山御用邸炎上**

1971(昭和46)年1月27日／午後10時半ごろ、葉山町の葉山御用邸が炎上。炎は一色海岸を染めた。本邸約3800平方メートルを全焼。原因は敷地内に入った男の放火だった

**皇太子さまご一家磯遊び**

1971(昭和46)年9月15日／葉山の一色海岸で磯遊びを楽しまれるご一家。写真は皇太子さまと美智子さまに手を引かれる紀宮さま

## テニスを楽しむ

1981（昭和56）年11月21日／皇太子ご夫妻と礼宮さまは横浜市中区の「横浜インターナショナル・テニス・クラブ」で約2時間プレーされた。同クラブは、1878（明治11）年に設置された日本最古のテニス・クラブだが皇室関係者を迎えたのは初めて。写真は"デカ・ラケ"を手にテニスを楽しまれた皇太子ご夫妻

## 10年ぶりの葉山御用邸

1981（昭和56）年11月28日／天皇、皇后両陛下は10年ぶりに再建された葉山御用邸でご静養。正面玄関で報道陣のカメラに収まった。1971（昭和46）年1月の旧御用邸焼失直後、付属邸に一時滞在して以来。特別列車で逗子駅に到着。御用邸までの沿道は歓迎する町民らで埋まった。葉山町では同日夜、花火が打ち上がり、ちょうちん行列が行われた

## 観音崎公園

1982（昭和57）年5月7日／天皇、皇后両陛下は、横須賀市の観音崎公園を視察。公園内に群生しているシダ類を観賞後、同園近くの戦没者船員の碑で献花、海上保安庁の海上交通センターに立ち寄られた

## 京急電車にご乗車

1984(昭和59)年2月15日／皇太子ご夫妻は横須賀市浦賀の造船所で新「日本丸」の進水式にご出席の後、帰路は浦賀駅から初めて京浜急行を利用された

## 横浜人形の家へ

1987(昭和62)年4月20日／皇太子ご夫妻は、横浜市中区の「横浜人形の家」を視察された。兼高かおる館長の案内で、館内を一巡。その後、横浜開港資料館、馬の博物館を視察された

## 悲しみ

1989(昭和64)年1月7日／横浜駅の中央コンコースに張られた横浜博覧会ＰＲの横断幕を外すＪＲ横浜駅の職員

## 天皇陛下崩御の号外

1989(昭和64)年1月7日／神奈川新聞が報じる「天皇陛下　崩御」の号外が県内各地で配布された。号外の見出しは「ご在位、最長の62年」「激動の昭和終わる」「皇太子殿下　新天皇ご即位」と大きく記された

## 大喪の礼

1989(平成元)年2月24日／大喪の礼で休日となり街はにぎわいをひそめた。横浜市中区の伊勢佐木町通りはデパート、映画館をはじめ、ほとんどの店が臨時休業

**皇太子さまご結婚に沸く**

1993(平成5)年6月1日／皇太子さまと雅子さんのご結婚を前に横須賀では「祝御成婚の儀記念　生い立ち写真展」が行われたり、横浜市中区の伊勢佐木町通りでは、「慶祝　ご成婚おめでとうございます」の横断幕が掲げられ、国旗が舞った

**皇太子ご夫妻、初の県内公式訪問**

1993(平成5)年8月28日／皇太子ご夫妻は横浜のみなとみらい21(MM21)地区のパシフィコ横浜で開催された「第15回国際植物科学会議」の開会式にご出席。ご成婚後、2人おそろいでの神奈川県公式訪問は初めて

**皇太子ご夫妻クリスマスコンサートへ**

1998(平成10)年12月22日／皇太子ご夫妻は横浜市西区のみなとみらいホールを訪れ、同ホールオープニングイヤーコンサート「キャスリーン・バトルのクリスマスコンサート」を鑑賞された。開演直前、会場の2階席にスポットライトが当てられ、ご夫妻が登場されると、観客から大きな拍手がわいた

**雅子さまと愛子さま**

2008(平成20)年3月6日／皇太子家の長女愛子さまは学習院幼稚園卒園を前に「お別れ遠足」で横浜市青葉区の「こどもの国」を訪れた

## 両陛下、水産学会の式典に出席

2008(平成20)年10月22日／天皇、皇后両陛下は横浜市西区のパシフィコ横浜で開催された「第5回世界水産学会議」の記念式典に出席された。会議は世界各国の研究者が水産資源の適切な管理や海洋環境保護などを目的に行う

## 葉山町の人たちと

2009(平成21)年2月5日／天皇、皇后両陛下は滞在中の葉山御用邸近くの小磯の浜を散策、出会った町民らに「思ったほど寒くなくてよかったですね」などと声を掛けた

## 秋篠宮の悠仁さま

2008(平成20)年9月12日／葉山御用邸近くの海岸を散策される秋篠宮ご夫妻と悠仁さま

## 秋篠宮ご一家

1996(平成8)年1月26日／秋篠宮ご一家は葉山の小磯の浜を散策。秋篠宮殿下は眞子さまの手を引き、妃殿下は佳子さまの手を引いて、ともにリラックスする姿を見せられた

## 日本新聞博物館を視察

2005（平成17）年11月19日／第25回全国豊かな海づくり大会かながわ大会出席のため、県内を訪問中の天皇、皇后両陛下は横浜市中区の「日本新聞博物館」を視察された

## 両陛下稚魚を放流

2005（平成17）年11月20日／「第25回全国豊かな海づくり大会かながわ大会」が、みなとみらい21（MM21）地区を中心に開催され、臨港パーク前では、天皇、皇后両陛下がマダイやホシガレイの稚魚を放流された

## 優雅な櫓さばき

2009（平成21）年9月14日／葉山御用邸前の海で、皇后さまや秋篠宮妃紀子さま、悠仁さまを乗せ、和船をこぐ天皇陛下。和船は昭和天皇が海洋生物の採集のため使っていた「たけ」という名の船で、長さ約7メートル、幅約1.6メートル。皇后さまも途中から櫓を操った

◉第三部

# 変わりゆく県土

# 空撮で見る<br>昭和の都市像

**片瀬西浜**

昭和28年・撮影日不明／写真右下が小田急江ノ島線の「片瀬江ノ島駅」。龍宮城を模した駅舎が見える

## 小田原城址

昭和29年9月／小田原城天守閣が復元される前の小田原城址。写真右上に天守閣の基礎部分が見える。天守閣は1870（明治3）年の廃城まで小田原のシンボルとしてそびえていた。1960（昭和35）年5月に小田原市制20周年の記念事業として復元された

## 三ッ沢陸上競技場

昭和30年・撮影日不明／第1回神奈川国体が行われた年に撮影。市営住宅や団地が点在するが、競技場の周囲の大部分は畑が広がっている

### 本牧岬

昭和32年12月／周囲が埋め立てられる前の本牧岬。幕末、ペリー艦隊が横浜周辺の海域を測量した際、現在でも名残をとどめる本牧市民公園付近の断崖を「条約岬」と名づけた。景勝地としても知られ、外国の人たちは本牧から根岸にかけての海(根岸湾)を「ミシシッピ・ベイ」と呼んだ。写真中央に整然と並ぶ建物は米軍住宅地。1959(昭和34)年から岬を取り囲むように埋め立てが始まった

## 関内

昭和32年12月／接収が解除され、ビルが建ち始めた関内地区。手前から相生町通り、太田町通り。写真中央の4階建てのビルが神奈川新聞社の旧社屋（現在は神奈川新聞、ｔｖｋが取材の拠点としているメディアビジネスセンタービル）

## 横浜市役所

昭和34年・撮影日不明／現在の神奈川区反町公園に横浜市役所の仮庁舎があった当時の写真。写真右下の神奈川スケートリンクのたたずまいは現在とほぼ変わらない。市役所は戦時中から老松国民学校の校舎を間借り。1950（昭和25）年、前年に行われた「横浜貿易博覧会神奈川（反町）会場」の跡地に仮庁舎を建てた

### 厚木飛行場

昭和34年8月／現在の綾瀬市蓼川の上空から大和市内方面を撮影したものだ。当時、基地の周囲には遠巻きに住宅が点在するだけだった

### 柴漁港

昭和35年4月／横浜市金沢区の柴漁港と海苔ひびが広がる海岸線。写真中央下が柴漁港。現在も漁港は残っているが規模は小さく、海岸線は一部埋め立てられ、人工海浜の「海の公園」として、横浜市内で唯一の海水浴場になっている

## マリンタワー・氷川丸

昭和36年9月／横浜開港百年を記念して建てられたマリンタワーが1月15日に開業。6月2日には氷川丸が山下公園先に係留された。山下公園前の道路沿いにはホテル・ニューグランド、旧イギリス7番館（現・戸田平和記念館）、米国領事館（現・ホテルモントレ横浜）など歴史的建造物が並んでいた

**横浜駅東口**

昭和36年・撮影日不明／写真右上が横浜駅。当時は東口が横浜駅の顔だった。写真中央、バスの車庫と石炭が積まれているところに現在は「横浜そごう」がある。左上には高島機関庫が見える

## 辻堂海岸

昭和35年・撮影日不明／国道134号線が開通する以前の辻堂海岸。砂丘が広がっていた。写真中央が辻堂駅で右上の長方形の場所がかつての藤沢飛行場。辻堂海岸は戦前、日本軍の砲術学校の演習地で、戦後米軍に接収され、在日米海軍辻堂演習場となった。1959(昭和34)年6月の演習場返還後、砂丘地帯は造成されて辻堂海浜公園、辻堂団地ができた

## 横須賀市・安浦

昭和37年・撮影日不明／安浦の上空から馬堀海岸方向を撮影。写真中央下は漁港。現在は埋め立てられてマンションが並び立っている

**川崎駅東口**

昭和36年・撮影日不明／京急線が高架になる前の川崎駅東口。写真右上には京急と平行する「川崎市電」が見える

**本厚木**

昭和38年・撮影日不明／駅の周辺は建物が密集しているがビルは無い

## 新横浜駅

昭和40年6月2日／新幹線開通１年後の新幹線・新横浜駅。当時土地の値上がりは激しかったものの、駅前には田畑が広がっていた

## 三菱重工横浜造船所

昭和40年12月／造船ブームに沸く三菱重工横浜造船所。今の「みなとみらい21（ＭＭ21）地区」。写真中央右下で建物に隠れるようなドックが2号ドックで現在の「ドックヤードガーデン」。ランドマークタワーはその下の位置。写真右下の大きなドックは帆船日本丸が係留されている

# 基地県今昔

県内米軍基地と主な動き

2009年12月現在

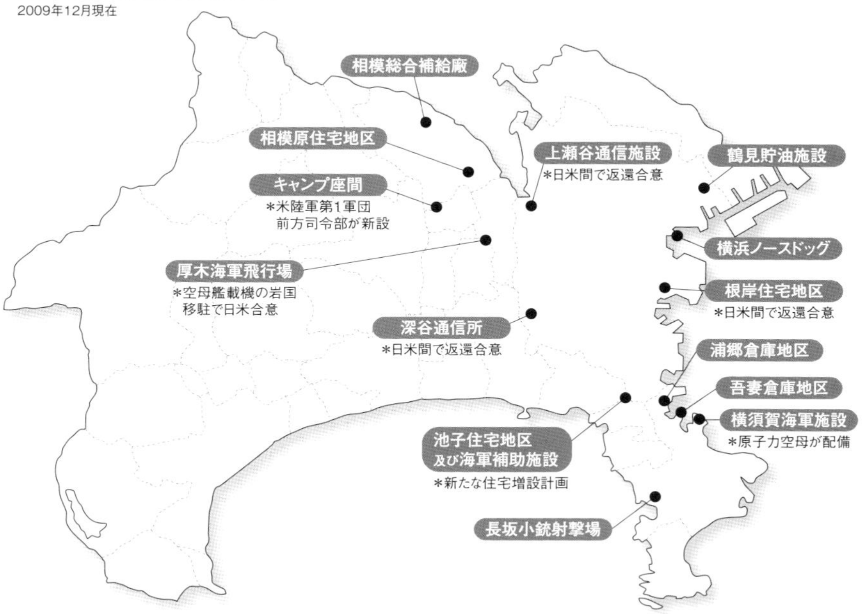


占領から接収、そして「日米同盟」の中枢へ－。旧軍時代からさまざまな基地が存在した神奈川は、戦後は米軍が移駐、沖縄に次ぐ「基地県」へと変貌した。米軍機の騒音と事故、米軍人らによる事件、まちづくりへの障害など基地負担はあまりに大きく、近年では第7艦隊が本拠とする横須賀に原子力空母が配備。キャンプ座間に米陸軍第1軍団前方司令部が新設され、逗子・横浜にまたがる池子住宅地区には新たな住宅建設計画が持ち上がるなど機能強化・固定化が進んでいる。

## 横須賀海軍基地

2009（平成21）年3月26日撮影／第7艦隊に所属する米空母「ジョージ・ワシントン」、イージス艦などの事実上の母港。前方展開の拠点で、修理、補給機能も担う

## 横浜ノースドック

2008（平成20）年9月11日撮影／横浜市神奈川区の横浜港「瑞穂埠頭」にある在日米陸軍の港湾施設。米軍相模総合補給廠などの兵站拠点に運ばれる米軍物資の陸揚げを行っている

## 厚木海軍飛行場

2006（平成18）年9月28日撮影／綾瀬市と大和市にまたがる飛行場。在日米海軍と海上自衛隊が共同で使用。県内で唯一、米軍ジェット機が離着陸できる飛行場。戦時中は日本陸軍の飛行場として首都圏防空の重要拠点だった。終戦の年、8月30日にダグラス・マッカーサー連合軍総司令官が乗った輸送機「バターン号」が同飛行場に着陸

## キャンプ座間

2008（平成20）年10月29日撮影／座間市と相模原市にまたがる米陸軍の基地。在日米陸軍再編で2007（平成19）年12月19日には「米陸軍第1軍団前方司令部」が発足、陸上自衛隊中央即応集団司令部も移設予定

## 相模総合補給廠

2009（平成21）年10月28日撮影／相模原市にある在日米陸軍の補給施設。かつては米軍の戦車などの戦闘車両を修理する施設があり、ベトナム戦争当時は重要な拠点だった。戦前、日本陸軍の相模陸軍造兵廠だった

## 米軍池子住宅

2008（平成20）年9月11日撮影／米海軍の住宅施設で、逗子市池子、久木地区と横浜市金沢区六浦町にまたがる。1945（昭和20）年9月1日に接収され、在日米海軍横須賀基地司令部の管理下に置かれて弾薬庫として1978年まで使用されてきたが、米軍人の住宅不足を解消するために1998年、家族住宅が建設された

## 横浜海浜住宅地区

1954（昭和29）年・撮影日不明／米軍の家族住宅地区のひとつ。当時の日本人から見ればフェンスの向こうは別天地だった。1982（昭和57）年に返還。写真は横浜市中区の小港地区

### 上瀬谷で住民が実力行使

1961(昭和36)年10月30日／米海軍上瀬谷通信隊が起こす電波障害のために、売りたい土地も売れぬと政府当局の“所有権侵害”を訴え続けてきた横浜市戸塚区上瀬谷地区(当時)の人たちは、耕運機、オート三輪など100台の車を米軍レーダー近くで走らせて、電波妨害。主婦たちは、正門前で座り込みを決行。同通信基地司令官は「妨害の影響はなかったが再び、このような事態が起これば日米合同委に持ち込む」と強硬姿勢だった

### 原潜が2隻入港

1967(昭和42)年8月19日／米原子力潜水艦バーブ(写真右奥)が入港、写真手前は15日に入港し7号岸壁に接岸中の原潜スキャンプ。米原潜の同時寄港は初めて

### 放射能測定強化

1968(昭和43)年9月15日／原子力潜水艦の1次冷却水放出による長崎県・佐世保港の異常放射能値検出で、横須賀でも基地内のモニタリングポスト(放射能簡易自動記録装置)を2カ所増設し4カ所に。移動観測をする横須賀海上保安部の放射能観測艇を装備強化してパトロール

## 厚木基地爆音防止期成同盟

1969(昭和44)年8月15日／結成10年目を迎えた厚木基地爆音防止期成同盟(2380世帯加盟)はジェット機が離着陸する厚木基地北側で結成以来初の抗議集会と座り込みの実力行使

## ベトナム向けの戦車、兵員輸送車

1972(昭和47)年9月1日／相模総合補給廠で修理を終え、ずらりと並ぶベトナム戦線に送られるM48戦車と兵員輸送車

## 米空母ミッドウェー入港

1973(昭和48)年10月5日／横須賀基地を事実上の母港と決めた米第7艦隊の攻撃型空母ミッドウェーが初入港。基地内では家族が大勢出迎え、基地の外では反対デモ

## ラロック証言の波紋

1974（昭和49）年10月7日／日本に寄港する米海軍艦艇が、核兵器を積んだまま入港していたとする米国の退役将校、「ラロック・国防情報センター所長」の証言は、米横須賀基地を持つ神奈川県に大きな衝撃を与えた。津田知事は「証言が事実とすれば政府に対するこれまでの信頼が全く裏切られたことであり、核装備が可能な米艦艇の横須賀入港をすべて拒否せざるを得ない」と声明

## 厚木基地騒音公害を提訴

1976（昭和51）年9月8日／大和市と綾瀬町（当時）にまたがる「厚木基地」の周辺住民が国を相手取って夜間飛行の禁止、総額約2億9000万円にのぼる騒音損害賠償などを求め横浜地裁に提訴。訴えを起こしたのは大和市内を中心に約3300世帯で結成する「厚木基地爆音防止期成同盟」の鈴木保会長を原告団長とする同盟員92人

## 火を噴くファントム偵察機

1977（昭和52）年9月27日／横浜市緑区に墜落、死傷者9人を出したファントム偵察機。墜落直前、火を噴いている

## 米軍機墜落事故訴訟判決

1987（昭和62）年3月4日／横浜市緑区荏田町に米海軍のジェット機が墜落、主婦ら9人が死傷した事故で被害者の椎葉寅生さん一家が国と米軍パイロット2人を相手取り総額1億3900万余円の損害賠償を求めた訴訟の判決が横浜地裁で言い渡された。上杉裁判長は、米軍パイロットの裁判権について「日米地位協定は完全免除まで規定していない。日本に裁判権があり被告適格も存在する」としながらも、“パイロット”への請求は棄却、国に総額4500万余円の支払いを命じた。公務中の米軍人についての民事裁判の存在、被告適格を認めた初の判断。写真は記者会見する椎葉寅生さん（中央）と事故でけがを負った妻悦子さん

### エルズバーク博士

1981（昭和56）年6月9日／来日した元米国防省核管理問題専門家のエルズバーク博士は米空母ミッドウェーの核疑惑で揺れる横須賀で講演。「核を積んだまま入港しているのは確実」として横須賀はソ連の核攻撃目標として最も優先順位が高い場所と指摘

### 燃料タンク爆発

1981（昭和56）年10月13日／横浜市金沢区小柴の米軍貯油施設でジェット燃料のタンク1基が爆発炎上、住宅の窓ガラス破損などで4人がけがをし、周辺の住宅約170戸に被害を及ぼした。火煙は1000メートルにも立ち上り、約4時間燃え続けた。同貯油施設は2005（平成17）年12月14日に返還された

## NLPの光跡

1986（昭和61）年4月24日／NLPは（Night Landing Practice）の略で、夜間離着陸訓練。厚木基地では滑走路を航空母艦の甲板に見立て、夜間、戦闘機などが離着陸訓練を繰り返した。厚木基地周辺の住民たちは騒音に悩まされた

## 米空母ミッドウェー爆発、火災

1990（平成2）年6月21日／千葉東方の太平洋上で20日昼に爆発、火災事故を起こした米空母ミッドウェーが21日、横須賀基地に入港。事故で2人が死亡したが原因は不明のまま。空母の艦内では消火装備を着用したままの海兵隊員の姿も見られ、事故の慌しさを伝えていた

## クリントン米大統領が横須賀訪問

1996（平成8）年4月17日／来日したクリントン米大統領は橋本首相との首脳会談の後、現職大統領としては初めて、米海軍横須賀基地を訪れ、同基地を事実上の母港としている「空母インディペンデンス」の乗組員らを激励

## 9.11テロの余波

2001(平成13)年9月12日／米国で起きた同時中枢テロで、県内の基地は厳戒態勢に入った。横浜市南区、中区、磯子区にまたがる米軍根岸住宅地区でもバリケートを設置

## 日米が共同実動演習

2005(平成17)年11月16日／米海軍と海上自衛隊の共同実動演習で空母キティホークの甲板に着艦する艦載機，FA18戦闘攻撃機。米海軍から空母キティホークのほか巡洋艦や駆逐艦、潜水艦など約10隻、海自から護衛艦を中心に約80隻と航空機が参加、最大規模となった。写真は伊豆諸島沖

## 米司令官が謝罪

2006(平成18)年1月6日／横須賀市内で女性会社員が米兵に殺害された事件で、空母キティホークが所属する第7艦隊司令官のジョナサン・グリナート中将と在日米海軍司令官のジェームス・ケリー少将が横須賀市の蒲谷亮一市長らに謝罪した後、両司令官らは県庁を訪れ、松沢成文知事にも謝罪

**原子力空母ジョージ・ワシントン公開**

2008（平成20）年12月6日／2008年9月に米海軍横須賀基地に配備された原子力空母ジョージ・ワシントンが初めて一般公開された。基地開放イベント「グランド・イルミネーション」に伴って行われたもので約2万9000人が基地を訪れた

**キャンプ座間に米軍新司令部が発足**

2007（平成19）年12月19日／在日米軍再編の重要な柱のひとつとされてきた米陸軍第1軍団前方司令部の発足式が在日米陸軍キャンプ座間で行われた。同軍団司令官のチャールズ・ジャコビー中将は「同盟国の日本で前方司令部を設置し、関係強化できることは司令官として名誉。軍団旗を日本の未来に向かって掲げ、ともに前進していく」とあいさつ

## その時、記者は 〉〉〉 原子力空母配備で日米政府合意スクープ

「さっき町村外相から蒲谷市長に電話があった。シーファー米大使が外相に横須賀への原子力空母配備を通告し、政府はすでに受け入れた、と。大使が明日発表する」。〝情報源〟は、「大変なことになった」と繰り返した。横須賀に基地担当として赴任して1年余り。2005年10月27日の夜のことだ。

原子力空母配備はいつか現実になる、「Xデー」はいつか―。各新聞社の横須賀支局には元防衛庁担当や元海外特派員らが揃う。どうせ、ワシントンか官邸で決まる話だろうという気持ちがどこかにあった。

裏取り取材に走り、確かな「情報」だと分かってきた。地元で、つかめるとは…。ネタの大きさにたじろいだ。1度は「今は書かない」と決まったが、前任者が発した言葉にはっとさせられた。「何を言ってるんですか？　この記事を他社に先駆けて書くために、われわれは努力してきたんじゃないですか！」

第1面の特ダネの見出しが「横須賀に原子力空母　日米政府　最終調整」に決まったのは、降版間際だった。

1夜明けた赤坂の米大使館。米大使の記者会見は、外務省詰めの記者や米国プレスの姿が目立ち、横須賀から乗り込んで原子力空母の安全性などを追及したのは、自分を含め3人だけ。「横須賀は天領のような土地」。ある地元有力者の言葉が脳裏をかすめた。

（真野太樹＝当時横須賀支社）

# 県民の足 交通変遷史

明治、大正、昭和の3代にわたり、68年間も"ハマっ子の足"として親しまれてきた「横浜市電」は1972(昭和47)年3月31日を最後に市民の前から消えた。1904(明治37)年、神奈川～大江橋間に民営の路面電車が登場。1921(大正10)年、横浜市が買収し、電気局を設立。市営となって路線延長を進めた。1923年の関東大震災、1945年の横浜大空襲で被害を受け路線も各地で寸断されたが、1946(昭和21)年5月に横浜市交通局に改称。以後、市電は市民の足として活躍、1956(昭和31)年4月1日、井土ヶ谷線(保土ヶ谷橋～通町1丁目間)の開通で最盛期を迎えた。路線はほぼ市心部を網羅していた。市電の車庫は「生麦車庫(国道15号沿い)」「浅間町車庫(西区浅間町)」「麦田車庫(中区の麦田交差点脇)」「滝頭車庫(現在、横浜市電保存館がある)」の4カ所あった。最盛期の営業距離は51.79キロ、年間に1億2000万人を運んだ。自動車が増え、市電も渋滞に捲きこまれたり、国鉄根岸線の開通などで利用者が減って財政は赤字の危機的状況となり路線を縮小していった。

## 横浜市電ものがたり

**馬車道**

1950(昭和25)年2月10日／背後に米軍接収地が広がる馬車道交差点を走る市電は1947年に製造された700形

**高島町交差点**

1952(昭和27)年8月9日／横浜最大の交通難所といわれた高島町交差点。国電と東横線がガードの上を走り、東横線の高島町駅が写真左上にある。国道1号が横切る所に「市電・高島町駅」。東神奈川、横浜駅東口から保土ヶ谷方面、高架線に沿うように桜木町、本町、本牧へと市電が走る交通の要衝だった

**根岸線**

1955(昭和30)年3月31日／根岸湾に沿って中区の間門から磯子区の八幡橋を結ぶ根岸線が開通。中区根岸町2丁目で出発式が行われた

## 桜木町

1957(昭和32)年12月・撮影日不明／市電のターミナルのような桜木町駅。東急東横線や国鉄に乗り換えて川崎や東京に向かう会社員が多かった。ラッシュ時には安全地帯といわれた停留所が人で溢れるほどだった。写真左上の大きな白い建物は、現在の横浜市健康福祉総合センターがあるところだ

## 新型電車

1957(昭和32)年12月28日／磯子区滝頭の市交通局車両工場で10年ぶりに新型電車(1600形)を製造。車内照明は蛍光灯。運転中の視界を広げるため運転席の窓が広がった。乗車定員100人。製造費は800万円。1958年春から運用されたが市電の最後の"新造車両"となった

## 花電車

1958(昭和33)年5月10日／横浜開港百年を祝う「花電車」の列が横浜の夜を彩った

## 交通事故防止の塗装

1960(昭和35)年6月17日／クリーム色の車体にコバルトブルーのラインが鮮やかに浮き出たスマートな塗装の市電がお目見え。「夜間でも目立つ色なので交通安全に役立つ。好評なら全車両を塗り替える」と交通局

### 1300形

1967(昭和42)年10月15日／横浜駅東口にあった京浜急行横浜事務所と相模鉄道本社分室が同居しているビルの前を走る1300形

### ガラガラの車内

1967(昭和42)年4月26日／利用客が少なく昼間はガラガラの車内。66億円もの累積赤字をかかえ、経営は厳しくなる一方だった

### 線路撤去

1969(昭和44)年1月10日／路線の縮小で杉田線が廃止され線路が撤去された。写真は磯子区の間坂近く

### 早朝スト

1967(昭和42)年6月23日／ボーナスを要求し「他の市職員なみにベアを実施して差別を無くせ」と横浜交通労組は始発から午前6時半まで時限ストを行った。市電、バス、トロリーバスなど360両がストップ。早朝のため混乱はなかった

### 市電ファン

1970(昭和45)年6月29日／30日に横浜駅前～本牧一丁目の②系統、保土ヶ谷橋～麦田～本牧一丁目の④系統が廃止された。元町～麦田間の麦田トンネルは市電唯一のトンネルで、廃止前日はカメラを向けるファンがひっきりなしに訪れた

## 身動きできない市電

1971（昭和46）年12月27日／じゅずつなぎの自動車に挟まれ、身動きできない市電。中区本町四丁目で

## 電車が少なくなった車庫

1971（昭和46）年12月27日／市民の貴重な足として活躍していた市電も路線が縮小され、磯子区の滝頭車庫の構内では一部線路も外され寂しくなる一方だった

## 別れを告げる花電車

1972（昭和47）年3月25日／「さようなら」と書かれた花電車がイルミネーションを輝かせ、“最後”を飾るように市内を走った

## さようなら

1972（昭和47）年3月31日／横浜市電は3月31日を最後に市民の前から姿を消した。3台の「お別れ電車」が満員の乗客を乗せて桜木町駅を出発。沿線では名残を惜しむ大勢の市民が見送った

# 路面電車

## 県内初のトロリーバス

1952(昭和27)年4月14日／昭和20年の川崎大空襲を受けて壊滅状態になった川崎の市心部も7年後には活気を取り戻し、県内初のトロリーバスが市民の足として活躍した。写真は国鉄川崎駅前から市役所方向を撮影したもの

## 川崎市電

1952(昭和27)年・撮影日不明／終点の川崎駅前電停の川崎市電(写真右上。下は高架前の京急線)。開業は1944(昭和19)年10月14日。工業地帯への通勤の足として活躍したが空襲で車両のほとんどを焼失し、戦後はわずか2両の電車から復興。東京都から車両を譲り受けて路線を次々と延長したが、川崎臨港バスや市バスに押されて1969年に廃止された

## 横浜でトロリーバス開通

1959(昭和34)年7月16日／神奈川区三ツ沢西町(当時)から横浜駅西口を通って常盤園前まで、全長7.7キロのトロリーバス(無軌条電車)が開通。ワンマン運転で横浜駅西口を起点とする環状運行。乗車率は良かったが交通量が多い地域を運行していたため定時運行が困難となり市電とともに廃止された

# 車と道路

## 東名高速道路全線開通

1969（昭和44）年5月26日／東京圏と関西圏を結ぶ“大動脈”の「東名高速道路」が全通した。写真は酒匂川橋を渡る祝賀車の列

## 横浜新道開通

1959（昭和34）年10月27日／三ツ沢と戸塚を結ぶ「横浜新道」が開通。戸塚区名瀬町での開通式でテープカットをした吉田元首相（前列左から4人目）は「大磯に住んでいて最も有料道路を利用する一人。戸塚の有料道路は“ワンマン道路”といわれて私だけが非難されているが、岸道路公団総裁のようなワンマンが造って、初めて成功したのでワンマンは悪いものではない。今後はツーマン道路と呼びたい」とユーモアたっぷりにあいさつした

## 代燃車

1950（昭和25）年・撮影日不明／薪や木炭を車の後部に付けたカマで炊き、そこから出るガスを使ってエンジンを動かす車を「代燃車」と呼んだ。戦前から戦後にかけて、ガソリン不足を補うために工夫された。写真は桜木町駅前に並ぶ代燃車のタクシー。ガソリンの供給ができるようになったことなどで1951年に代燃車の運行は不許可になった

## スポーツカーのパトカー登場

1965（昭和40）年12月8日／第三京浜道路の全線開通に伴い、交通取り締まりに全国でも初めてのスポーツカー2台が同道路専用の県警パトカーとして登場

## 銀行のドライブイン窓口

1962（昭和37）年9月17日／東海銀行（当時）横浜支店の新店舗建設の際に、自動車に乗ったまま預金の出し入れができるよう、防弾ガラス付きのドライブイン窓口を設けた。県内では初めてで、車が通り抜ける専用路も併設した

# 線路はつづく

**連合軍専用車**

1950(昭和25)年・撮影日不明／国鉄桜木町駅に到着した京浜東北線。先頭車両の"白い帯"は連合軍専用の車室部分を示していた

**RTO**

1951(昭和26)年・撮影日不明／占領下、連合軍最高司令部(GHQ)の組織内に鉄道司令部(RTO)が置かれた。横浜駅にもRTO・YOKOHAMA・CENTRALと記され、「横浜駅」の文字は小さかった

**新幹線試運転**

1962(昭和37)年6月26日／"夢の超特急"東海道新幹線の試運転が小田原市鴨宮～大磯間10.2㌔のモデル線を使い、十河国鉄総裁を迎えて行われた。試運転の区間が短いため、時速70㌔のゆっくりとした速度で路盤、架線、振動などを中心に試験走行を繰り返した

**根岸線部分開通**

1964(昭和39)年5月19日／大船と桜木町を結ぶ根岸線のうち、桜木町駅～磯子駅間が開通。写真は桜木町駅から関内駅に向かう祝賀電車

## 田園都市線開通

1966(昭和41)年4月1日／東急田園都市線・溝の口～長津田間が開通。10年後には人口40万人の「田園都市」建設が計画されていた。写真は開通当日の江田駅

## 京急三浦線開通

1966(昭和41)年7月7日／京浜急行三浦線が開通、三浦市に待望の電車が入った。同線は野比駅から三浦海岸駅までの4㌔弱。開通によって三浦市と都心が70分で結ばれることになった。三浦海岸駅から三崎口駅まで延伸したのは1975(昭和50)年

## こどもの国電車開通

1967(昭和42)年4月28日／港北区奈良町(当時)の「こどもの国」と横浜線、田園都市線の長津田駅を結ぶ「東急・こどもの国線」の開通式が常陸宮ご夫妻を迎えて行われた。同線は戦時中の陸軍火薬庫(田奈部隊)と長津田駅を結ぶ貨物線だった

## モノレール

1970(昭和45)年3月7日／通勤用としては全国初の「湘南モノレール」が部分開通。大船駅～西鎌倉駅間の4.8㌔。鎌倉郊外から横浜、東京への通勤が便利になった。西鎌倉～湘南江の島駅間は1971年春に開通した

# 線路はつづく

## 新貨物線

1979(昭和54)年10月1日／国鉄の計画発表から13年、住民の反対運動で開通が8年遅れ、ようやく新貨物線(新鶴見～東戸塚間)が開業。この日、貨物専用の横浜羽沢駅(神奈川区羽沢町)で、高木国鉄総裁が出席して、１番列車の出発式が行われた

## 横浜市営地下鉄部分開通

1972(昭和47)年12月15日／横浜市営地下鉄1号線の開通式が上大岡駅で行われた。上大岡～伊勢佐木長者町間5.3㌔と短い区間だが、横浜の南部と中心部を結ぶ幹線として市民に待望されていた。県内では初めて、自治体としては5番目の地下鉄

## 相鉄いずみ野線開通

1976(昭和51)年4月8日／相鉄線の二俣川駅といずみ野を結ぶいずみ野線が開通。その後延伸が次々と進み、1999年には小田急江ノ島線、横浜市営地下鉄と接続する湘南台駅(藤沢市)まで開通した。写真は緑園都市駅近くを走るいずみ野線

## ミナトヨコハマをＳＬが走った

1980(昭和55)年6月13日／開港120周年と横浜商工会議所創立100年の記念行事でミナトヨコハマをＳＬが走った。13～15日の3日間。貨物専用の東横浜駅(現在の桜木町駅前バスターミナル)～山下ふ頭間4.5㌔の国鉄・高島支線を走った。乗客は市民から公募。首都圏で初めての"ＳＬ復活"だった。写真は、現在のみなとみらいと赤レンガ倉庫を結ぶ「汽車道」を走る4両編成のＳＬ列車

### レトロ調気動車

1989(平成元)年3月・撮影日不明／開港130周年記念の横浜博覧会(ＹＥＳ89)が5月25日から10月1日まで開催され、旧日本丸に隣接した「日本丸駅」から「山下公園駅」までレトロ調のディーゼルカーが貨物線(現在の汽車道)を走った。この鉄道は期間限定で、博覧会終了後に三陸鉄道へ譲渡された

### 横浜新都市交通・金沢シーサイドライン

1989(平成元)年7月5日／新杉田駅～金沢八景駅間10.8㌔を結ぶ金沢シーサイドラインが開通。車輪はゴムタイヤ。開通当時にはキャラクターの「鉄腕アトム」のステッカーが車両前面に貼られていた。もともと無人運転用の施設で構成され、現在は完全に「無人運転」

### 成田エキスプレス

1991(平成3)年3月19日／「乗ったときから、フライト気分」をキャッチフレーズに、横浜～成田空港間を84分で結ぶＪＲ成田エキスプレス(NEX)が開通。横浜駅では開通を祝う記念式典が行われた

### 市営地下鉄あざみ野線延伸

1993(平成5)年3月17日／新横浜から港北ニュータウンを経てあさみ野に至る、横浜市営地下鉄3号線の延伸区間10.9㌔が完成。17日開通式が行われ、18日から開業した。写真はあざみ野駅

### クモハ12型お別れ運転

1996(平成8)年3月24日／JR鶴見線の武蔵白石～大川駅間を走り続けていた1両編成電車「クモハ12型」の引退式が行われた。武蔵白石駅では「Good・by・クモハ」のヘッドマークを付けたクモハ型がカメラを手にしたファンに取り囲まれた

# 線路はつづく

## 東横線の横浜～桜木町駅間廃止

2004(平成16)年1月30日／72年間乗客を運び続けてきた東急東横線の横浜～桜木町駅間が廃止され、渋谷行きの最後の急行電車を見送るファンで桜木町駅のプラットホームは溢れた

## みなとみらい線発車

2004(平成16)年2月1日／横浜の元町と中華街から都心に直行できる「みなとみらい線」が開通。1日に横浜の始発駅「元町・中華街駅」で発車式が行われ、1番電車の運転士と車掌さんに花束が贈られた

## さよならブルートレイン

2009(平成21)年3月13日／東京と九州を結ぶ最後のブルートレイン「富士・はやぶさ」(大分、熊本行き)が13日の出発で廃止された。ＪＲ横浜駅では約1500人のファンが見送り、午後6時半ごろ、長い警笛を鳴らして青い列車が動き出すと「ありがとう」の声とともに大きな拍手が贈られた

◉第四部

# 語り継ぐ神奈川

特別寄稿

# 昭和史に重ねた人生

紀田順一郎
●県立神奈川近代文学館館長、評論家

横浜港を見下ろす「港の見える丘公園」に立つと、展望台の周辺は若い人々の元気な声があふれていた。
「あれが新しくなったマリンタワーよ。一度のぼってみたいね」
「いま渡ってきたベイブリッジが、よく見えるわね」
歓声や屈託のない笑い声を耳にしながら、私はいつしか自分の感慨にふけっていた。

終戦後二年目、まだこの一帯は米軍に接収されていたが、私たち下町（本牧方面や山下町界隈）の子どもたちは、「ＯＦＦ ＬＩＭＩＴＳ」という日本人向けの「立入禁止」の制札などは完全無視で、どんどん入り込んでは伸び放題の芝生の上で鬼ごっこや相撲に興じたものだった。遊び疲れると、丘の突端に並んで海を眺めた。港の埋め立てや拡張の行われる二十年以上も前のこと、崖下にまで波が迫り、遠い青ざめた海の面には、もうもうと煙を吐き出す三本マストの貨物船が見えた。気がつくと、少し離れたところにじっと肩を寄せ合う二、三組の男女がいた。まだ「カップル」や「デート」などという言葉が生まれる遙か以前、「逢い引き」や「アベック」などの新語が生まれたばかりの時代である。戦時中は全面的に禁じられていた風俗に、子どもたちは好奇の目を向けようとして、ためらいを感じた。「港が見える丘」の、気だるいメロディーが流行しはじめたころである。

――戦後という時代の、何でもない記憶といえばそれまでだが、すでに多くの人々にとっては忘却の彼方に入っているかもしれない。私自身に即していえば、たまたま横浜開港一五〇年という節目に合わせ、回想録を執筆中という事情も手伝って、いまや全身が回顧モード一色となっているということがある。たとえば当時の報道写真を一枚見ても、思い出が後から後から紡ぎ出されてくるのを抑えることができない。のみならず「あのころ、自分は何を考えていたのだろうか」などと、自らの過去や人生と重ね合わせようとしていることに気がつく。つまり、客観的な写真の上に人生の輪郭を形づくり、意味づけをしようとしているのである。これが、若いころの単なる回顧と異なる点であろう。

一九三五（昭和十）年生まれの私にとって、最初の鮮明な記憶は五歳のときの「紀元二千六百年祭」の街頭風景である。横浜市内を走りまわる花電車や、店ごとに掲げられた提灯がズラリと並んだ弁天通の幻想的な夜景が印象にのこっている。かてて加えて百貨店や芝居小屋、映画館、老舗の菓子舗などが軒を連ねた伊勢佐木町のにぎわいなど、平和な時代の横浜の輝きが眼前に彷彿するが、同時にそれらが大佛次郎の小説に出てくる開化期の幻燈画のように、淡く儚い思い出となってしまったのを、いかんともし難い。

突然、まさに突然に舞台は暗転したのであった。一九四一（昭和十六）年に戦争勃発、その翌々年に国民学校一年生となった私は、雑音の多い真空管ラジオから「トントン、トンカラリと隣組」などという歌を覚えたが、そのような光景もつかの間、空襲の危険が切迫する中での疎開さわぎ、慣れない環境に加えての陰湿なイジメ、学用品の不足、食糧難……と矢継ぎ早に襲う災厄には、三人の弟妹たちの表情からも笑いが消えたのを憶えている。

四十万発以上の焼夷弾が落とされたという横浜大空襲と、その焦土の中を疎開先から戻った際の、不安と絶望については、短い文章で表すことは難しい。しかも真の困難はこの時点から始まったので、それまでの出来事は揺籃期の挿話にすぎなかった。一口に昭和史というが、私の場合は焼け跡が原点であり、常にそこへと立ち戻るより仕方がないのである。

戦後六十余年、私と共通の体験をもつ人々は、いまや少数派となってしまったことも否定し難い。しかし、好んでこのような体験をしたのではなく、ましてや自己責任でこのような体験の中に陥ったのではないことだけは、強調しておかなければなるまい。

冒頭の場面に立ち戻って、横浜港の繁栄を目のあたりにしながら、一つ重要なことに思い当たった。それは、横浜という都市の歴史的な本質をキーワードに要約すると、ただ一つ「復興」ということばがふさわしいのではないか、ということだ。私はこの言葉が戦後しばらくの間、耳にタコが出来るほど繰り返されたことを、近年すっかり忘れていた。

過去一世紀以上にわたり、開港時代の大火、関東大震災および戦災と、全国主要都市の中で横浜ほど再三壊滅的な打撃を受けたところはないが、そのつど「復興」を合言葉に、文字通り奇跡の再建をとげてきた。ある地域に、復興や再建への意志が強力なＤＮＡ（遺伝子）として埋め込まれているということは十分にあり得る。そのように考えることも、郷土愛の一つの拠り所になると考えるのは私一人ではないだろう。

きだ・じゅんいちろう／一九三五年、横浜生まれ。慶應義塾大学経済学部卒。『永井荷風』『東京の下層社会』『名著の伝記』など、文学、近現代の社会風俗、書誌など幅広く論じるほか、推理小説の創作も手がける。二〇〇八年、『幻想と怪奇の時代』で日本推理作家協会賞受賞。神奈川文化賞受賞。現在、財団法人神奈川文学振興会理事長。県立神奈川近代文学館長を務める。

# 神奈川 ゆかりのシネマ

## 川崎 *Kawasaki*

◎1961年「**駅前団地**」
久松静児監督、森繁久弥、伴淳三郎

◎1963年「**江分利満氏の優雅な生活**」
岡本喜八監督、小林桂樹、新珠三千代

◎1968年「**めぐりあい**」
恩地日出夫監督、黒沢年男、酒井和歌子

◎1972年「**現代やくざ　人斬り与太**」
深作欣二監督、菅原文太、安藤昇

◎1979年「**俺たちの交響楽**」
朝間義隆監督、武田鉄矢、永島敏行

## 横浜 *Yokohama*

◎1931年「**かんかん虫は唄ふ**」
吉川英治原作、田坂具隆監督、田中春男

◎1934年「**霧笛**」
大仏次郎原作、村田実監督、中野英治

◎1934年「**多情仏心**」
阿部豊監督、江川宇礼雄

◎1935年「**お伝地獄**」
石田民三監督、鈴木澄子

◎1941年「**鞍馬天狗・薩摩の密使**」
大仏次郎原作、菅沼完二監督、嵐寛寿郎

◎1943年「**奴隷船**」
丸根賛太郎監督、市川右太衛門

◎1943年「**姿三四郎**」
黒沢明監督、藤田進、大河内伝次郎

◎1949年「**悲しき口笛**」
家城巳代治監督、美空ひばり

◎1953年「**やっさもっさ**」
獅子文六原作、渋谷実監督、淡島千景、小沢栄

◎1957年「**俺は待ってるぜ**」
蔵原惟繕監督、石原裕次郎、北原三枝

◎1963年「**天国と地獄**」
黒沢明監督、三船敏郎、仲代達矢

◎1964年「**赤いハンカチ**」
舛田利雄監督、石原裕次郎、浅丘ルリ子

◎1966年「**ひき逃げ**」
成瀬巳喜男監督、高峰秀子、司葉子

◎1978年「**冬の華**」
倉本聡脚本、降旗康男監督、高倉健、田中邦衛

◎1984年「**喜劇・家族同盟**」
前田陽一監督、中村雅俊、中原理絵、ミヤコ蝶々

◎1986年「**キネマの天地**」
山田洋次監督、渥美清、中井貴一

◎1987年「**あぶない刑事**」
長谷部安春監督、舘ひろし、柴田恭兵

◎1992年「**ゴジラ対モスラ**」
川北紘一監督、別所哲也、小林聡美

◎1993～96年「**私立探偵 濱マイク**」
林海象監督、永瀬正敏

◎2008年「**大決戦！超ウルトラ８兄弟**」
八木毅監督、長野博、つるの剛士

**オデヲン座**（横浜松竹）
「オデヲン座」は国内最初の洋画封切館だった。太平洋戦争中は米国映画は上映禁止となり、戦災は免れたものの、接収で「オクタゴン劇場」と改名された。接収解除後は「横浜松竹映画劇場」に。

## 湘南 *Shonan*

◎1932年「**天国に結ぶ恋**」
五所平之助監督、竹内良一

◎1938年「**母と子**」
渋谷実監督、吉川満子、田中絹代

◎1949年「**晩春**」
小津安二郎監督、笠智衆、原節子、杉村春子

◎1951年「**麦秋**」
小津安二郎監督、原節子、笠智衆、杉村春子

◎1954年「**山の音**」
川端康成原作、成瀬巳喜男監督、原節子、山村聡、上原謙

◎1971年「**八月の濡れた砂**」
藤田敏八監督、広瀬昌助、村野武範

◎1979年「**ガラスのうさぎ**」
橘祐典監督、蝦名由起子、長山藍子

◎1983年「**小説吉田学校**」
森谷司郎監督、森繁久弥、夏目雅子

◎1989年「**彼女が水着に着がえたら**」
馬場康夫監督、原田知世、織田裕二

◎1990年「**稲村ジェーン**」
桑田佳祐監督、加勢大周

## 横須賀・三浦 *Yokosuka/Miura*

◎1941年「**八十八年目の太陽**」
滝沢英輔監督、徳川夢声

◎1956年「**太陽の季節**」
古川卓巳監督、長門裕之、南田洋子

◎1956年「**狂った果実**」
中平康監督、石原裕次郎、津川雅彦

◎1960年「**豚と軍艦**」
今村昌平監督、長門裕之、丹波哲郎

◎1975年「**港のヨーコ・ヨコハマ・ヨコスカ**」
山根成之監督、早乙女愛、松坂慶子

◎1983年「**日本海大海戦・海ゆかば**」
舛田利雄監督、三船敏郎、沖田浩之

◎1991年「**あの夏、いちばん静かな海。**」
北野武監督、真木蔵人

# ハマから始まった「封切り」

シネマトグラフという名の映画が、日本に上陸したのは1897(明治30)年。1世紀を超す映画史上、神奈川が果たした役割は意外に大きい。明治・大正・昭和3代のエポックを振り返る。

1911(明治44)年12月25日、横浜・伊勢佐木町にオデヲン座が開館した。全国に鳴らした洋画の封切館は2階建て約1500席。最新の映写機とサイレント映画用のオーケストラボックスを備えていた。

洋画は東京に先駆けて、オデヲンにかかった。「封切り」「ファン」という言葉は、ここから生まれたとされる。洋画の輸入と邦画の輸出に尽くした川喜多かしこは、フェリス在学中にオデヲンに通った。

戦後は米軍に接収されてオクタゴン劇場と名を変え、その時点でオデヲン座の歴史は実質的に終わる。

大正に入って1920(大正9)年4月。ガラス張りの堂々たる撮影所を持つ映画会社が横浜に誕生した。大正活動写真(後に大正活映、略称・大活)。

大活は脚本担当に作家の谷崎潤一郎、監督に秦野出身で米国帰りのトーマス栗原を迎え、「アマチュア倶楽部」など革命的映画を撮った。シナリオを作り、クローズアップなど映画固有の表現を初めて取り入れた作品は「純映画劇」と呼ばれた。

が、大活の命運は2年ほどで尽きる。映画史に残る作品は必ずしも観客動員に結びつかず、関東大震災で撮影所は倒壊した。1920年は、横浜が生んだ大女優・原節子が生まれた年でもある。

そして昭和。1936(昭和11)年1月、38台のバスとハイヤーがキラ星のような俳優や監督を乗せて東京・蒲田から鎌倉街道を西下した。松竹が新しい〝キネマの天地〟として大船に撮影所を開いた。

戦前は大ヒット作「愛染かつら」、戦後は日本初のカラー映画「カルメン故郷に帰る」や小津安二郎監督の「東京物語」、そして「男はつらいよ」など、松竹大船作品は約1500本に上る。

この間、映画界の斜陽化は深刻さを増し、松竹は撮影所の一角に鎌倉シネマワールドをオープン(1995年)させたが、それもあだ花。2000年6月30日、大船撮影所は64年の歴史の幕を閉じた。

今、活気を取り戻しつつある映画界。神奈川を舞台にした先人たちの進取の精神と敢闘に敬意を表する。

(映画評論家・服部 宏)

**ヨコハマ映画祭**

2009年で30回を迎えたファン手作りの日本映画の祭典。撮影の合間を縫って登場、「ハマの空気が吸いたくて…」と名セリフを残した高倉健氏や、北野武監督ら多くの名監督、銀幕のスターが舞台に上がった。第30回のベストワンに輝いたのは、アカデミー賞外国語映画賞を受賞した「おくりびと」(滝田洋二郎監督)だった。

## 県央 *Kenoh*

◎1951年「**三太物語**」
丸山誠治監督、神戸文彦

◎1958年「**鰯雲**」
和田伝原作、成瀬巳喜男監督、淡島千景

◎1967年「**日本のいちばん長い日**」
岡本喜八監督、三船敏郎、黒沢年男

◎1978年「**事件**」
大岡昇平原作、野村芳太郎監督
松坂慶子、大竹しのぶ

## 県西 *Kensei*

◎1938年「**虹立つ丘**」
大谷俊夫監督、岸井明

◎1952年「**箱根風雲録**」
山本薩夫監督、河原崎長十郎、山田五十鈴

◎1952年「**波**」
山本有三原作、中村登監督、佐分利信、淡島千景

◎1962年「**箱根山**」
獅子文六原作、川島雄三監督、東山千栄子、加山雄三

**松竹大船撮影所**

1936年の開設以来、1500余りの映画を作り続けてきた夢工場だったが、2000年に64年の幕を閉じた。「寅さん」シリーズでおなじみの山田洋次監督ら大船育ちのスタッフが製作現場を支えた。

# 神奈川を彩った音楽

## ハマのジャズと湘南サウンズ

東日本の洋楽ことはじめは、ペリー提督がもたらしたとされる。第1回日本遠征で浦賀へ来航したのが1853年7月（嘉永6年6月）、条約調印のための第2回遠征で横浜に上陸したのは翌年3月（嘉永7年2月）。一行約200人の中には指揮者と音楽隊が含まれていた。来日早々、林大学頭ら日本側委員を招待した「ボウハタン」での饗宴ではミュージカル・ショーを披露している。明治初期には、外国人居留地の人々がゲーテ座を中心に、室内楽やオペラを上演、別世界のヨコハマを楽しんでいた。

こうして一寒村に過ぎなかった横浜から発信された西洋音楽は、ゆるやかに日本に根づいていった。大正・昭和と続いた平和な時代は、1937（昭和12）年に勃発した「日中戦争」で一変する。音楽といえば軍歌か軍国歌謡。敵国音楽と名指された豊かな響きは、生活の中から消え去った。

戦後、心身ともに疲弊した日本人を鼓舞したのが、FEN（米軍の極東放送）から流れるジャズだった。心地好いリズムは、復興へのエネルギーともなった。1948（昭和23）年10月、横浜・野毛にジャズ喫茶「ちぐさ」が再開した。狭い店だが、レコードはふんだんにある。ジャズ・ファンに混じって、秋吉敏子、渡辺貞夫、日野皓正、谷啓ら後のジャズ・シーンを牽引するミュージシャンも日々勉強に通った。彼らの主戦場は横浜、横須賀の米軍キャンプやクラブだった。名代の頑固者だが「おやじ」と慕われた経営者・吉田衛（故人）は後に、ジャズ音楽普及の功績で横浜文化賞を受賞する。

ジャズから派生したブルースやブギウギは歌謡曲にも取り入れられ、新しいジャンルを開いた。戦前の「別れのブルース」は本牧チャブ屋をイメージし、原題は「本牧ブルース」。横浜は格好の舞台だった。

1960年代には、ベンチャーズの来日を契機にエレキギター・ブームがまき起こる。パイオニアの寺内タケシは、今も「エレキの神様」として、横浜を拠点に活躍している。エレキ・ブームはグループサウンズに引き継がれ、ザ・ワイルドワンズなどが加山雄三とともに湘南サウンズを発信。爽やかな風を送った。70年代に入って湘南サウンズは桑田佳祐とサザン・オールスターズが担った。

音楽を聴く時代から誰もが自由に作る時代へ移行。ストリートミュージシャンが増えていった。横浜・伊勢佐木町からは「ゆず」が巣立った。

2009年、横浜は開港150周年を迎え、港周辺の再整備を進めた。新生ヨコハマの港を舞台に、どのようなミュージック・シーンが展開されるか。

（元神奈川新聞文化部・高田達也）

**横浜ブーム**

右／ずらりと並んだ“ヨコハマもの”のレコード・ジャケット。昭和40年代の歌謡界は横浜ブーム。横浜を歌った、いわゆる“ヨコハマもの”が毎年のようにリリースされた。「伊勢佐木町ブルース」「ブルー・ライト・ヨコハマ」「よこはま　たそがれ」の3曲がミリオンセラーを記録、その他もほとんどが10万枚台に乗せた。「横浜ものは年代に関係なく売れる。売れ方も地元から周辺へと広がって行く」とレコード店。エキゾチズムが魅力の根源らしい

**「ちぐさ」で生ジャズ**

左頁／横浜・野毛の路地に突然ジャズが響いた。ジャズ喫茶「ちぐさ」のおやじ吉田衛さんの横浜文化賞受賞を祝って集まったミュージシャンたちの即興演奏だった。この店でレコードを聴いて学んだいわば同窓生。おやじ（左端）を囲んで右から秋吉敏子、日野皓正、金井英人、谷啓、原信夫、安田伸。豪華すぎる顔ぶれだった＝1986（昭和61）年12月11日

♫神奈川ゆかりのヒット曲

| 年 | 曲　名 | 歌　手 |
|---|---|---|
| 1937 | 別れのブルース | 淡谷のり子 |
| 1947 | 港が見える丘 | 平野愛子 |
| 1949 | 港ヨコハマ花売り娘 | 岡晴夫 |
|  | 悲しき口笛 | 美空ひばり |
| 1951 | 上海帰りのリル | 津村謙 |
| 1956 | 浜っ子マドロス | 美空ひばり |
|  | 狂った果実 | 石原裕次郎 |
| 1957 | 俺は待ってるぜ | 石原裕次郎 |
| 1966 | 思い出の渚 | ザ・ワイルドワンズ |
| 1967 | 夜霧よ今夜もありがとう | 石原裕次郎 |
| 1968 | ブルー・ライト・ヨコハマ | いしだあゆみ |
|  | 伊勢佐木町ブルース | 青江美奈 |
|  | 長い髪の少女 | ザ・ゴールデンカップス |
| 1971 | よこはま　たそがれ | 五木ひろし |
| 1975 | 港のヨーコ・ヨコハマ・ヨコスカ | ダウンタウンブギウギバンド |
| 1976 | 横須賀ストーリー | 山口百恵 |
| 1978 | 追いかけて横浜 | 桜田淳子 |
|  | かもめが翔んだ日 | 渡辺真知子 |
|  | 勝手にシンドバッド | サザン・オールスターズ |
| 1979 | いとしのエリー | サザン・オールスターズ |
| 1981 | 横浜ホンキートンクブルース | エディ藩 |
|  | ヨコハマチーク | 近藤真彦 |
| 1982 | 恋人も濡れる街角 | 中村雅俊 |
| 1985 | 恋に落ちて | 小林明子 |
| 1989 | ふりむけばヨコハマ | マルシア |
| 1999 | Love affair（ラブ・アフェア）～秘密のデート～ | サザン・オールスターズ |
| 2002 | アメ車と夜と本牧と | クレージーケンバンド |
| 2004 | 桜木町 | ゆず |

**文化賞の審査風景**

第6回の神奈川文化賞・スポーツ賞審査委員会には評論家の長谷川如是閑、作家の大仏次郎、東京芸術大学教授の村田良策、横浜国立大学長の江国正義、関東学院大学長の白山源三郎各氏をはじめ、山口潦県会議長、内山県知事、平沼亮三横浜市長、佐々木秀夫神奈川新聞社社長らが出席。横浜市港北区の県迎賓館で行われた＝1957(昭和32)年10月16日

## 輝く航跡

# 神奈川文化賞

神奈川の文化向上とスポーツの振興発展に寄与するため、神奈川新聞創刊10周年の記念行事として１９５２(昭和27)年、神奈川県と共同主催で、神奈川文化賞・スポーツ賞を制定。文化の日の11月３日、第１回贈呈式が行われた。

復興半ばの時代だったが、郷土神奈川を混乱と動揺から守り抜くには、あらゆる文化の再建に努め、積極的に文化水準向上をめざす必要がある、というのが制定の趣旨だった。

審査員は、文学、芸術、学術、スポーツなど各専門分野の人たちが務めている。

**大仏次郎さんらが受賞**

第10回の神奈川文化賞・スポーツ賞の贈呈式が県立音楽堂で行われ、文化賞は「学術・田衡吉」「文学・大仏次郎」「芸術・パヴロバ・ナデジダ」「社会福祉・黒川フシ」「体育・山口久像」「産業・細谷力蔵」の各氏に。スポーツ賞は、水泳の杉本紘一さんと慶応高校硬式庭球部、横浜市立商業高校漕艇クラブが受賞した＝1961（昭和36）年11月3日

## ◉神奈川文化賞を彩った人々

1961年度　大仏次郎
1967年度　沢田美喜
1971年度　奥田良三
1974年度　渡辺はま子
1978年度　片岡球子・高木東六
1981年度　中田喜直
1984年度　永井路子
1989年度　神奈川フィルハーモニー管弦楽団
1990年度　団伊玖磨
1991年度　城山三郎
1992年度　平山郁夫
1993年度　山田太一
1994年度　安西篤子・新藤兼人
1995年度　今村昌平
1996年度　熊田千佳慕・桂　歌丸
1997年度　中野孝次
1999年度　大島　渚
2000年度　岸　恵子
2001年度　江成常夫
2002年度　石本美由紀
2005年度　野口聡一
2006年度　村上　龍・寺内タケシ
2007年度　加山雄三

# 号外この20年

(1)

号外

読者相談室 045(411)7666
直通電話045(411)
編集局 7648 メディア局 7685
販売局 7510 出版局 7570
広告局 7530 企画開発局 7544
総務局 7450

ホームページのアドレス
http://www.kanagawa-np.co.jp

神奈川新聞

〒220-8588 横浜市西区花咲町6-145 電話 045-411-2222

4月24日
火曜日
2001年(平成13年)
神奈川新聞社

明治34年2月15日第3種郵便物認可 (日刊)

神奈川新聞の購読の申し込みは
フリーダイヤル
0120-446709
転居先にも、その日からお届けします

## 小泉 自民総裁が誕生

自民党総裁選本選で圧勝。小泉純一郎新総裁が誕生。がんばろう…と気勢を上げる＝24日午後2時8分、東京・自民党本部

## 26日、総理就任へ

### 県出身で初

### 地方の圧倒的支持背景に

神奈川県選出（衆院11区）の小泉純一郎元厚相が二十四日、自民党総裁に選出され第八十七代内閣総理大臣に就任することが事実上、決まった。県選出議員の総理就任は片山哲氏（社会党、一九四七年）以来、五十四年ぶり。県出身者としては初めて。二十六日に新政権が発足する。

この日行われた総裁選の本選挙では亀井静香政調会長が辞退し、三候補で争われた結果、小泉氏が一回目の投票で二百九十八票の過半数を獲得。百五十五票の橋本龍太郎行革担当相、三十一票の麻生太郎経済財政担当相を抑えた。

出馬直前に会長を務めた森派を離脱した小泉氏は予備選の段階から、構造改革断行、派閥政治解消など他候補との違いを明確に打ち出し、最有力とみられていた橋本氏をはじめ、他候補を大きく引き離す支持を集めた。

従来の自民党の主張と手法を否定する戦いぶりは、夏の参院選を前に危機感を強める地方の党組織や党員に支持を拡大。都道府県予備選では支持国会議員数での劣勢をはね返し、地方票の九割を獲得する圧勝をおさめた。小泉新総裁は「雄々しく改革に立ち向かう」と決意を述べた。

**小泉 純一郎氏**（こいずみ・じゅんいちろう）1942年横須賀市生まれ。慶大卒。衆院11区選出で10期。厚相、郵政相、大蔵政務次官などを歴任。総裁選へは95年、98年にも挑戦。祖父・又次郎氏は戦前の逓信相、父・純也氏は防衛庁長官を務めた。趣味は歌舞伎や映画鑑賞。59歳。

◉2001（平成13）年4月24日

号外

神奈川新聞

9月12日 水曜日 2001年(平成13年) 神奈川新聞社

# 「死者1万人」と報道

## 米国中枢同時テロ 軍も厳戒

## 首都に非常事態宣言

ニューヨークとワシントンで十一日朝（日本時間同夜）起きた同時多発テロは、米全土を恐怖のどん底にたたき込んだ。ブッシュ大統領はテロを非難、犯人逮捕や米政府の機能維持に全力を尽くすと言明。米軍が高度警戒態勢に入り、ワシントンには非常事態宣言が出されたが、米経済や市民生活はまひ状態に陥った。ニューヨークの世界貿易センタービル崩壊の死傷者は数千人に達する見通しだが、死者一万人に達するとの報道もある。同ビルに入居している日本企業は徹夜で社員の安否確認に追われたが、連絡がつかない社員も多い。テロの黒幕とされるサウジアラビア出身の富豪、ウサマ・ビン・ラディン氏とつながりのある人物がかかわっているとの情報も。発生から六時間以上すぎ、世界の金融、政治の中心地の緊張はますます高まった。

【ニューヨーク11日共同】米国で十一日朝、四機の旅客機が次々に乗っ取られ、ニューヨーク・マンハッタンにある世界貿易センターに突っ込むなどした米中枢同時テロで、ニューヨーク警察当局は同日、世界貿易センタービル崩壊による死傷者数は数千人に達する見通しだと明らかにしたが、米FOXテレビは死者が一万人に達する可能性もあると報じた。

日本政府

## 安保会議を開催

### 米軍施設の警備を強化

3人全員が無事

神奈川新聞　1991年（平成3年）1月17日

# 対イラク ついに開戦

〈号外〉

## 多国籍軍が空爆開始

## バグダッドに火炎上る

【ワシントン十六日共同】米ABCテレビが十六日、バグダッド特派員電で伝えたところによると、十七日未明（日本時間同日朝）、イラクのバグダッド市内で空襲が始まった。サウジアラビア駐留米軍は対イラク軍事作戦が始まったと発表した。

サウジアラビアの米軍基地で駐機する米空軍のA10対地攻撃機（AP＝共同）

ブッシュ・米大統領

フセイン・イラク大統領

国連安保理が定めた今月十五日のイラク軍撤退期限切れから一日目。昨年八月のイラク軍のクウェート侵攻後、国連はじめさまざまな外交的努力が行われたが、これにより湾岸危機は最悪の事態に突入した。

湾岸に展開する多国籍軍は計六十八万人、クウェートおよびイラク南部のイラク軍は計五十四万人にのぼり、同地域に結集した総兵力、火力は第二次大戦以降、最大規模となる。さらに世界最大の原油生産地帯であるペルシャ湾岸で発生した戦火は、原油供給面から世界経済にも深刻な影響を及ぼすことは必至だ。

### 多国籍軍の行動を支持

政府声明

政府は湾岸での開戦を受けて、十七日海部首相を座長に外相、蔵相、防衛庁長官ら八閣僚で構成する安全保障会議を開き今後の対応を協議。次いで臨時閣議を招集し情報分析・収集、対応策の立案などを行う「緊急対策本部」（本部長・海部首相）の設置を決定する。また首相談話の形で政府声明を発表、米国など多国籍軍の行動を国連決議に基づくものとして支持し、イラク軍のクウェートからの即時撤退を求める見解を打ち出す。

### 湾岸危機の経過

1990年8月2日　イラク軍がクウェート侵攻。国連安保理即時無条件撤退決議

8・8　イラクがクウェート併合を発表。米大統領、米軍をサウジアラビアに派遣すると発表

8・10　緊急アラブ首脳会議、アラブ合同軍のサウジアラビア派遣を決議

8・18　イラクが外国人の拘束を発表。国連安保理が外国人の無条件解放を決議

11・29　国連安保理が対イラク武力行使容認の決議を採択

11・30　ブッシュ米大統領がイラクに両国外相相互訪問による直接対話を提案

12・5　イラクが直接対話提案の受諾を通告

12・6　イラクがすべての外国人解放を発表

1991年1・9　ジュネーブで米イラク外相会談

1・12　米上下両院、ブッシュ大統領の軍事力行使承認

1・13　バグダッドで国連事務総長がフセイン大統領と会談

1・15　国連が定めたイラク軍のクウェート撤退期限（日本時間16日午後2時）切れる

◉2001（平成13）年9月12日

◉1991（平成3）年1月17日

（1）　明治34年2月15日第3種郵便物認可　神奈川新聞　1998年（平成10年）10月26日　月曜日　（日刊）

神奈川新聞

〒220-8588横浜市西区花咲町
神奈川新聞社
☎045（411）　総務局7450
編集局7648　販売局7510

# 横浜、日本一

〈号外〉

神奈川新聞の購読申し込みは
フリーダイヤル　0120-446709

## 駒田が殊勲打　最後は大魔神

横浜ベイスターズ、歓喜の日本一―。

プロ野球日本シリーズの横浜ベイスターズ―西武ライオンズ第6戦は二十六日夜、横浜スタジアムで行われ、横浜が　勝った。横浜はシリーズ4勝2敗とし、一九六〇（昭和35）年以来三十八年ぶり二度目の日本一に輝いた。

第5戦で20安打を放ったマシンガン打線は、七回まで2安打と湿った。しかし、シリーズ初登板の川村が四回まで毎回得点圏に走者を背負ったものの、後続を打ち取り八回途中まで西武を無得点に抑えた。

この好投にこたえ八回、二死一、二塁から駒田が右中間フェンス直撃の殊勲の二塁打を放ち2点をもぎとった。中継ぎの阿波野、最後は大魔神・佐々木が1点を奪われたものの抑えきった。

横浜がリーグ優勝を決めたのは（十月八日）甲子園球場だった。

この夜は、横浜スタジアムを埋めた三万の地元ファンの前で、権藤監督が何度も宙に舞った。

胴上げゲームに先発、西武打線を8回途中まで無得点に抑える力投を演じた川村　＝横浜スタジアム

| | | | | |
|---|---|---|---|---|
| 西武 | 000 | 000 | 001 | 1 |
| 横浜 | 000 | 000 | 02X | 2 |

◉1998（平成10）年10月26日

◉2009（平成21）年3月24日

号外 2009年（平成21年）3/24［火曜日］ 神奈川新聞

侍 執念の連覇

延長で宿敵韓国下す

イチロー決勝打 MVPは松坂

▽決勝

| | | | | | |
|---|---|---|---|---|---|
| 日本 | 001 | 000 | 110 | 2 | 5 |
| 韓国 | 000 | 010 | 011 | 0 | 3 |

（延長十回）

（日）岩隈、杉内、ダルビッシュ―城島
（韓）奉重根、鄭現旭、柳賢振、林昌勇―朴勍完、姜珉鎬
▽本塁打　秋信守（韓）

【ロサンゼルス23日共同】「侍ジャパン」が世界一―。野球の第2回ワールド・ベースボール・クラシック（WBC）日本代表は二十三日、決勝で延長戦の末、宿敵韓国を5―3で下して大会連覇を達成した。ロサンゼルスのドジャースタジアムに、サムライたちの歓喜の声がこだました。

日本は3―3の延長十回二死二、三塁からイチロー（マリナーズ）が2点適時打を放って勝ち越した。最優秀選手には2大会連続で松坂大輔（レッドソックス）が選ばれた。

韓国とは今大会5度目の対戦。1次、2次ラウンドとも1勝1敗と互角の戦いを繰り広げてきたライバルとの決戦に見事勝利した。

日本代表は昨年の北京五輪で4位と、メダルを逃す屈辱を味わった。大リーグで活躍するイチロー、城島健司（マリナーズ）や松坂ら二月十五日からの宮崎合宿を経て選び抜かれた最強メンバーが、原辰徳監督の下、日本野球の威信復活を懸けて力を結集。アマチュア最強のキューバ、野球発祥国の米国、そして北京五輪金メダルの韓国を退けて、世界の頂点を再び極めた。

10回日本2死二、三塁、イチローが中前に勝ち越しの2点打を放つ。投手林昌勇＝ドジャースタジアム（共同）

号外 8月19日 木曜日 2004年（平成16年） 神奈川新聞

競泳二百平 北島 2冠達成

ハンセンら圧倒

女子二百バタ 中西が銅

男子二百㍍平泳ぎ決勝で2分9秒44の五輪新で金メダルを獲得した北島康介＝水泳センターメーンプール（共同）

【アテネ18日共同】アテネ五輪第6日の十八日、競泳男子二百㍍平泳ぎで北島康介（二一）＝日体大、東京SC＝が百㍍平泳ぎに続いて優勝し、今大会2個目の金メダルを獲得した。

競泳日本選手の1大会個人2種目制覇は五輪史上初めて。男子二百㍍平泳ぎの金メダルは一九五六年メルボルン五輪の古川勝以来、48年ぶり4人目（5度目）。

競泳で日本の1大会金メダル2個は、七二年ミュンヘン五輪で男子百㍍平泳ぎの田口信教と女子百㍍バタフライの青木まゆみが獲得して以来。

北島は決勝で百㍍、二百㍍の世界記録保持者、ブレンダン・ハンセン（米国）らを下し、昨年の世界選手権に続く2冠を達成。平泳ぎ世界一を再び証明した。

また、女子二百㍍バタフライの中西悠子（枚方SS）も三位に入り銅メダルを手にした。



◉2004（平成16）年8月19日

神奈川新聞 記念号外

W杯 横浜ゴール

決勝開催 本決まり

2002年6月、国際競技場で

神奈川新聞の購読申し込みは フリーダイヤル 0120-446709

世界最高のあの感動が、ついに横浜にやってくる―。サッカーの二〇〇二年ワールドカップ（W杯）決勝戦が横浜国際総合競技場（港北区小机）で行われることが六日、東京都内で開かれた日本組織委員会（JAWOC）理事会で正式に決定した。

二〇〇二年W杯は、アジアで初めて開かれ、しかも日本と韓国による史上初の二カ国共同開催で行われる。まさに二十一世紀初のW杯を飾るにふさわしい記念碑的大会となる。

国内開催都市は、横浜市など十自治体がすでに決定している。予定では世界の地域予選を勝ち抜いた三十二カ国による全六十四試合が日韓で二分され行われるが、開幕戦は韓国で、決勝戦（二〇〇二年六月）は日本で開かれることが決まっていた。このうち〝大会の顔〟となる決勝会場について、横浜市と埼玉県が招致を表明し、激しく争ってきた。

横浜決勝決定について、招致活動の先頭に立ってきた高秀秀信横浜市長は「横浜でのゲームが世界の人々の心に長く残るものとなるよう、市民とともに準備に全力を尽くす」と話した。

五輪超えるイベント

サッカー・ワールドカップは国際サッカー連盟（FIFA）が四年に一度、オリンピックの中間年に主催するサッカーの世界選手権。一九〇四年のウルグアイ大会を皮切りに、九八年のフランス大会まで計十六回開かれている（途中、大戦で二度中止）。過去に、ブラジルの「王様」ペレ、アルゼンチンの「天才」マラドーナ、西ドイツ（現ドイツ）の「皇帝」ベッケンバウアーら数々の英雄伝説を生み出している。

参加国は、フランス大会の地域予選出場百六十八カ国・地域が最多。勝ち抜いた本大会出場チーム三十二も最大の大会だった。優勝は開催国の地元フランスで、同国内が興奮の渦に巻き込まれた。

本大会の観客数は、収容能力の大きい競技場をそろえたアメリカ大会（九四年）の三百五十八万人が過去最高。フランス大会でのテレビ視聴者数は全世界延べ四百億人と推定されている。

同大会を取材したメディア関係者が一万二千人。インターネットのホームページへのアクセス数は一カ月間で十一億三千七百万件を上回り、ギネスブックの公認記録。

単一競技の大会ながら、オリンピックを超える世界最大のスポーツイベントといわれている。

横浜国際総合競技場　一九九八年三月一日オープン。天然芝のフィールドの周囲に第一種公認全天候型トラックを備え、陸上、サッカーなどのスポーツ競技のほか、コンサートなど文化イベントにも対応できる。

収容人数は国内最多の七万五百六十四人。今年六月六日のキリンカップ・日本―ペルー戦では国内最高の六万七千三百五十四人を集めた。サッカーJ1リーグ、横浜F・マリノスのホームグラウンド。

国内で唯一、天然芝管理のためのヒーティングシステムを整備。大画面モニターや高速移動の自動テレビカメラなどハイテク装置もそろえる。競技場内部には横浜市スポーツ医科学センターやスポーツコミュニティプラザもあり、市民がスポーツに親しめる場になっている。横浜市港北区小机町。

◉1999（平成11）年8月6日

神奈川新聞

# オウム真理教 強制捜査

〈号外〉

## 監禁容疑で25カ所

### サリン事件関連も追及

◉1995（平成7）年3月22日

神奈川新聞

# 兵庫県南部で大地震

〈号外〉

## 死者200余、不明300人以上

### ビル倒壊、生き埋めも

十七日午前五時四十六分ごろ、近畿地方で直下型とみられる地震が発生、神戸と淡路島の洲本で震度６（烈震）を記録するなど関西地方の広い範囲で強い揺れがあった。

直下型M7.2

◉1995（平成7）年1月17日

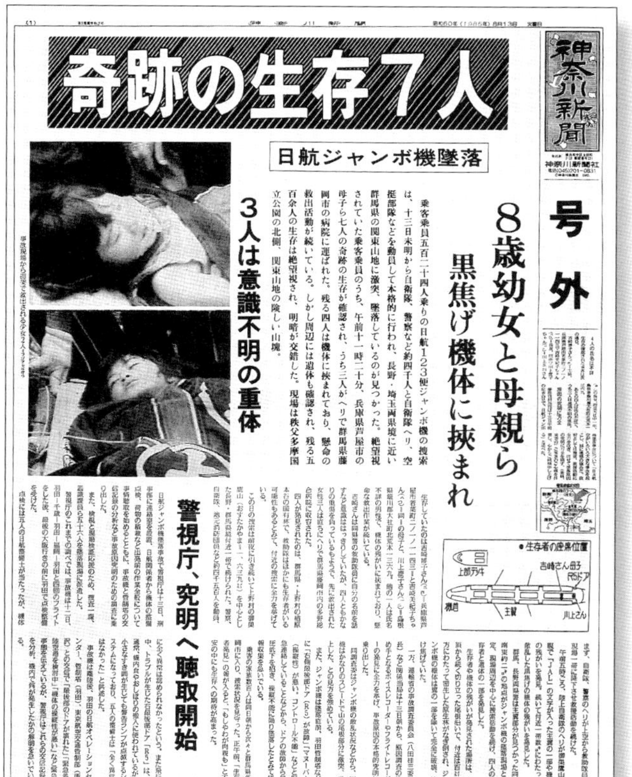

神奈川新聞

# 奇跡の生存７人

日航ジャンボ機墜落

号外

## 8歳幼女と母親ら黒焦げ機体に挟まれ

乗客乗員五百二十四人乗りの日航123便ジャンボ機の捜索は、十三日未明から自衛隊、警察など約四千人と自衛隊ヘリ、空挺部隊などを動員して本格的に行われ、長野・埼玉両県境に近い群馬県の関東山地に激突、墜落しているのが見つかった。絶望視されていた乗客乗員のうち、午前十一時二十分、兵庫県芦屋市の母子ら七人の奇跡の生存が確認され、うち三人がヘリで群馬県藤岡市の病院に運ばれた。残る四人は機体に挟まれており、懸命の救出活動が続いている。しかし周辺には遺体も確認され、残る五百余人の生存は絶望視され、明暗が交錯した。現場は秩父多摩国立公園の北側、関東山地の険しい山塊。

### 3人は意識不明の重体

### 警視庁、究明へ聴取開始

◉1985（昭和60）年8月13日

（1）　明治34年2月18日第3種郵便物認可　神奈川新聞　1989年（昭和64年）1月7日　土曜日　（日刊）

神奈川新聞

発行所　横浜市中区太田町2-23　郵便番号231
神奈川新聞社
☎045（201）0831
©神奈川新聞社　1989

〈号外〉

# 天皇陛下 崩御

## 皇太子殿下 新天皇にご即位

天皇陛下は七日午前六時三十三分、十二指腸乳頭部腫瘍（しゅよう）＝腺（せん）がん＝のため皇居・吹上御所で崩御された。八十七歳のご生涯だった。陛下の在位期間は六十二年で史上最長である。陛下のご逝去で、波乱に富んだ「昭和」は幕を閉じた。ご逝去に伴い皇太子明仁（あきひと）親王は、憲法第二条（皇位の継承）、皇室典範第四条（即位）に基づき皇位を継承、新天皇に即位された。五十五歳。新陛下は直ちに、皇居・宮殿「松の間」で行われる「剣璽（けんじ）等承継の儀」に臨み、天皇の印とされる剣璽（剣と曲玉＝まがたま）と国璽（こくじ＝国家の印）、御璽（ぎょじ＝天皇の印）の伝達を受けられる。儀式には男子皇族方のほか、竹下首相、矢口最高裁長官、原衆院、土屋参院議長ら二十七人が参列する。

ご正装の故天皇陛下＝昭和56年12月21日撮影

## 87歳、ご在位62年
## 政府、新元号選定に着手

### 心から哀悼の意

長洲知事の話　"昭和"という時代を背負われた陛下の六十二年間、大変なご苦労の連続であったろうと思います。初めの二十年は、あの悲惨な戦争の歴史とともに歩まれました。敗戦後、日本が復興し、今日の繁栄の姿をご覧になった。激動があっただけに心を痛められたことも数多かったでしょう。私自身、知事として数度のご報告の機会もあり感慨深いものがある。県民を代表し、心から哀悼の意を表します。

新天皇陛下

新皇后陛下

## 波乱の「昭和」に幕
### 宮殿で剣璽等承継の儀

### 故天皇ご略歴

### 新天皇ご略歴

### 新皇后ご略歴

吹上御所の談話室でアルバムをご覧になる故天皇、皇后両陛下＝昭和62年12月1日

◉1989（昭和64）年1月7日

# 「かながわの記憶」編集を終えて

新聞は、時代を、人々の記憶を切り取り、記録する。特に、報道写真は、何が今、起きているのかを、読者にわかりやすく伝え、語り継ぐ有力な手段といえます。

新聞発祥の地に生まれた神奈川新聞は、源流となる横浜貿易新聞（明治23年創刊）以来１２０年間、めまぐるしく変わる近現代史の証言者として、県民と喜怒哀楽を分かち合ってきました。本書は、その１２０年の歩みを記念する事業の一環として、写真グラフ「激流～かながわ昭和史の断面」（昭和57年発刊）を大幅に改訂、終戦の１９４５年から２００９年までに本社カメラマンが撮影した写真を中心に収録したものです。

編集作業は、映像部とともに、本社ＯＢの力も借り、本社資料室に保管された過去の写真などを精査。取材に当たった記者の証言、当事者のコラム、世相を盛り込み、県民がたどってきた足取りをわかりやすく振り返ることを心がけました。

太平洋戦争の終結以来、65年の歳月が流れました。敗戦から占領、そして独立。その後の奇跡的な復興と経済発展を含めた「戦後史」は、日本史の中でも一時代を画すものといえます。

特に神奈川は、日本の姿を映し出す鏡のように、時代の胎動を伝える表舞台でした。大空襲で焼け野原と化した横浜。連合軍最高司令官マッカーサー元帥が厚木飛行場に到着して始まった占領時代には県内の多くの重要施設が接収されました。奇跡的な経済復興を支えたのは、重化学産業が集積した京浜工業地帯でした。何よりも幾多の苦難を乗り越え、地域社会を発展させてきたのは市民、県民の力によるものです。

また、神奈川は、屈指の人材を輩出し、時代の歯車を回してきました。オリンピックや高校野球に代表されるスポーツ界では「神奈川を制するものは全国を制す」といわれました。芸能や文化といった分野でも、多くのヒーローやスターがスポットライトを浴び、人々に感動や、希望と夢を与えてきました。

政治の潮目の変化に敏感に反応し、時の政治情勢を先取りしてきたともいえるでしょう。革新自治体の誕生、若手首長による世代交代、小泉純一郎首相の誕生…。「神奈川が変われば日本が変わる」とまで評されてきたのも、うなずけます。

折しも、日本の近代化の出発点となったペリー提督の黒船来航による横浜開港から２００９年で１５０年の節目の年を経て、われわれは、この地に内在する「進取の遺伝子」を、あらためて実感せずにはいられないのです。

本書に収められた1枚の写真に、自分史を重ねる読者もおられることでしょう。多くの県民の皆さまの目に触れ、地域社会が蓄積してきた体験や記憶が、次世代に語り継がれていくきっかけとなれば望外の幸せです。

末尾になりましたが、資料を提供していただいた方々、取材にご協力いただいた方々に心からお礼を申し上げます。

２０１０年2月1日

神奈川新聞編集局

●写真提供・取材協力

米国国立公文書館／米空軍図書館

横浜市史資料室（横浜の空襲と戦災関連資料）

共同通信社

生駒　實

横浜みなと博物館

●スタッフ

編集：高田達也／神奈川新聞編集局映像部

制作：神奈川新聞デザインセンター

ブックデザイン：篠田貴（神奈川新聞デザインセンター）

［神奈川新聞社 創業120周年記念］

# かながわの記憶

**報道写真でたどる戦後史**

2010（平成22）年2月1日　第1刷発行

編・著　神奈川新聞編集局
発　行　神奈川新聞社
横浜市中区太田町2-23　〒231-8445
電話045-227-0850



ISBN 978-4-87645-452-5